Unionsziele im Europäischen Verfassungsrecht

Europäische Hochschulschriften
Publications Universitaires Européennes
European University Studies

Reihe II
Rechtswissenschaft

Série II Series II
Droit
Law

Bd./Vol. 4667

PETER LANG
Frankfurt am Main · Berlin · Bern · Bruxelles · New York · Oxford · Wien

Florian Wiesner

Unionsziele im Europäischen Verfassungsrecht

Grundlagen, Entwicklung und Wirkung – dargestellt am Unionsziel der Sportförderung

PETER LANG
Internationaler Verlag der Wissenschaften

Bibliografische Information der Deutschen Nationalbibliothek
Die Deutsche Nationalbibliothek verzeichnet diese Publikation in der Deutschen Nationalbibliografie; detaillierte bibliografische Daten sind im Internet über <http://www.d-nb.de> abrufbar.

Zugl.: Kiel, Univ., Diss., 2007

D 8
ISSN 0531-7312
ISBN 978-3-631-57253-5

www.peterlang.de

Danksagung und Widmung

Die Arbeit wurde von der juristischen Fakultät der Universität Kiel im August 2006 als Promotion angenommen. Das Rigorosum fand am 27. September 2007 statt. Die Arbeit befindet sich auf dem Stand von September 2007.

Für die hervorragende Betreuung der Dissertation und den mir überlassenen Freiraum bei ihrer Anfertigung bedanke ich mich herzlich bei Herrn PD Dr. Martin Nolte. Das Zweitgutachten hat Herr Prof. Dr. Giegerich verfasst.

Gewidmet ist die Arbeit meinen lieben Eltern, die mich immer unterstützen und denen ich sehr viel verdanke.

Inhaltsverzeichnis

Am 29. Oktober 2004 wurde in Rom der Vertrag über eine Verfassung für Europa unterzeichnet. Das Verfahren zur Inkraftsetzung dieses Vertrages ist zwischenzeitlich gescheitert. Durch den Europäischen Verfassungsvertrag sollte der bisherige Transformationsprozess der Union seinen vorläufigen Abschluss finden, indem er den europäischen Zusammenschluss auf eine neue und dauerhafte Grundlage stellen wollte. Der Veränderungsanspruch der Verfassungsgeber erwies sich dabei aber als zu weitgehend. Er spiegelte sich nicht zuletzt in umstrittenen Namen, Titeln und Symbolen wieder, wie sie sonst nur in staatlichen Verfassungen zu finden sind. Nun soll der sog. „Reformvertrag" Funktionsfähigkeit und Arbeitsweise der Union nach der jüngsten Beitrittsrunde gewährleisten. Alle Erkenntnisse dieser Arbeit über die verfassungsrechtliche Substanz von politikspezifischen Unionszielen, ihre Parallelität zu Staatszielen und deren Zusammenspiel untereinander behalten dabei vollständig ihre Gültigkeit. Argumentation und Erkenntnisgewinn gelten losgelöst von der konkreten Vertragsgrundlage. Entgegen der öffentlichen Wahrnehmung übernimmt der „Reformvertrag" darüberhinaus die wesentlichen Inhalte des Verfassungsvertrages. Hierzu gehört auch das Unionsziel der Sportförderung, das sich gegenüber seiner Festlegung im Verfassungsvertrag in unveränderter Form auch im neuen Vertrag über die „Arbeitsweise der Union" wiederfinden wird. Auch alle diesbezüglichen Untersuchungsergebnisse dieser Arbeit über Inhalt und Wirkung bleiben daher nach wie vor aktuell.

Einleitung

Ausgangspunkt der bisherigen Diskussion zur Charakterisierung der Union und ihrer Grundordnung ist bisher zumeist der Begriff der Verfassung.[1] In Teilen der Literatur hat sich dabei ein von dem Staat gelöster „*postnationaler Verfassungsbegriff*" herausgebildet.[2] Zur Einordnung des europäischen Primärrechts wird dieser teilweise funktional im Sinne der Ausübung institutionalisierter, autonomer politischer Herrschaft verstanden. Die damit ermöglichte Bearbeitung des europäischen Primärrechts als Verfassungsrecht eröffnet eine neue Qualität seiner Durchdringung. Als selbstständiges juristisches Gebiet und Teildisziplin steht die Europäische Verfassungslehre jedoch erst am Anfangspunkt der wissenschaftlichen Untersuchung. Dementsprechend wird das Europäische Recht als „*Großbaustelle*" charakterisiert, „*die dringend der Zufuhr von theoretischer Reflexion bedarf*".[3] Mit der vorliegenden Arbeit soll die bisherige Diskussion über die Anwendbarkeit des Verfassungsbegriffs auf das europäische Primärrecht um die politikspezifischen Unionsziele als wesentliche Leitprinzipien des europäischen Verfassungsrechts bereichert werden.

---

[1] So bleibe die Union ohne Verfassung „*eine inhaltsleere Beschreibung*". Sie könne nur durch eine Verfassung „*verstanden*" werden, *Calliess/Ruffert*, EuGRZ 2004, 542 (545).
[2] *Pernice*, VVDStRL 60 (2001), S. 148 (152).
[3] *Wahl*, JZ 2005, 916 (917).

Gegenstand der Untersuchung

Im Zuge des fortschreitenden Transformationsprozesses der Union übernimmt die supranationale Verfassungsebene Strukturen, Prinzipien und dogmatische Grundlagen vom nationalen Verfassungsrecht. Dadurch wird das europäische Verfassungsrecht mit nationaler Verfassungssubstanz gespeist. Da es sich bei der Verfassungsrechtswissenschaft um eine sich zum eigenen System abschließende Elementarlehre von Rechtsbegriffen und Rechtsstrukturen handelt, hängt die Konkretisierung der *sui generis* Gestalt[4] der Union und die Systembildung ihrer Grundordnung über weite Strecken von der Fortentwicklung etablierter öffentlicher Institute aus dem nationalen Verfassungsrechts ab.[5] Die Identität der Verfassungsrechtswissenschaft bestimmt ein Kernbestand rechtsdogmatischer, verfassungsstaatlicher Figuren.[6] Auf diesen Kernbestand rechtsdogmatischer Figuren und ihre kohärente Anwendung im europäischen Verfassungsrecht kann zur Strukturbildung europäischen Verfassungsrechts aufgebaut werden. Diese nationalstaatlichen Verfassungsprinzipien weisen eine gewisse Eigenständigkeit gegenüber der nicht immer überzeugenden Rechtsetzungspraxis der europäischen Regierungskonferenzen auf. Die Übertragung von Verfassungsprinzipien aus ihrer verfassungsstaatlichen Fixierung auf europäisches Verfassungsrecht stellt daher eine Schlüsselherauforderung zur dogmatischen Durchdringung und Strukturierung Europäischen Verfassungsrechts dar.[7] Aufgrund der wechselseitigen Komplementarität der Verfassungsebenen im Verbund zwischen nationalen und europäischen Verfassungsrecht liegt die Möglichkeit der Übertragung dogmatischer Figuren auf die europäische Verfassungsebene zudem nahe. Durch diesen verfassungsrechtlichen Ansatz wird die Herausarbeitung einer europäischen Prinzipienlehre ermöglicht. Zahlreiche Verfassungsprinzipien sind aus den nationalen Verfassungsrechtsordnungen bekannt. Erforderlich ist eine Identifikation dieser Prinzipien im Europäischen Verfassungsrecht.[8] Dabei ist nicht allen Bestimmungen gleiche Bedeutung zuzumessen, sondern es ist auszuwählen und zu gewichten.[9] Nach *Larenz/Canaris* kommt *„rechtlichen Struktur-*

---

[4] Die Bezeichnung als Organisation „sui generis" für die Union ist in der europarechtlichen Literatur weit verbreitet, vgl. *Ress*, JUS 1992, 985 (986), *Schmitz*, Integration in der Supranationalen Union, S. 164. Dabei wird der Terminus als Charakterisierung der Union als Organisation eigener Art oder eigenständiger Art verwendet.

[5] *Esser*, ACP 172 (1999), 98.

[6] Grundsätzlich wird ein Verfassungstrukturtypus *„aus den einzelnen Bestimmungen in seiner sinnhaften Verbindung erschlossen und dient seinerseits dazu, die Tragweite und ihre Bedeutung für die Zuordnung zum Typus besser zu verstehen"*; *Larenz/Canaris*, Methodenlehre, S. 295.

[7] Darstellungen nationalen Verfassungsrechts bauen oft zur Strukturierung und Identifizierung ihres Gegenstandes auf einer Prinzipienlehre auf, vgl. *Hesse*, Grundzüge des Verfassungsrechts der Bundesrepublik Deutschland.

[8] „Tritt der Verfassungsvertrag in Kraft, so wird eine wesentliche Aufgabe der Rechtswissenschaft eine kohärente Konstruktion des Vertrages anhand leitender Prinzipien sein"; *Von Bogdandy*, JZ 2005, 529 (537).

[9] *„Es lässt sich kaum eine größere Herausforderung rechtswissenschaftlicher Arbeit finden, als hier [im Europäischen Verfassungsrecht] ordnungsschaffend und kohärenzfördernd den Rechtsstoff zu (re-)konstruieren."*, *V. Bogdandy*, Europäische Prinzipienlehre, S. 149 (153), in ders., Europäisches Verfassungsrecht.

typen bedeutender Erkenntniswert für die Aufdeckung rechtlicher Sinnzusammenhänge und für das Verständnis bestimmter Teilregelungen" zu.[10] Politikspezifische Unionsziele sind die Ziele der einzelnen europäischen Politikfelder im europäischen Verfassungsrecht.[11] Sie nehmen als zentrale Normkategorien und Leitprinzipien im Europäischen Verfassungsrecht einen besonderen Stellenwert ein. Politikspezifische Unionsziele bilden daher den Gegenstand der Arbeit.

Ziel der Untersuchung

Das Gebiet der politikspezifischen Unionsziele ist bisher in seinen Grundlagen und rechtlichen Wirkungen nicht untersucht worden. Mit der vorliegenden Arbeit werden politikspezifische Unionsziele ins Verhältnis zu ihrem „*strukturellen Leitbild*" - den Staatszielen - gesetzt, von dem aus sie konkretisiert und definiert werden.[12] Eine Parallelität von politikspezifischen Unionszielen zu nationalen Staatszielen liegt nahe. Sie ergibt sich aus zwei Begründungsansätzen: der materiellrechtlichen Verbindung von politikspezifischen Unionszielen und Staatszielen sowie ihrer funktionellen Äquivalenz. Im Rahmen der Untersuchung der politikspezifischen Unionsziele wird daher zu berücksichtigen sein, dass öffentliche Interessen, die sich auf nationaler Verfassungsebene maßgeblich im Verfassungsstrukturprinzip der Staatsziele verkörpern, zur effektiven Aufgabenerfüllung zunehmend auf die europäische Verfassungsebene verlagert werden, um Defizite staatlicher Steuerung öffentlicher Aufgabenfelder zu beheben. *Habermas* bezeichnet diese Entwicklung als „*postnationale Konstellation*".[13] Als Folge einer gestuften Souveränität in gestuften Verfassungsordnungen entsteht in der Union eine gestufte Staatlichkeit. Wenn Staatsziele des nationalen Verfassungsrechts angesichts der zu bewältigenden Aufgaben zu kurz greifen, sind es die Regelungen der politikspezifischen Unionsziele, die an ihre Stelle rücken. In Anbetracht ihrer funktionellen Rolle im europäischen Verfassungsrecht und ihrer verfassungsrechtlichen Substanz aus den Verfassungsordnungen der Mitgliedstaaten wird daher mit der vorliegenden Arbeit die These verfolgt, politikspezifische Unionsziele im Europäischen Verfassungsrecht als postnationale Staatsziele zu charakterisieren. Dabei wird eine strukturelle Prinzipienidentität zwischen Staatszielen und politikspezifischen Unionszielen nachgewiesen. Die besondere Verfassungsverflechtung zwischen supranationaler und nationaler Verfassungsebene in der Konzeption eines Verfassungsverbunds liefert hierfür den konkreten Ansatzpunkt. Insbesondere wird durch diesen Ansatz eine Übertragung der Dogmatik nationaler Staatsziele auf die politikspezifischen Unionsziele möglich. Gleichzeitig wird damit eine „Wiederholungsthese"[14] vertreten, wonach die wichtigsten Verfassungs(struktur)prinzipien der Union eine Parallele der Verfassungs-

---

10 *Larenz/Canaris*, Methodenlehre, S. 295.

11 Politikspezifische Unionsziele sind von den allgemeinen Unionszielen in Art. I-3 des Verfassungsvertrags zu unterscheiden. Dazu ausführlich unter A. III. 2.

12 *Larenz/Canaris*, Methodenlehre, S. 298.

13 *Habermas*, Die post-nationale Konstellation und die Zukunft der Demokratie, S. 91, in *ders.*, Die postnationale Konstellation.

14 In Anlehnung an die Terminologie von *Wahl*, JZ 2005, 916 (916).

ordnungen der Mitgliedstaaten darstellen oder sich in der Entwicklung dazu befinden. Ziel der Untersuchung ist es deshalb, politikspezifische Unionsziele als grundlegende Verfassungsnormen „*in ihrer sinnvollen Verbindung mit dem Leitbild des betreffenden Strukturtypus*" - den nationalen Staatszielen – sichtbar zu machen.[15] Dadurch werden sich Rückschlüsse auf ihre normkategorische Einordnung, ihre Verkörperung von verfassungsrechtlichen Grundkategorien und insbesondere eine Ausdifferenzierung ihrer rechtlichen Wirkungen in der Verzahnung mit den Staatszielen im nationalen Recht ergeben.

Die Untersuchung wird dabei am Beispiel des politikspezifischen Unionsziels der Sportförderung entwickelt, das als eines der wenigen Politikfelder mit dem Verfassungsvertrag bzw. dem Reformvertrag im europäischen Zielkatalog neu Berücksichtigung fand (Art. III-282). Das Grundgesetz schweigt sich demgegenüber zur Sportförderung (noch) aus. Dies ist umso bemerkenswerter, als dem Staat vielfältige Fürsorge-, Unterstützungs- und Gefahrenabwehrfunktionen zugunsten des Sportes zukommen und das Vertrauen in die Selbstregulierungskräfte des autonomen Sports spätestens mit der Dopingproblematik nachhaltig erschüttert ist. Der europäische Verfassungsgeber hat darauf nun reagiert. Das politikspezifische Unionsziel der Sportförderung ist im Lichte der Dopingbekämpfung vom Schutz der körperlichen und seelischen Unversehrtheit der Sportler geprägt. Die Arbeit zeigt auf, welche Kompetenzen die Union zur Sportförderung hat und welche Maßnahmen sie dazu ergreifen darf. Von der Festlegung des Unionsziels gehen gleichzeitig Impulse für die Normierung eines Staatsziels der Sportförderung im Grundgesetz aus.

Der Sport hat sich bisher als besonders problemimmanenter Querschnittsbereich zu anderen Politikbereichen im Europäischen Verfassungsrecht erwiesen, da er spezifische Eigenarten und Herausforderungen aufweist. Im Gegensatz zur grundrechtlich geschützten, autonomem Stellung der Sportorganisationen im Grundgesetz (Art. 9 Abs. 1 GG) ist deren Rechtsposition im Europäischen Verfassungsrecht noch nicht hinreichend definiert. In der auf wirtschaftsorientierte Freizügigkeits- und Wettbewerbspostulate ausgerichteten Union war das Sportverbandsrecht häufig der Gefahr ausgeliefert, sich den Anforderungen der Binnenmarktausrichtung beugen zu müssen, wobei die Berücksichtigung ihrer Verbandsautonomie zu kurz kam. Die Festlegung der Sportförderung als Unionsziel wird sich zukünftig in einer gestärkten Regelungsautonomie der Sportverbände ausdrücken. Normierung und Inhalt der Sportförderung als politikspezifisches Unionsziel im Europäischen Verfassungsrecht geben hierfür konkrete Anhaltspunkte.

Mit der vorliegenden Arbeit soll verdeutlicht werden, welche Gründe zu einer Festlegung als politikspezifisches Unionsziel im Europäischen Verfassungsrecht führen. Hierbei wird ein funktionalistisches Bild von moderner Staatlichkeit aufzuzeigen sein, deren Kooperationsangewiesenheit die Staaten bei schwerwiegenden öffentlichen Problemfeldern zunehmend dazu veranlasst, von traditionell prädeterminierten staatlichen Aufgabenzuweisungen zu staatenübergreifender kooperativer Aufgabenerfüllung auf der jeweils dafür geeignetsten Erfüllungsebene zu gelangen. Im Hinblick auf das

---

[15] *Larenz/Canaris*, Methodenlehre, S. 298.

neu festgelegte politikspezifische Unionsziel der Sportförderung kann diese Analyse am konkreten Einzelfall aufgezeigt werden. Im Mittelpunkt steht dabei die europäische Dopingbekämpfung im Sport und die daraus resultierende Notwendigkeit des Schutzes der Gesundheit der Sportler. Allerdings setzt jede Änderung oder Ergänzung einer Verfassung wegen der herausragenden, das gesamte Recht überwölbenden Bedeutung der Verfassung ein besonderes Regelungsbedürfnis voraus. Dies gilt insbesondere auch im Verfassungs- und Gemeinwohlverbund zwischen nationaler und unionaler Ebene, in der eine Änderung des Europäischen Verfassungsrechts zugleich eine Änderung des Grundgesetzes darstellt. Ein solches Regelungsbedürfnis ist nicht schon dann gegeben, wenn die politische Zweckmäßigkeit oder die gesellschaftliche Bedeutung der betreffenden Angelegenheit dargetan ist. Verfassungsergänzungen sind nur für solche Regelungen sinnvoll und angemessen, die notwendig, von grundsätzlicher Bedeutung und von normativen Gehalt sind. Zudem muss jede Verfassungsergänzung auf unionaler Ebene auch berücksichtigen, dass eine uferlose Ausweitung ihres Zielkatalogs als Übernormierung einen Verlust an Normativität und Akzeptanz mit sich bringen könnte. Daher wird im Zuge dieser Untersuchung das Regelungsbedürfnis für das Unionsziel der Sportförderung aufgezeigt, das zu dessen erstmaliger Festlegung im Europäischen Verfassungsrecht geführt hat, und werden die Antworten analysiert, die der europäische Verfassungsgeber darauf gegeben hat.

Gang der Untersuchung

Gegenstand und Ziel der Arbeit bestimmen den Gang der Untersuchung. Unterteilt ist die vorliegende Untersuchung in zwei grundlegende Abschnitte: Einen allgemeinen und einen besonderen Teil. Im ersten – dem allgemeinen – Teil der Arbeit werden die verfassungsrechtlichen Grundlagen der politikspezifischen Unionsziele aufgezeigt.[16] Dazu werden die politikspezifischen Unionsziele mit Hilfe der Staatsziele als Normkategorie beleuchtet. Im Zuge der sich entwickelnden verfassungsstaatlichen Grundstrukturen europäischen Verfassungsrechts steht das Zusammenspiel von nationalen und europäischen Verfassungszielen im Mittelpunkt. Davon ausgehend wird die Konzeption eines Verfassungszieleverbunds entwickelt. Dieser verdeutlicht die verfassungsrechtliche Prinzipienidentität von Staatszielen und politikspezifischen Unionszielen. Gleichzeitig wird die Gewährleistung des Gemeinwohls berücksichtigt, als dessen spezifischer Ausdruck die politikspezifischen Unionsziele eingeordnet werden. Die Festlegung politikspezifischer Unionsziele wird dabei in Bezug zu öffentlicher Aufgabenerfüllung als staatstheoretische Grundkategorie gesetzt. Diese öffentlichen Aufgaben werden in einer komplementären Verfassungsstruktur von unterschiedlichen Ebenen gewährleistet. Deshalb tritt die Konzeption eines Gemeinwohlzieleverbunds komplementär neben den Verfassungszieleverbund. Zudem werden politikspezifische Unionsziele als normativer Ausdruck der Übernahme unionaler Verantwortung auf europäischer Verfassungsebene herausgearbeitet - im Sport im Bereich kooperativer Dopingbekämpfung. Im besonderen Teil der Arbeit wird zunächst die Entwicklung poli-

[16] Dazu A.

tikspezifischer Unionsziele am konkreten Einzelfall der Sportförderung untersucht. Maßgebliche Entwicklungskriterien sind die Rechtsprechung des EuGH und die Tätigkeit der Unionsorgane.[17] Hierbei wird das konkrete Regelungsbedürfnis der Sportförderung im Europäischen Verfassungsrecht verdeutlicht. Im Mittelpunkt steht dabei das Spannungsverhältnis, in dem sich der liberalisierte Binnenmarkt zur sozialen und pädagogischen Funktion des Sports befindet. Für die Regelungsautonomie der Sportverbände bestehen durch die Anwendung der Grundfreiheiten erhebliche Beschränkungen. Zudem wird eine Dialektik der Verfassungsentwicklung zwischen nationaler und unionaler Ebene am Beispiel des Politikfelds der Sportförderung offensichtlich. Von diesem Ausgangspunkt ist das politikspezifische Unionsziel der Sportförderung in seiner konkreten Ausgestaltung auf Inhalt und Wirkungen für Union und Mitgliedstaaten zu untersuchen.[18] Diesbezüglich wird auf die Ergebnisse des allgemeinen Teils zurückzukommen sein. Zugleich wird die Frage nach Zielkonflikten und der Justiziabilität des Unionsziels der Sportförderung aufgeworfen.[19] Darüber hinaus werden die Auswirkungen der Normierung des Unionsziels der Sportförderung auf die Regelungsautonomie der Sportverbände herausgearbeitet. Angesichts der dialektischen Verfassungsentwicklung zwischen Union und Mitgliedstaaten stellt sich zudem die Frage, inwieweit die Normierung eines Unionsziels ein Staatsziel der Sportförderung im Grundgesetz nach sich ziehen könnte.

---

[17] Dazu B.
[18] Dazu C.
[19] Dazu D.

A. Grundlagen politikspezifischer Unionsziele

Politikspezifische Unionsziele sind die Ziele der einzelnen europäischen Politikfelder im europäischen Primärrecht. Sie sind von den allgemeinen Unionszielen in Art. I-3 des Verfassungsvertrags abzugrenzen. Zur Untersuchung der politikspezifischen Unionsziele ist zunächst die Klärung ihrer operativen Bedeutung, ihrer verfassungsrechtlichen Substanz und ihrer Dogmatik erforderlich. Die daraus gewonnen Erkenntnisse lassen sich anschließend auf das konkrete politikspezifische Unionsziel der Sportförderung übertragen.

I. Bedeutung und Funktion von Zielen in der Organisationslehre

Die Rolle und Bedeutung von Zielen werden in unterschiedlichen wissenschaftlichen Teildisziplinen erforscht. Auf abstrakter Ebene ergeben sich hieraus allgemeingültige Erkenntnisse für die vorliegende Untersuchung.

Sowohl nach der betriebswirtschaftlichen als auch der soziologischen Organisationslehre kommt Zielen und Zielsystemen eine herausragende Rolle bei der Koordination von organisatorischen Prozessen zu. Deshalb besteht der Grundgedanke der Konstitution von Organisationen in der Entscheidung zur zielgerichteten Kooperation (instrumentaler Organisationsbegriff).[20] Demnach ist die Organisation als System beschreibbar, dessen Formalisierung als Mittel zur Koordination der Zusammenarbeit der Organisationsmitglieder dient und das auf den Zweck der absichtsvollen Zielerreichung gerichtet ist.[21] Dabei werden Organisationsziele als unabhängige Organisationsvariablen verstanden, die angeben, welches Ergebnis letztlich durch die Ausübung von Organisationsfunktionen (Organisationshandeln) erreicht werden soll.[22] Im Einzelnen sind Ziele für Organisationen nach der Organisationslehre insbesondere aus den folgenden Gründen von maßgeblicher Bedeutung[23]: Zum Ersten resultiert ihr funktionales Gewicht aus der organisationalen Rationalität. Eine Organisation bezieht ihre Existenzberechtigung und ihre Legitimität aus dem Anspruch, bessere Problembewältigung zu leisten als jeder nicht-organisationale Ansatz.[24] Instrumente können aber nur dann zur Problembewältigung eingesetzt werden, wenn Organisationsziele festgelegt sind.[25] Zum Zweiten finden Ziele ihre grundsätzliche Bedeutung in der Ressourcenmobilisierung: Jede Organisation ist über Inputs und Outputs auf den Austausch mit ihren Mitgliedern angewiesen.[26] Zum Dritten dienen Ziele insbesondere der Erfolgskontrolle. Die Festlegung von Organisationszielen ist daher eine unerlässliche Voraussetzung für

---

[20] *Grochla*, Grundlagen der organisatorischen Gestaltung, S. 1; *Drepper*, Differenzierung, Entscheidung und Integration, S. 30.

[21] *Barnard*, The Functions of the Executive, S. 73. Zur Rolle der Unionsziele im Verfassungsvertrag A. IV.

[22] *Enduweit*, Organisationssoziologie, S. 58.

[23] *V. Bogdandy* in Grabitz/Hilf, Art. 2 EGV, Rn 6. Dazu in bezug auf die Funktionen der Unionsziele im Verfassungsvertrag A. II.

[24] *Enduweit*, Organisationssoziologie, S. 63.

[25] Zur Rolle der politikspezifischen Unionsziele im Verfassungsvertrag A.IV.

[26] *Drepper*, Differenzierung, Entscheidung und Integration, S. 58.

eine Evaluation des Organisationshandelns.[27] Angesichts des Stellenwerts von Zielen für eine Organisation verhalten sich Organisationsmitglieder innerhalb der Organisationsstrukturen kontraproduktiv, wenn nicht mehr genügend Anreize zur Fortsetzung der Kooperation bestehen. Dementsprechend ist die Organisation aus sich heraus bemüht, ständig neue und erneuerte Ziele zu schaffen.[28] Organisationsziele sind somit für die Organisationspraxis unverzichtbar, denn sie legen systemeigene Rationalitätskriterien nieder, die es erlauben, den internen Kommunikationsprozess zu strukturieren und Dysfunktionalitäten festzustellen. Aus dieser Erkenntnis der Organisationslehre ergibt sich auch die Bedeutung der politischen und juristischen Zieldiskussion, in der die jeweiligen Ziele konkretisiert und operationalisiert werden. Je intensiver eine Zieldiskussion geführt wird, desto größer ist die Chance, die richtigen Instrumente zu deren Verwirklichung einzusetzen.[29] Organisationen zeichnen sich dabei regelmäßig dadurch aus, dass sie nicht ein isoliertes Ziel verfolgen, sondern unter Einbezug zusätzlicher Zielsetzungen handeln. In diesem Fall spricht die Organisationstheorie von einem Zielsystem, in dem ein Bündel gleichzeitig zu verfolgender Ziele vorliegt.[30] Zielsysteme weisen in der Regel eine interne Systematik auf, beispielsweise die von Ober-, Zwischen- und Unterzielen.[31] Als Oberziel ist dabei das nicht mehr hintergehbare Ziel der Gesamtunternehmung zu verstehen. Es ist in der Regel kaum operationell normierbar, lässt sich also nicht ohne weitere Konkretisierung in messbare Kriterien umsetzen. Daher werden die strategischen Oberziele durch Subziele hinreichend konkretisiert und operationalisiert.[32] Mehrere derartige Stufen von Zielen stellen eine Zielhierarchie dar.[33] Dabei ist oft nur schwer zu unterscheiden, ob eine Angabe ein Sekundärziel oder ein Instrument zur Verwirklichung eines Ziels nennt. Oft kann aus Zielhierarchien jedoch nicht zwangsläufig eine Rangordnung geschlossen werden.[34] Dies ist dann eine der Hauptfälle der Zielkonflikte.[35]

II. Bedeutung und Funktion von Vertragszielen in internationalen Organisationen

Die Geschichte des Völkerrechts kennt manche Vorbilder dafür, dass einzelne Staaten sich zur Erreichung von Zielen, die sie nicht allein verwirklichen konnten, zusammenschlossen und einen solchen Zusammenschluss organisatorisch ausgestalteten.[36] Hier-

---

[27] *Grochla*, Grundlagen der organisatorischen Gestaltung, S. 123

[28] *Simon*, Administrative Behaviour: A study of decision-malking process in administrative organizations, S. 23. Dazu in bezug auf die Unionsziele A. III.

[29] *V. Bogdandy* in Grabitz/Hilf, Art. 2 EGV, Rn 6.

[30] *Enduweit*, Organisationssoziologie, S. 58.

[31] *Grochla/Wittmann*, Handbuch der Betriebswirtschaft, Bd. 3, 4, Sp. 4733. Dazu die Gegenüberstellung der Zielsystematiken im EG-Vertrag und dem Europäischen Verfassungsvertrag A.V.

[32] *Drepper*, Differenzierung, Entscheidung und Integration, S. 73. Zum Verhältnis der allgemeinen zu den politikspezifischen Unionszielen A. III.

[33] Zur Zielhierachie der Unionsziele im Verfassungsvertrag A.III. 3.

[34] *Enduweit*, Organisationssoziologie, S. 60.

[35] Dazu im konkreten Zusammenhang mit dem Unionsziel der Sportförderung D. I. 2.

[36] *Seidl-Hohenveldern/Loibl*, § 1, Rn 0101.

bei ist insbesondere das Völkerrechtssubjekt der Internationalen Organisation anzuführen. Internationale Organisationen stellen auf Dauer angelegte Vereinigungen von mehreren Staaten auf dem Gebiet des Völkerrechts zur selbstständigen Wahrnehmung eigener Aufgaben dar.[37] Mit den Europäischen Gemeinschaften (EG, EAG)[38] ist ein neuer Typus der zwischenstaatlichen Internationalen Organisation entstanden, der sich mit der neugegründeten Union des Europäischen Verfassungsvertrages als Rechtsnachfolgerin fortsetzt (Art. IV-438). Dieser zeichnet sich durch eine Kompetenz zur unmittelbaren verbindlichen Rechtssetzung, durch unabhängige Organe, durch eine Gerichtsbarkeit, Finanzautonomie sowie das Mehrheitsprinzip aus (Supranationalität). Charakteristisch für den Sonderfall dieser zwischenstaatlichen Organisation ist daher, dass die Integration der Mitgliedstaaten in diese Verbandseinheit bis in die innere Souveränitätssphäre der Staaten hineinreicht.[39] Internationale Organisationen werden regelmäßig als gekorene Völkerrechtssubjekte durch einen völkerrechtlichen Vertrag von Staaten gegründet. Ein völkerrechtlicher Vertrag ist grundsätzlich definiert als jede zwischen mehreren Staaten getroffene Vereinbarung auf dem Gebiet des Völkerrechts. Im Hinblick auf den Rechtscharakter des Gemeinschaftsrechts wird die Rechtsnatur des Zusammenschlusses der Mitgliedstaaten zwar unterschiedlich interpretiert, jedoch hat sich die Mehrheitsmeinung mittlerweile dahingehend herausgebildet, dass das europäische Recht zwar eine eigenständige Rechtsordnung darstellt, ihrer Entstehung nach aber völkerrechtlicher Natur ist.[40] Diese Ansicht basiert zu großen Teilen auf der Gesamtaktstheorie *Hans-Peter Ipsens*.[41] Diese auch vom Bundesverfassungsgericht gebilligte Anerkennung einer Doppelnatur der Gründungsverträge als formal völkerrechtliche Vereinbarungen und Verfassungsnormen im materiellen Sinne wird für erforderlich gehalten, da die lediglich völkerrechtliche Einordnung den Besonderheiten der gemeinschaftsrechtlichen Rechtsordnung und der Finalität des Einigungsprozesses nicht gerecht werden kann.[42] Nach dieser Betrachtungsweise besteht Völkerrecht aber und jedenfalls im Zustandekommen der Europäischen Verträge, auch wenn es sich dann darin erschöpft.[43] Die europäischen (Gründungs-)Verträge stellen somit

---

[37] *Ipsen*, Völkerrecht, § 6 Rn 3 ff. Umstritten ist die Notwendigkeit eigener (Völker-) Rechtspersönlichkeit.

[38] Die EGKS als vormalige dritte Gemeinschaft ist mit Wirkung zum 23.7.2002 erloschen.

[39] *Ipsen*, Völkerrecht, § 6 Rn 18, *Zuleeg* in von der Groeben/Thiesing/Ehlermann, Art. 1, Rn 3.

[40] "Zum Unterschied von gewöhnlichen internationalen Verträgen hat der EWG-Vertrag eine eigene Rechtsordnung geschaffen (...) Aus alledem folgt, dass dem vom Vertrag geschaffenen, somit aus einer autonomen Rechtsquelle fließenden Recht wegen dieser Eigenständigkeit keine wie immer gearteten innerstaatlichen Rechtsvorschriften vorgehen können, wenn ihm nicht sein Charakter als Gemeinschaftsrecht aberkannt und wenn nicht die Rechtsgrundlage der Gemeinschaft selbst in Frage gestellt wird." EuGH, Rs. 6/64, Slg. 1964, 1251 (1269) – *Costa/Enel*.

[41] *Hans-Peter Ipsen*, Europäisches Gemeinschaftsrecht, S. 58; *Nicolaysen*, Europarecht, S. 71.

[42] BVerfGE 22, 293 (296). Zum Verfassungsbegriff noch ausführlich unter A. IV. 2. b) (1) (b) (ii).

[43] „Dagegen stellt der EWG-Vertrag, obwohl er in der Form einer völkerrechtlichen Übereinkunft geschlossen wurde, nichtsdestoweniger die Verfassungsurkunde einer Rechtsgemeinschaft dar" EuGH, Rs. 1/91, Slg. 1991, 6079 (6102) – *EWR Gutachten*.

völkerrechtliche Verträge einer Internationalen Organisation dar.[44] Dies gilt auch für den Europäischen Verfassungsvertrag (EVV), der die EG mit der Europäischen Union als Änderung der Gründungsverträge zu einem Vertrag verschmilzt.[45] Der Gründungsvertrag legt den Aufgabenbereich der internationalen Organisation fest und weist ihnen eigene Kompetenzen zur Erfüllung dieser Ziele zu. Dementsprechend ist die Europäische Union in ihrer Tätigkeit auf die Befugnisse beschränkt, die in ihrem Gründungsstatut bzw. dessen Änderungen festgelegt sind (sog. Prinzip der begrenzten Einzelermächtigung). Dies wird durch Art. 5 EGV bestätigt, wonach die Gemeinschaft „*nur innerhalb der Grenzen der ihr in diesem Vertrag (...) gesetzten Ziele tätig*" wird. An diesen festgelegten Zielen ist das Handeln der Organe der internationalen Organisation ausgerichtet. Diese Ziele sind dabei nach dem sog. objektiven Ansatz aus dem operativen Vertragstext, aus der Präambel sowie aus eventuellen Zusammenhängen zu ermitteln. Der fundamentale Unterschied zwischen einem gewöhnlichen Gründungsstatut einer internationalen Organisation und dem EGV bzw. dem Europäischen Verfassungsvertrag besteht dabei insbesondere darin, dass die Ziele im Wesentlichen durch rechtssetzende Akte der Unionsorgane verwirklicht werden sollen.[46]

III. Zielbestimmungen im Europäischen Verfassungsvertrag

1. Evolution der Unionsziele

Die Europäische Union ist als institutionelle Form des seit dem Ende des 2. Weltkrieges eingeschlagenen Prozesses der europäischen Einigung keine feste und abgeschlossene Größe.[47] Typisch war für die europäische Integration seit jeher der prozeßhaft-fortschreitende Ausbau der rechtlichen Verflechtung der Mitgliedstaaten, der die Bezeichnung als Integrationsverband mit sich brachte.[48] Die Integrationsverträge bilden den rechtlichen Rahmen für die ständige Fortführung dieses Prozesses. Gerade im Prozess der europäischen Integration, der eine ungeahnte Dynamik in der Rechtsentwicklung und Rechtsfortbildung freigesetzt hat, spielten und spielen Ziele eine besonders bedeutsame Rolle.[49] Je weiter die EG auf ihrem Weg zur Europäischen Union im Sinne von Art. 1 EUV fortschritt, um so umfangreicher und ausdifferenzierter wrrden die Gemeinschaftsaktion und die damit korrespondierenden allgemeinen wie politikspezifischen Unionsziele. Die Union des Verfassungsvertrags ist deshalb ein besonderes zielorientiertes Handlungssystem, das Leistungen für zusammengeschlossene Staaten

---

[44] H.M. Vgl. nur *Everling*, Sind die Mitgliedstaaten noch Herren der Verträge?, S. 173 (176), in FS Mosler.

[45] Die EAG bleibt selbstständig (Art. IV-437, 438 EVV). *Streinz*, § 3 Rn 66. Die Organfusion der Gemeinschaften war bereits im Fusionsvertrag in Art. 32 Abs. 1 vorgesehen.

[46] *V. Bogdandy* in Grabitz/Hilf, Art. 2 EGV, Rn 6.

[47] *Oppermann*, § 29, Rn 1899.

[48] *Müller-Graff* in Dauses, Abschn. A I, Rn 72.

[49] *Calliess* in Göttinger Online-Beiträge zum Europarecht, Nr. 7, S. 2.

zu erbringen hat. Dabei zeichnet sie sich – wie bereits die EG – durch besondere Zielbezogenheit und Zielverpflichtetheit aus.[50]

a) *Binnenmarkt und flankierende Ziele? – Die Neukonzeption der politikspezifischen Unionsziele*

Der ursprüngliche Name der EG - Europäische Wirtschaftsgemeinschaft - brachte zum Ausdruck, dass es sich hierbei zunächst um eine Organisation handelte, die eine Integration auf dem Wirtschaftssektor mit dem Prosperitätsgedanken als prägendes Leitziel herbeiführen wollte. Schlüsselbegriff war der des „*Gemeinsamen Marktes*" und damit ein Integrationskonzept, das auf die grenzüberschreitende Funktionsfähigkeit der wirtschaftlichen Privatinitiative und Privatautonomie setzte. Die Bürger der Mitgliedstaaten hatten die Rechtsstellung von „*Marktbürgern*". Diese Bezeichnung zielte auf ihre Teilhabe am Gemeinsamen Markt insoweit, als ihnen Freiheit und Gleichheit zur Erfüllung der ökonomischen Ziele der Union gewährleistet wurde.[51] Mit den Verträgen von Maastricht und Amsterdam wurde diese ursprünglich dominierende Orientierung der Vertragsziele auf die wirtschaftlichen Aspekte jedoch erheblich relativiert. Parallel zur Umbenennung der EWG in EG wurden neue Politikbereiche in die vertragsprägenden allgemeinen Grundsätze integriert und bestehende stärker akzentuiert. In der Folge wurden auch die politikspezifischen Zielbestimmungen nachhaltig ausgestaltet und erweitert.[52] Durch den Maastrichter Vertrag wurden u.a. die Bereiche Allgemeine und berufliche Bildung und Jugend (Art. 149 EGV), Kultur (Art. 151 EGV), Gesundheitspolitik (Art. 152 EGV) und Verbraucherschutz (Art. 153 EGV) erstmals ausdrücklich primärrechtlich einbezogen oder wie die Sozialpolitik (Art. 146 und Art. 148 EGV) oder Umweltpolitik (Art. 174 EGV) inhaltlich ausgebaut und mit politikspezifischen Unionszielen verbunden.[53] Mit dem Amsterdamer Vertrag wurden die beschäftigungs- und sozialpolitischen Zielsetzungen durch eine Verlagerung an den Beginn der Zielkataloge im Europäischen Primärrecht in ihrer integrationspolitischen Bedeutung im Vergleich zur bisherigen Rechtslage hervorgehoben. Überdies wurde das sozialpolitische Ziel der Gleichstellung von Männern und Frauen zusätzlich in den Zielkatalog des Art. 2 EGV aufgenommen. Die Liste der (sozial)politischen Aufgabenfelder ist damit sehr lang geworden, länger als diejenige der auf Marktintegration gerichteten politikspezifischen Unionsziele. Traditionell wurden die politikspezifischen Zielsetzungen auf diesen Gebieten als unterstützende Tätigkeit für die Wahrnehmung der Grundfreiheiten, die die Grundpfeiler des europäischen Binnenmarktes darstellen, verstanden. Die sozialpolitischen Unionsziele stellen somit ein „*flankierendes*"[54] oder

---

[50] *Müller-Graff* in Dauses, Abschn. A I, Rn 77.

[51] *Hans-Peter Ipsen*, Deutschland in den Europäischen Gemeinschaften, § 181, Rn. 74, in Isensee, Handbuch des Staatsrechts.

[52] *Calliess* in Göttinger Online-Beiträge zum Europarecht, Nr. 7, S. 8.

[53] Die Erweiterung der wirtschaftlichen Aspekte um Aspekte der Solidarität wird auch als Kompromiss zwischen den wirtschaftlich starken nördlichen und den schwächeren südlichen Mitgliedstaaten gesehen, vgl. *Streinz* in Streinz, EGV Art. 2, Rn 1.

[54] *Calliess* in Göttinger Online-Beiträge zum Europarecht, Nr. 7, S. 7.

ergänzendes Element der Rahmenbedingungen der wirtschaftlichen Integration dar, indem die wirtschaftliche Entwicklung harmonisch und nachhaltig vollzogen werden sollte.[55] Denn zu dieser gehört in stark industrialisierten Gesellschaften auch das „Humankapital". Dessen Bedeutung wird maßgeblich von seiner Bildung, seinem Gesundheitszustand und seinen Lebensbedingungen bestimmt. Mit der stetigen Erweiterung der Politikbereiche der Union sollte jedoch der Tatsache Rechnung getragen werden, dass sich die Union in ihrem Selbstverständnis nicht mehr auf eine Wirtschaftsunion beschränken will, sondern wie bereits die Präambel des ursprünglichen (Römischen) Vertrages hervorhebt, zugleich *„durch gemeinsames Vorgehen den sozialen Fortschritt sichern und die ständige Besserung der Lebens- und Beschäftigungsbedingungen der europäischen Völker anstreben soll*".[56] Mit dieser Fortentwicklung von politikspezifischen Unionszielen wurde zugleich der fortgeschrittene Vertiefungsprozess der europäischen Integration ersichtlich. Schon die Gründungsverträge formulierten das Ziel einer *„ever closer union among the peoples of Europe*". Diese Formel verdeutlichte den Grundgedanke der Integration, wonach die Wirtschaftsintegration kein Selbstzweck ist, sondern vielmehr den Weg zu einem immer engeren Zusammenschluss der Völker (und Staaten) Europas in der Union ebnen soll.[57] Die Union soll über das Wirtschaftliche hinaus, ähnlich wie ein nationales Gemeinwesen, über Zuständigkeiten in weitgehenden Politikbereichen verfügen und mithin eine politisch-soziales Gemeinwesen darstellen.[58] Diese Ausrichtung manifestierte sich spätestens mit dem Amsterdamer Vertrag und findet sich auch in der Konzeption des Europäischen Verfassungsvertrags. Danach möchte die Union im Zuge ihrer Konstitutionalisierung als politisches Gemeinwesen mit eigener Identität und damit als Wertegemeinschaft wahrgenommen werden.[59] Letztlich wurde die Aufnahme des politikspezifischen Unionsziels der Sportförderung durch den Bedeutungsgewinn und die Ausdifferenzierung der *„geistig-kulturell-gesundheitlichen*" Politikbereiche innerhalb der sozialen Dimension der Union somit schon weit vorher präjudiziert.[60] Bisher bleibt jedoch offen, ob mit dem Verfassungsvertrag eine *„Finalität*" der politikspezifischen Ziele des Einigungsprozesses erreicht worden ist.[61] Auf politischer Ebene wird insbesondere die Ausrichtung und das Selbstverständnis der Union seit dem vorläufigen Scheitern des Ratifikationsprozesses des Europäischen Verfassungsvertrags wieder in

---

[55] *Classen* in von der Groeben/Schwarze, Art. 149, Rn 1; *Müller-Graff*, Einheit und Kohärenz der Vertragsziele von EG und EU, in *v. Bogdandy/Ehlermann*, S. 67 (71), Eur Beiheft 2/1998.

[56] EuGH, Rs. 43/75, Slg. 1976, 455, Rn. 8 - *Defrenne/Sabena.*

[57] Diese bezweckt mittelbar auch, dass durch nichtwirtschaftliche Zielsetzungen verstärkte Beiträge zu einer europäischen Identität und Identifikation der Unionsbürger (vgl. Art. 10 EGV) geleistet werden. Denn jeder einzelne Unionsbürger wird, auch unabhängig von wirtschaftlicher Tätigkeit, über die neueren Politikbereiche und Unionsziele im Hinblick auf Kultur, Gesundheit, Verbraucherschutz und der Sportförderung angesprochen, womit ein Beitrag zum *„Europa der Bürger*" geleistet wird. Unter diesem Stichwort firmiert seit dem Kopenhagener Gipfel von 1973 die Stärkung bzw. Herausbildung einer *„europäischen Identität*".

[58] Dazu ausführlich A.IV.2.b)aa)(2).

[59] *Calliess/Ruffert*, EuGRZ 2004, 542 (544). Skeptisch *Reimer*, ZG 2003, 208 (208).

[60] *Oppermann*, § 29, Rn 1899.

[61] *Tomuschat*, DVBl. 1996, 1073 (1075).

Zweifel gezogen. Grundlegende Frage bleibt hierbei, ob sich die Union im Wesentlichen auf die Ziele einer Wirtschaftsgemeinschaft beschränken oder vielmehr weiterhin diejenigen eines umfassenden politisch-sozialen Gemeinwesens verfolgen soll.

b) Integrationstheorien

Die wirtschaftliche Integration hat sich in der Entwicklungsperspektive schon weit auf andere politische und gesellschaftliche Bereiche ausgedehnt, was sich in der Entwicklung und Erweiterung der primärrechtlichen Normierung politikspezifischer Unionszielsetzungen ausdrückt.[62] Der abstrakte Begriff der europäischen „*Integration*" politikspezifischer Unionsziele lässt sich mit Hilfe unterschiedlicher Theorien nachvollziehen. Dieser wird teilweise mit der Theorie des klassischen Funktionalismus erklärt.[63] Nach der funktionalistischen Integrationstheorie bedingen Fortschritte in einem Politikbereich ab einem gewissen Zeitpunkt aus der Natur der Sache heraus Konsequenzen in hiermit zusammenhängenden anderen Sektoren.[64] Die rechtliche Ausgestaltung bestehender politikspezifischer Unionsziele führt danach kraft Sachzusammenhang zu Verflechtungen in bisher nicht primärrechtlich festgelegten Politikfeldern. Dieser Ansatz geht davon aus, dass sich die politisch-soziale Vereinigung Europas mittels „*spill-over*" Effekte einer nahezu „*automatisch*" fortschreitenden sektoralen Teilintegration zwangsläufig vollenden werde.[65] Über Verträge und nachfolgende höchstrichterliche Entscheidungen wird der Integrationsprozess danach in immer mehr Teilsektoren nicht unmittelbar wirtschaftsorientierter Lebensbereiche in Gang gesetzt. Ab einem bestimmten Entwicklungsstand ergibt sich dann Handlungsbedarf in den bisher nicht ausdrücklich normierten „*Zwischenzonen*" zwischen diesen zusammenwachsenden Teilbereichen.[66] Im Zuge dessen erkennen die Mitglieder des Integrationsvorhabens, dass die Zusammenarbeit auf einem speziellen Sachgebiet zwangsläufig nach der Kooperation in sachlich übergreifenden Bereichen verlangt.[67] Integrative Sachzwänge und ständig zunehmende Verflechtung der Politikbereiche führen dementsprechend zu einer stetigen Ausweitung von politikspezifischen Unionszielsetzungen. Das neue politikspezifische Unionsziel der Sportförderung im Europäischen Verfassungsvertrag begründet ein mustergültiges Beispiel für diesen Erklärungsansatz. Einschränkend ist dieser Ausgangsthese allerdings entgegenzuhalten, dass zwar von einer gewissen eigenständigen Dynamik des Integrationsprozesses und einer damit verbundenen Ausweitung von politikspezifischen Unionszielen auszugehen ist, dem nicht zuletzt der EuGH als dessen „*Motor*" Vorschub leistet.[68] Jedoch ist gleichzeitig festzustellen, dass der Entwicklungsprozess des Katalogs der Unionszielen nicht nur

---

[62] Vgl.dazu bereits die Ausführungen unter III. 1. a).
[63] *Streinz* in Streinz, EGV Präambel, Rn. 1.
[64] Diese Theorie geht von der Gemeinschaft als „Zweckverband funktioneller Integration" aus. Vgl. *Hans-Peter Ipsen*, EuR 1987, 195 ff.
[65] *Sander*, Der EuGH als Förderer und Hüter der Integration, S. 28; *Oppermann*, § 29, Rn 1899.
[66] *Oppermann*, § 29, Rn 1900.
[67] *Mitrany*, The functional theory of politics, S. 1 ff.
[68] Dazu ausführlich die Ausführungen unter B. I. 2 – Entwicklung politikspezifischer Unionsziele.

primär aus Sachzwängen resultiert, sondern bestimmter Bedingungen bedarf.[69] In erster Linie ist der sich immer wieder erneuernde politische Wille der Mitgliedstaaten notwendig. Dieser ist jedoch zunehmend vom Gedanken und der Notwendigkeit der Subsidiarität getragen – also der Überlegung, ob die angestrebten politikspezifischen Unionsziele nicht effizienter auf mitgliedstaatlicher Ebene verwirklicht werden können. Deshalb argumentiert die „*föderalistische*" Integrationstheorie, dass die Integration in dem Maß voranschreitet, in dem einzelne Staaten bestimmte Aufgaben und Ziele nicht mehr allein bewältigen können und sie daher auf die nächsthöhere Gemeinschaft übertragen.[70] Auch dieser Erklärungsansatz reflektiert sich im Regelungsgehalt des politikspezifischen Unionsziels der Sportförderung, das im Lichte der Dopingbekämpfung steht.[71]

Im Ergebnis vermögen die vorstehenden Theorien den Begriff der Integration und der damit korrespondieren Evolution von politikspezifischen Unionszielen zu abstrakten Konturen zu verhelfen.[72] Grundsätzlich entspricht die Weiterentwicklung und Ausweitung der gemeinschaftlichen Zielsetzungen dem Hauptziel der EU, eine „*immer engere*" Union der Völker Europas zu verwirklichen (vgl. Art. 1 Abs. 2 EUV). Gleichzeitig reflektiert die 4. Präambelerwägung des Verfassungsvertrages, wonach „*Europa in Vielfalt geeint*" ist, die Dichte und anhaltende Vertiefung der Integration.[73]

2. Zielhierarchie – Der Unterschied zwischen allgemeinen und politikspezifischen Unionszielen

Der Verfassungsvertrag gliedert sich in vier Teile: Teil I bildet den verfassungsorganisatorischen Abschnitt, Teil II inkorporiert die Charta der Unions-Grundrechte zu verbindlichem Primärrecht, Teil III regelt die Kompetenzen und Ziele der Union in den spezifischen Politikfeldern, Teil IV enthält die Schlussbestimmungen. Die Unionsziele sind damit nicht mehr wie im EG bzw. EU-Vertrag über den gesamten Vertragstext verteilt. Sie finden sich klar voneinander abgrenzt in Form von allgemeinen Zielen in Teil I sowie in Form von politikspezifischen Unionszielen in Teil III.

a) Allgemeine Unionsziele

Die allgemeinen Unionsziele finden sich am Anfang des Verfassungsvertrags. Teil I, Titel 1 lautet „*Definitionen und Ziele der Union*" und begründet den „*Einstieg*" in den Verfassungsvertrag. Dieser setzt sich neben den allgemeinen Zielen der Union (Art. 3

---

69 Zudem kommen den Bürgern der Mitgliedstaaten in Form von Volksabstimmungen im Zuge von nationalen Ratifikationsprozessen bei Vertragsänderungen verstärkt Bedeutung zu. Dies zeigt exemplarisch der Ratifikationsprozess des Europäischen Verfassungsvertrages.

70 *Levi*, Recent Developments in Federalist Theory, The Federalist 1987, 97 (99); *Sander*, Der EuGH als Förderer und Hüter der Integration, S. 28;

71 Dazu ausführlich die Ausführungen unter B. IV. 2. b) aa) (2) – EU als Gemeinwohlzieleverbund.

72 *Sander*, Der EuGH als Förderer und Hüter der Integration, S. 26 ff; *Calliess* in Calliess/Ruffert, Art. 1 EUV, Rn 12.

73 Vgl. dazu auch die 3. Präambelerwägung des EVV, die das deutlicher zum Ausdruck bringt.

EVV), mit der Gründung der Union (Art. 1 EVV), den Werten der Union (Art. 2 EVV), den Grundfreiheiten und Nichtdiskriminierung (Art. 4 EVV), den Beziehungen zwischen der Union und den Mitgliedstaaten (Art. 5 EVV) und der Rechtspersönlichkeit der Union (Art. 6 EVV) auseinander. Aus dem unmittelbar vorangehenden „*Nachbarartikel*" der Unionswerte (Art. 2 EVV), die Art. 3 EVV ausdrücklich als Ziele einbezieht, verbindet sich die Erwartung von nicht allzu großer Bestimmtheit der allgemeinen Unionsziele. Art. 3 EVV stellt eine Synthese aus den bisherigen Art. 2 EGV und 2 EUV dar. Er enthält eine fünfgliedrige Staffelung der allgemeinen Unionsziele, die in Absatz 1 mit der bündigen Komprimierung der übergreifenden „*Hauptziele*" der Union („*Friede, Werte, Wohlergehen*") beginnt, in ihren Absätzen 2 bis 4 auf die bisherigen Säulen Bezug nimmt und in Absatz 5 die Ziele mit den Verwirklichungswegen verknüpft. Letzteres entspricht methodisch dem bisherigen status quo (Art. 2 EGV). Inhaltlich ist Art. 3 EVV einerseits mit neuen inhaltlichen Akzentuierungen angereicht und andererseits im Vergleich zum EGV um eine Reihe von Grundsätzen entschlackt.[74] So entsprechen die übergreifenden Hauptziele in Absatz 1 im Hinblick auf Frieden und Wohlergehen dem Bestand, wie er bereits gegenwärtig im EGV bzw. EUV als übergreifender Zielkomplex für das Primärrecht von Union und Gemeinschaften vorzufinden ist, wohingegen das allgemeine Ziel transnationaler Gemeinschaftlichkeit nunmehr in Gestalt der „*Werte*" strukturiert und geschärft ist.

b) Politikspezifische Unionsziele

Die Architektur der Unionsziele im Europäischen Verfassungsvertrages kennzeichnet ein Fortschreiten vom Allgemeinen zum Besonderen. Diese Erkenntnis reflektiert sich in der Regelungssystematik der allgemeinen zu den politikspezifischen Unionszielen im Sinne einer Hierachie. Art. 3 Abs. 5 EVV formuliert, dass die „*Union ihre [allgemeinen] Ziele mit geeigneten Mitteln entsprechend den Zuständigkeiten, die ihr in dieser Verfassung übertragen sind*" verfolgt. Art. 12 Abs. 6 EVV verweist darauf, dass sich „*der Umfang der Zuständigkeiten und die Einzelheiten ihrer Ausübung aus den Bestimmungen des Teils III zu den einzelnen Bereichen*" ergeben. In Teil III finden sich die Politikbereiche der Union und ihre korrespondierenden politikspezifischen Ziele. Politikspezifische Unionsziele sind deshalb die Ziele der einzelnen europäischen Politikfelder. Ihr Inhalt ist insofern nicht zu eng auszulegen, als „*geeignete Mittel*" zur Zielverwirklichung im Sinne des Art. 3 Abs. 5 EVV selbst Ziele sind. Die Verwirklichung eines Mittels, das Instrument für die Realisierung eines Ziels ist, muss notwendig selbst ein Ziel sein.[75] Dies bestätigte auch der EuGH in der Rechtssache *Gimenez Zaera/Institutio Nacional de la Seguridad Social.*[76] Daher erweitert sich der Anwendungsbereich der politikspezifischen Unionsziele über ihren ausdrücklichen Inhalt implizit auf die damit zusammenhängenden Mittel zur Zielverwirklichung. Gleichzeitig wird damit deutlich, dass die Zielbestimmungen in den einzelnen Politikbereichen

---

[74] *Müller-Graff*, Integration 2002, 157 (158).

[75] Hierzu schon *Streinz*, Art. 2, Rn 6, zu der ähnlichen Formulierung in Art. 2 EGV, wonach die Aufgaben „durch", also mittels, der Politikbereiche erreicht werden sollen.

[76] EuGH, Rs. C-1/22, Slg. 1987, 3717, Rn 10 - *Giminez Zaera/Instituto Nacional de la Seguridad.*

Vertragsziele und somit eigenständige Unionsziele sind.[77] Auf diese Einordnung verweist auch der Wortlaut des Art. III-115 EVV innerhalb des Allgemeines Teils der Politikbereiche (Teil III, Titel 1). Denn dieser formuliert, dass die „Union auf die Kohärenz zwischen der Politik und den Maßnahmen in den verschiedenen in diesem Teil genannten Bereichen achtet und dabei (...) *ihren Zielen in ihrer Gesamtheit* Rechnung" trägt. Auch der EuGH setzte allgemeine und politikspezifische Ziele Entscheidung *Portugal/Rat* als Unionsziele terminologisch gleich.[78]

c) Politikspezifische Unionsziele als leges specialis

Die politikspezifischen Unionsziele sind in Teil III des Verfassungsvertrages „*Die Politikbereiche und die Arbeitsweise der Union*" festgelegt. Teil III steht dabei Teil I nach formal als gleichberechtigter Verfassungsbestandteil gegenüber.[79] Diese formale Gleichrangigkeit muss Folgen für Einordnung und Gewicht der politikspezifischen Unionsziele innerhalb der Gesamtarchitektur des Europäischen Verfassungsrechts haben. Dabei ist besonders bedeutsam, dass den Politikbereichen und den korrespondierenden politikspezifischen Unionszielen innerhalb des Teil III nun ein Allgemeiner Teil – sog. „*Titel 1*" - vorangestellt wurde. Dieser abgeschlossene Aufbau des Teil III innerhalb des Verfassungsvertrags als eigenständiger und ausgefeilter Komplex mit einem Allgemeinen und einem Besonderen Teil verweist auf das herausgehobene strukturelle Instrument der politikspezifischen Unionsziele innerhalb der Gesamtarchitektur des Verfassungsvertrags. Sie stellen damit Leitprinzipien der unionalen Rechtsordnung dar. Von den allgemeinen Unionszielen unterscheiden sich die politikspezifischen Unionsziele insbesondere darin, dass sie sich einer Konkretisierungsbedürftigkeit nach rechtlichen Kriterien weitestgehend entziehen. Gleichzeitig verdeutlicht sich dadurch ihr instrumentaler Charakter im Verhältnis zu den allgemeinen Unionszielen. Art. 3 EVV vermag die politikspezifischen Unionsziele aufgrund seiner fehlenden Konkretisierung und Unstrukturiertheit materiell nicht ausreichend abzubilden.[80] Die einzelnen allgemeinen Ziele sind somit nur zum geringsten Teil im Sinne konkreter Handlungsanweisungen operabel. Damit kontrastiert die fehlende Präzision der allgemeinen Ziele innerhalb der Gesamtarchitektur des Verfassungsvertrags mit der detailliert normierten Bestimmtheit der politikspezifischen Unionsziele. So entsteht erst durch die Normierung der Unionsziele in den spezifischen Politikbereichen eine recht-

[77] *Schröder*, Umweltschutz als Gemeinschaftsziel und Grundsätze des Umweltschutzes, in Rengeling, Handbuch zum europäischen und deutschen Umweltrecht, Bd. 1, 1. Auflage, § 9, Rn 1, („Einzelziele"); *Ukrow* in Calliess/Ruffert, Art. 2, Rn 2; *Bungenberg*, Das Binnenmarktkonzept im Lichte anderer Unionsziele, in Hatje/Terhechte, S. 57 (58); *Streinz*, Art. 2, Rn 6; *Buck*, Über die Auslegungsmethoden des EuGH, S. 204 spricht von „Zwischenzielen".

[78] EuGH, Rs. C-149/1, Slg. 1999, 8384, Rn. 86 - *Portugal/Rat.*

[79] Schon *Schwarze*, Grundfragen des Verfassungsentwurfes, S. 15 (31), in Schwarze, Der Verfassungsentwurf des Europäischen Konvents spricht von, dass durch die Gleichrangigkeit der Verfassungsbestandteile sich „für die Fortentwicklung der Union Probleme ergeben können".

[80] In diese Richtung wohl auch *Schwarze*, Grundfragen des Verfassungsentwurfes, S. 15 (26), in Schwarze, Der Verfassungsentwurf des Europäischen Konvents, wenn er davon spricht, dass „die Ziele der Union in Art. 3 wortreich und nicht überall glücklich und vollständig aufgeführt sind".

liche Handhabbarkeit. Insgesamt erwecken die allgemeinen Ziele deshalb mehr den Eindruck von *„politischen Willensbekundungen"* als von rechtsverbindlichen Aufgaben und Maßstabsnormen.[81] Dreh- und Angelpunkt der gesamten Aktivitäten der Union bilden die politikspezifischen Unionsziele. Die Aufspaltung des Verfassungsvertrages in zwei erheblich voneinander kontrastierende Konkretisierungsebenen erlaubt es, den politikspezifischen Unionszielen eine leitende Funktion innerhalb der Gesamtarchitektur des Verfassungsvertrags zuzuordnen und gleichzeitig in Anlehnung an den Grundsatz *„lex specialis derogat legi generali"* auch eine inhaltliche Priorität zwischen den verschiedenen Zielebenen festzustellen.[82]

Diese Exegese lässt im Ergebnis darauf schließen, dass das Gewicht und die Eigenständigkeit der politikspezifischen Unionsziele im Verfassungsvertrag (EVV) als Instrumente für das Handeln der Union sehr ausgeprägt sind. Sie sind als Rechtssätze niedergelegte normative Strukturentscheidungen, die wesentliche Anliegen der unionalen Rechtsordnung zum Ausdruck bringen.[83] Gleichzeitig reflektiert ihre verfassungsrechtliche Stärkung den Anspruch der Union auf ein umfassendes politisches Gemeinwesen. Politikspezifische Unionsziele sind verfassungsrechtliches Leitbild der politischen Gestaltung der Union. Ihre Hervorhebung als verfassungsrechtliche Leitinstrumente und Strukturpinzipien legt es bei abstrakter Betrachtungsweise nahe, politik-

---

[81] *Schwarze*, Grundfragen des Verfassungsentwurfes, S. 15 (26), in Schwarze, Der Verfassungsentwurf des Europäischen Konvents. Diesbezüglich ist auffällig, dass bereits nach den übergreifenden Hauptzielen (Abs. 1) in Abs. 2 neben dem sehr allgemein gehaltenen Ziel eines „Raumes der Freiheit, der Sicherheit und des Rechts" ausdrücklich ein „Binnenmarkt mit freiem und unverfälschten Wettbewerb" als wirtschaftsgebundenes Unionsziel hervorgehoben wird. Die Formulierung erreicht jedoch nicht die Prägnanz des Art. 2 EGV. Erst im darauffolgenden Absatz 3 werden dann die sozialpolitischen Ziele, allerdings teilweise sehr unstrukturiert dargestellt. Hieraus könnte aus systematischer Sicht eine Hierachie abgeleitet werden. Denn obwohl die sozialpolitischen Ziele recht breit gefächert aufgezählt werden, wobei insbesondere der Verweis auf die soziale Marktwirtschaft, Vollbeschäftigung, soziale Gerechtigkeit und sozialer Schutz sowie sozialer Zusammenhalt Erwähnung verdienen, stehen sie doch im „Schatten" des wirtschaftsliberal orientierten Absatzes 2. Ein gewisses Rangverhältnis zueinander lässt sich auch daraus ableiten, dass Absatz 2 kurz und knapp formuliert ist, währenddessen sich der nachfolgende Absatz 3 sich in vier längere Sätze auffächert bzw. zergliedert. Zudem sei auf die unterschiedliche Verbindlichkeit im Wortlaut hingewiesen. Während die Zielbestimmung in Absatz 2 davon handelt, was die Union „bietet", formuliert Absatz 3 abgeschwächter von „anstreben", „fördern" oder „bekämpfen".

[82] Grundsätzlich sind bei der Auslegung von (völkerrechtlichen) Verträgen zudem die sog. *„travaux prepartoires"* im Sinne des Art. 32 der Wiener Vertragsrechtskonvention zu berücksichtigen; Im Hinblick auf den EUV so bspw. *Pechstein/Koenig*, Kap. 2, Rn 65. Danach sind bei der Auslegung der Zielbestimmungen u.a. auch die Art und Weise des Zustandekommens des Verfassungsvertrages im Zuge der Arbeit des Europäischen Verfassungskonvents maßgeblich. Von Bedeutung ist deshalb, dass die Kodifizierung des Teils der allgemeinen Ziele zeitlich im Konventsentwurf weit vor einer Einigung über die spezifischen Tätigkeitsbereiche und korrespondierenden politikspezifischen Unionsziele erfolgte. Hierdurch wird der Wille zur Akzentuierung der politikspezifischen Unionsziele innerhalb der Gesamtarchitektur des Verfassungsvertrags verdeutlicht, die dem Verfassungsgeber offensichtlich wichtig war.

[83] „Tritt der Verfassungsvertrag in Kraft, so wird eine wesentliche Aufgabe der Rechtswissenschaft eine kohärente Konstruktion des Vertrages anhand leitender Prinzipien sein"; *Von Bogdandy*, JZ 2005, 529 (537).

spezifische Unionsziele im verfassungsrechtlichen Gefüge als staatszielähnlich zu charakterisieren.[84] Dazu sind Staatsziele von Staatszwecken abzugrenzen.

3. Vergleichbarkeit von politikspezifischen Unionszielen mit Staatszwecken?

Ukrow charakterisiert Unionsziele ohne nähere Differenzierung als Staatszwecke.[85] Diese sind jedoch grundsätzlich von Staatszielen zu unterscheiden.[86] Staatszwecke stehen hinter der Verfassung und führen damit notwendig auf die fundamentale Frage nach dem Sein und der Sinnbestimmung eines Staates zurück.[87] Sie sind legitimierende Konstanten der Staatstätigkeit in dem Maße ihrer Verwirklichung, die das Selbstverständnis des aus ihrer Wurzel erwachsenen Verfassungsstaats prägen.[88] Als „klassische Quadriga" sind Staatszwecke in diesem Sinne die Verpflichtung auf das Gemeinwohl, Friedenssicherung nach innen und außen, Wohlfahrt im weitesten Sinn und die Gewährleistung individueller wie kooperativer Freiheit.[89] Ihr Charakter mag somit die allgemeinen Unionsziele erfassen, kann jedoch für die politikspezifischen Unionsziele nicht gelten. Deren Charakter und Bedeutung in der Gesamtarchitektur des Verfassungsvertrags erfassen vielmehr Staatszielbestimmungen, die - wie die politikspezifischen Unionsziele - ausdrücklich verfassungsrechtlich normiert werden und unmittelbar geltendes Verfassungsrecht darstellen.[90] Wie die politikspezifischen Unionsziele in der Union beschreiben Staatsziele die tatsächlichen Aufgaben eines Staates und weisen seinem Handeln eine Richtung.[91] Dadurch konkretisieren Staatsziele die Staatszwecke durch genauere Angabe des Ziels, der Hervorhebung einzelner Aspekte und gegebenenfalls durch die Beschreibung von Art und Mitteln der Zielverwirklichung.[92] Sie können sowohl spezielle Aspekte der allgemeiner gefassten Staatszwecke als auch Mittel ihrer Realisierung sein.[93] Staatsziele und Staatszwecke unterscheiden sich somit in den Konkretisierungsgraden der grundsätzlich selben Sache.[94] Politikspe-

---

[84] Insoweit ähnelt die Zielstruktur des Europäischen Verfassungsvertrags den ausgeprägten Staatszielkatalogen der Verfassungen der deutschen Bundesländer.

[85] *Ukrow* in Calliess/Ruffert, Art. 2, Rn. 6. Staatsziele sind des weiteren von Gesetzgebungsaufträgen, Aufgabennormen, Kompetenzbestimmungen, Einrichtungsgarantien (institutionelle Garantien), sozialen Rechten und Strukturprinzipien abzugrenzen. Eine genaue Differenzierung fällt in diesem Zusammenhang oft schwer, da die unterschiedlichen Normkategorien miteinander verwandt sind und sich somit teilweise in ihrer Wirkung ergänzen. Vgl. hierzu auch ausführlich *Merten*, Über Staatsziele, DÖV 1993, 368 (368).

[86] *Calliess* in Göttinger Online-Beiträge zum Europarecht, Nr. 7, S. 26.

[87] *Scheuner* in FS Forsthoff, Staatszielbestimmungen, S. 325 (341); *Isensee*, Gemeinwohl und Staatsaufgaben im Verfassungsstaat, § 57, Rn. 120, in Isensee/Kirchhof, Handb. d. Staatsrechts.

[88] *Bull*, NVwZ 1989, 801 (802); *Brugger*, NJW 1999, 2425 (2425).

[89] *Link*, VVDStRL 48 (1989), S. 3 (17).

[90] *Isensee*, Gemeinwohl und Staatsaufgaben im Verfassungsstaat, § 57, Rn. 120, in Isensee/Kirchhof, Handb. d. Staatsrechts; *Schulze-Fielitz* in Dreier, Art. 20a GG, Rn. 21.

[91] *Bethge*, DVBl. 1989, 841 (843); *Bull*, NVwZ 1989, 801 (802); *Brugger*, NJW 1999, 2425 (2425).

[92] *Calliess* in Göttinger Online-Beiträge zum Europarecht, Nr. 7, S. 26.

[93] *Calliess* in Göttinger Online-Beiträge zum Europarecht, Nr. 7, S. 27.

[94] *Murswiek*, Umweltschutz als Staatszweck, S. 11.

zifische Unionszielen entsprechen in Form und Bedeutung ihrer konkreten Normierung im Verfassungsvertrag somit dem Verfassungsstrukturprinzip der Staatsziele.[95]

4. Zielkohärenz

Bisherige Probleme der Herstellung einer Zielkohärenz zwischen EGV und EUV entfallen mit dem Verfassungsvertrag. Mit dem Europäischen Verfassungsvertrag wurde das bislang überaus komplexe und unübersichtliche europäische Vertragswerk in einem einzigen Text gebündelt.[96] Die gewachsene aber rechtlich unübersichtliche Tempelkonstruktion der Union sollte hierdurch aufgelöst werden.[97] Der Verfassungsvertrag sieht daher im Unterschied zur jetzigen Säulenstruktur aus supranationalen Gemeinschaften und Bereichen der intergouvermentalen Zusammenarbeit eine durchgängige Rechtsbasis einer Union vor, die durch die Verleihung einer einheitlichen Rechtspersönlichkeit (Art. 7 EVV) dokumentiert wird. Mit dem Verfassungsvertrag werden der EGV und der EUV aufgehoben (Art. IV-437 EVV) und die durch den neuen Vertrag geschaffene Union tritt die Rechtsnachfolge der Europäischen Gemeinschaft sowie der EU an (Art. IV-438 EVV). Die Europäische Atomgemeinschaft bleibt dagegen unverändert bestehen (Art. IV-437 EVV). Aufgrund der rechtseinheitlichen Union wird daher im Folgenden konsequent nicht mehr von den Gemeinschaftszielen, sondern den Unionszielen die Rede sein.

---

[95] Vgl. zur Normierung und zum Bedeutungsgewinn der spezifischen Unionsziele im Verfassungsvertrag bereits A. III.

[96] Diese Vorgehensweise hatte die unausweichliche Folge, dass der Verfassungsvertrag von erheblicher Dimension wurde (über 380 Seiten), was sich gegenüber den Erfordernissen von Transparenz und Verständlichkeit als nicht gerade förderlich erwies, wie auch die Ablehnung des Textentwurfes durch die Franzosen und Niederländer in Volksabstimmungen 2005 bewies. Demgegenüber wäre ein Europäischer Grundvertrag (oder Kernvertrag) empfehlenswerter gewesen, der die kennzeichnenden normativen Charakteristika der Gemeinschaftsverträge und des Unionsvertrages mit Referenz auf nähere Bestimmungen in den Einzelverträgen regelt.

[97] *Wessels*, Integration 2003, 284 (286). Zur Rechtslage der Gemeinschaftsziele vor dem Verfassungsvertrag: Grundlage der Europäischen Union sind gemäß Art. 1 Abs. 3 EUV die Europäischen Gemeinschaften (und damit insbesondere die EG), ergänzt durch die mit dem Unionsvertrag eingeführten Politiken und Formen der Zusammenarbeit. Dadurch werden im Rahmen der Union *„Bauelemente"* zusammengeführt. Dementsprechend wird sie oft als *„Tempelkonstruktion"* beschrieben, dessen Dach die EU begründet. Juristisch präziser ist aber die Klassifizierung des EU-Vertrags als eines materiellrechtlichen Mantelvertrags. In der Mantelkonstruktion, die die einzelnen Elemente integrierend um- und einbegreift, ist alles, was in und zwischen den Säulen stattfindet, auch ein Geschehen der Union selbst. Dementsprechend erfüllen die in Art. 2 EUV genannten Ziele die Funktion von die drei konstituierenden Säulen überspannenden Ausrichtungsvorgaben und weiterreichenden Leitzielen. Durch das Kohärenzprinzip werden die einzelnen Bestimmungen des EUV und des EGV zu einem Konzept der übergeordneten Zielsetzungen zusammengefasst.

IV. Politikspezifische Unionszielbestimmungen

1. Funktion und rechtliche Wirkungen von politikspezifischen Unionszielen

a) Funktion von Unionszielen – der bisherige Meinungsstand

Unionsziele haben verschiedene Funktionen. Die Literatur differenziert dabei teilweise sehr weitgehend.[98] Gleichzeitig beschäftigt sie sich aber nahezu ausschließlich mit den allgemeinen Unionszielen. Die normkategorische Einordnung und verfassungsrechtliche Substanz von Unionszielen wurde bisher noch nicht thematisiert. Die bisherigen Ansichten über Bedeutung und Funktion von Unionszielen basieren sowohl auf den allgemeinen Erkenntnissen der Organisationslehre als auch auf der funktionellen Eigenart von Vertragszielen innerhalb einer suprastaatlichen internationalen Organisation. Danach lassen sich die Unionsziele zusammenfassend auf die folgenden grundlegenden Funktionen zurückführen: Als Aufgabennormen mit Legitimationsfunktion[99] sowie als Auslegungshilfe.[100]

aa) Aufgabennormen mit Legitimationsfunktion

Die Funktionen von Unionszielen als Aufgabennormen ergeben sich aus ihrer Rolle im Gefüge des Primärrechts.[101] Denn die Union ist ein zielorientiertes Handlungssystem, das Leistungen für zusammengeschlossene Gesellschaften zu erbringen hat.[102] Um den dynamischen und zielorientierten Charakter in Abgrenzung zur einer eher statisch konzipierten staatlichen Verfassung hervorzuheben, wird das europäische Primärrecht deshalb auch als „*Planverfassung*" bezeichnet.[103] Hierdurch hebe sich das Primärrecht von einem „normalen Übereinkommen" ab.[104] Deshalb werden Unionsziele als Grundnormen des Integrationsprogramms bezeichnet, die den „*harten Kern der Integration*" bewirken.[105] Als solche Grundnorm enthalten Unionsziele ein „*stand still-Gebot*" hinsichtlich erreichter Fortschritte auf dem Gebiet der Verwirklichung der Vertragsziele.[106] Nach ihrer weitgehenden Realisierung im Zuge des Entwicklungsprozesses der Union komme es danach darauf an, die Ziele als Daueraufgabe zu begreifen

---

[98] So wird beispielsweise oft von der kompetenzbegrenzenden Wirkung gesprochen, vgl. nur *Calliess* in Göttinger Online-Beiträge zum Europarecht, Nr. 7, S. 10. Diese Ansicht übersieht jedoch, dass sich die kompetenzbegrenzende Wirkung bereits aus der Funktion als Aufgabennorm bzw. der Legitimationsfunktion ergibt. Dies gilt genauso für die zugedachte Funktion, den Anwendungsbereich des Vertrages zu bestimmen, vgl. nur *Schwarze*, Art. 2, Rn 3. Diese Herangehensweise führt daher teilweise zu breiten Funktionskatalogen: Vgl. bspw. *Ukrow* in Calliess/Ruffert, Art. 2, Rn 3 ff.

[99] Dazu a).

[100] Dazu b).Vgl. zu dieser Aufzählung auch *v. Bogdandy* in Grabitz/Hilf, Art. 2 EGV, Rn 4 ff.

[101] EuGH, Rs. 1/91, Slg. 1991, 6079 (6102), Rn. 21 – *EWR-Gutachten.*

[102] *Müller-Graff* in Dauses, A. I, Rn 77; *Hans-Peter Ipsen*, Europäisches Gemeinschaftsrecht, S. 990.

[103] *Steinberger*, VVDStRL 50 (1991), S. 9 (19).

[104] EuGH, Rs. 1/91, Slg. 1991, 6079 (6102), Rn. 17 – *EWR-Gutachten.*

[105] *Ukrow* in Calliess/Ruffert, Art. 2, Rn 3.

[106] *Ukrow* in Calliess/Ruffert, Art. 2, Rn 4.

und Erreichtes zu sichern.[107] Unionsziele bilden als Handlungsaufträge Tätigkeitsvorgaben und -zuweisungen mit der Funktion, die Entwicklung der unionalen Rechtsordnung durch die politischen Unionsorgane oder durch richterliche Rechtsfortbildung auszurichten. Dabei haben die Unionsorgane von ihrem Entscheidungsspielraum stets „*nach Maßgabe der Unionsziele Gebrauch zu machen*".[108] Als Glieder der Union bei der Verfolgung der konsentierten Unionsziele sind die Mitgliedstaaten deren Diener.[109] Zugleich begrenzten Unionsziele den sachlichen Anwendungsbereich europäischen Primärrechts.[110] Diese Legitimationsfunktion der Unionsziele für die Tätigkeit der Union korrespondiert eng mit ihrer Funktion als Aufgabennormen. Darüber hinaus werden Unionsziele als Maßstabsnormen zur Kontrolle ergangener Maßnahmen relevant, indem sie mit ihrer grenzsetzenden Funktion einen Aspekt des Prinzips der begrenzten Einzelermächtigung darstellen.[111] Im deutschen Recht hat sich der Satz herausgebildet, dass von der Aufgabe eines Hoheitsträgers nicht auf dessen Befugnis geschlossen werden darf. Da auch die Union Hoheitsgewalt ausübt, ist dieser rechtsstaatliche Grundsatz im Grundsatz auf die unionale Ebene zu übertragen. Als Ausnahmen sei hier nur kurz auf Art. 308 EGV bzw. die Implied-Powers Lehre verwiesen.[112]Aus dem Prinzip der begrenzten Einzelermächtigung ergibt sich, dass die Gemeinschaftsorgane jeweils eine besondere Ermächtigungsgrundlage benötigen. Vorschriften über Unionsziele sind somit selbst keine Kompetenznormen, können diese aber konkretisieren oder beschränken.[113]

bb) Auslegungshilfe

Auch bei der Auslegung der übrigen Vertragsbestimmungen die Unionsziele von zentraler Bedeutung.[114] Der zielbezogenen Auslegung kommt angesichts der besonderen Zielverpflichtetheit des Europäischen Primärrechts eine besondere Bedeutung zu.[115] Zumeist wird diese Auslegung als teleologische Interpretation bezeichnet. Sie weist jedoch auch starke systematische Elemente auf.[116] Eine strikte Trennung zwischen beiden Methoden zur Erschließung des Sinngehalts von Normen des europäischen Primärrechts ist jedoch kaum möglich. Die Unionsziele stellen eine Interpretationsdirektive für den Sinngehalt anderer Vorschriften des primären oder sekundären Ge-

---

107 *Streinz*, Art. 2, Rn 7.

108 EuGH, Rs. 1/69, Slg. 1969, Rn 4 - *Italien/Kommission*; Zur Rolle des EuGH: *Buck*, Über die Auslegungsmethoden des EuGH, 186 ff.

109 Everling, Sind die Mitgliedstaaten der EG noch Herren der Verträge?, in FS Mosler, S.173 (175).

110 Allgemein vertretene Meinung, vgl. *Streinz*, Art. 2, Rn. 8; *Hatje* in Schwarze, Art. 2 EGV, Rn. 2.

111 *V. Bogdandy* in Grabitz/Hilf, Art. 2 EGV, Rn 12.

112 Allerdings kann aus einer Zielnorm nach Maßgabe der implied powers Lehre eine Kompetenz hergeleitet werden. Vgl. zudem im Gemeinschaftsrecht Art. 308 EGV. *Zuleeg* in von der Groeben/Thiesing/Ehlermann, Art. 2, Rn 5.

113 *Ukrow* in Calliess/Ruffert, Art. 2, Rn 26.

114 *Anweiler*, Auslegungsmethoden des EuGH, S. 198; *Pescatore*, L'ordre juridique des communautés européennes, S. 328.

115 *V. Bogdandy* in Grabitz/Hilf, Art. 2 EGV, Rn 14.

116 *V. Bogdandy* in Grabitz/Hilf, Art. 2 EGV, Rn 14.

meinschaftsrechtes dar, die der Umsetzung dieser Ziele dienen.[117] In Betracht kommen diesbezüglich insbesondere operative Normen, also Gebots- und Kompetenzbestimmungen, die im Lichte der Unionsziele auszulegen sind.[118] Sie sind in diesen einschlägigen Einzelregelungen des Primär- und Sekundärrechts automatisch mitgeschrieben und infolgedessen in deren Auslegung und Anwendung zu berücksichtigen.[119] Zudem werden die Einzelregelungen auch bei insoweit unzulänglicher Ausgestaltung durch die Unionszielbestimmungen automatisch zielkonform aufgewertet und nachgebessert. Denn die Zielgerichtetheit der Unionsrechtsordnung erfordert nicht nur eine statische Rechtssicherung, sondern eine dynamische Rechtsentwicklung zur Verwirklichung der Ziele sowie der Stabilisierung der unionalen Rechtsordnung.[120] Unionszielen kommt dementsprechend steuernde Wirkung zu.[121] Dabei bilden sie einen Rahmen, den es bei der Auflösung von Zielkonflikten zu beachten gilt. Gleichzeitig markieren die Unionsziele die Richtung des Integrationsprozesses für die EG-Organe und die Mitgliedstaaten. Daher müssen auch die grundlegenden Bestimmungen des EG-Vertrages im Lichte der politikspezifischen Unionsziele ausgelegt und angewandt werden.[122] Sie sind zudem Grundlage für die dynamische Rechtsentwicklung in Form von effizienzsteigernden Rechtsinstituten zur Verwirklichung der Unionsziele mit Hilfe der Rechtsfortbildung durch den EuGH.[123]

Der bisherige Meinungsstand der Literatur über Bedeutung und Funktion von Unionszielen ist über den bisherigen „traditionellen" Ansatz weiterzuentwickeln. Hierbei sind die politikspezifischen Unionsziele in der Konzeption und Gesamtarchitektur des europäischen Verfassungsrechts zu berücksichtigen. Politikspezifische Unionsziele lassen sich mit Hilfe der nationalen Staatsziele sowohl normkategorisch als auch dogmatisch akzentuieren. Ein solcher verfassungsstaatlicher Ansatz wird durch den weit fortgeschrittenen Transformations- und Konstitutionalisierungsprozess der Union möglich. Politikspezifische Unionsziele können dadurch in eine übergeordnete und stimmige Gesamtkonzeption eingeordnet werden.

b) Rechtliche Wirkungen von Unionszielen – der bisherige Meinungsstand

Die rechtlichen Wirkungen von politikspezifischen Unionszielen werden von der Rechtsprechung des EuGH bisher widersprüchlich eingeordnet.

---

[117] *Calliess* in Göttinger Online-Beiträge zum Europarecht, Nr. 7, S. 9. *Hans-Peter Ipsen*, Europäisches Gemeinschaftsrecht, S. 558 spricht von einem „dominierenden Charakter in Form von Auslegungsdirektiven" der allgemeinen Zielbestimmungen für die einschlägigen Einzelregelungen des Primär- und Sekundärrechtes.

[118] EuGH, Rs. 1/69, Slg. 1969, 277 (288), Rn. 4 – *Italien/Kommission*; Rs. 29/69, Slg. 1969, 140 (154) – *Bundesrepublik Deutschland/Kommission. V. Bogdandy* in Grabitz/Hilf, Art. 2 EGV, Rn. 13.

[119] *Hans-Peter Ipsen*, Europäisches Gemeinschaftsrecht, S. 558.

[120] *V. Bogdandy* in Grabitz/Hilf, Art. 2 EGV, Rn 15.

[121] *Ukrow* in Calliess/Ruffert, Art. 2, Rn 6.

[122] EuGH, Rs. 24/62, 6.3.1974, Rn 32 - *Commercial Solvents/Kommission.*

[123] *Streinz*, Art. 2, Rn 19.

aa) Rechtsverbindlichkeit für Unionsorgane und Mitgliedstaaten

In der EuGH-Entscheidung *Parlament/Rat*, in der das Parlament gegen den Rat Untätigkeitsklage erhob,[124] ging es um die Frage, ob die Union zur Verfolgung einer gemeinsamen Verkehrspolitik entsprechend den politikspezifischen Unionszielen verpflichtet sei.[125] Das Parlament argumentierte, dass es „*im Wesen*" einer gemeinsamen Politik liege, dass die damit korrespondierenden Gemeinschaftsziele auch „*tatsächlich erreicht werden müssten*".[126] Der Rat verwies auf seinen Ermessenspielraum.[127] Der EuGH entschied, dass der Rat (als Unionsorgan) „*verpflichtet (sei) ...eine solche Politik schrittweise zu verwirklichen*".[128] Ähnlich hatte der EuGH bereits zuvor unter Verweis auf die im Zusammenhang mit den Unionszielen primärrechtlich festgelegte Formulierung geurteilt. Insoweit kann exemplarisch auf die Regelung der Sportförderung im Europäischen Verfassungsvertrag Bezug genommen werden. Art. III – 282 Abs. 1, 3. Unterabsatz formuliert einleitend: „*Die Tätigkeit der Union hat folgende Ziele...*", wozu unter g) nun auch der Bereich der Sportförderung geregelt ist. Der EuGH verwies darauf, dass der Wortlaut „Tätigkeit" darauf hin deutet, dass die Unionsorgane in den in aufgeführten Tätigkeitsbereichen tätig werden müssten.[129] Durch die Aussage, dass die „*Tätigkeit*" der Gemeinschaft die aufgeführten Gegenstände umfasst, gebe die Bestimmung zu erkennen, dass eine zwingende Verpflichtung der Gemeinschaftsorgane bezweckt ist, auf den angegebenen Gebieten tätig zu werden und dass sie tatsächlich „*auf die Verwirklichung der Ziele hinarbeiten muss*".[130] Zu derselben Rechtsansicht gelangte der EuGH im Rahmen des EGV auch durch andere Begründungsansätze: Aus der Konkretisierungsnorm des Art. 3 EGV, der die Politikbereiche der EG nahezu abschließend aufzählte, wurde gefolgert, dass die Verfolgung der in diesen Bereichen normierten politikspezifischen Unionsziele als unerlässlich für die Erfüllung der Aufgaben der Gemeinschaft angesehen werde und damit als zwingend für die EG-Organe einzuordnen sei.[131] Bereits aus dem Sinngehalt der „Aufgabe der Gemeinschaft" in Art. 2 EGV werde deutlich, dass die Gemeinschaftsorgane und, wie sich aus Art. 4 EGV ergibt, die Mitgliedstaaten, der Pflicht unterlägen, die politikspezifischen Gemeinschaftsziele in die Tat umzusetzen und alles zu unterlassen, was die Verwirklichung der Unionsziele gefährden könnte. Zudem wurde aus dem allgemeinen Grundsatz des Art. 10 EGV ein Solidaritätsprinzip durch den EuGH herausgelesen, aus dem verschiedene konkrete Pflichten resultierten. Dazu gehören ins-

---

[124] EuGH, Rs. 2/85, Slg. 1985, 1513 ff - *Parlament/Rat.*

[125] Allerdings resultierte die Klage maßgeblich aus der Tatsache, dass die Verkehrpolitik zwar in Art. 3 EWG-Vertrag als spezifischer Politikbereich vorgesehen war, der Rat indes von der Einführung einer gemeinsamen Verkehrpolitik absah.

[126] EuGH, Rs. 2/85, Slg. 1985, 1513 (1593) - *Parlament/Rat.*

[127] EuGH, Rs. 2/85, Slg. 1985, 1513 (1594) - *Parlament/Rat.*

[128] EuGH, Rs. 2/85, Slg. 1985, 1513 (1596) - *Parlament/Rat.*

[129] EuGH, Rs. 41/74, Slg. 1974, 411, 427, Rn 48 - *International Fruit Company.*

[130] EuGH, Rs. 41/74, Slg. 1974, 411, 427, Rn 48 - *International Fruit Company,*; *Ukrow* in Calliess/Ruffert, Art. 2, Rn 285.

[131] EuGH, Rs. 6/72, 21.2.1973, Rn 23f. - *Europemballage und Continental Can/Kommission.* Dazu ausführlich unter A. IV.

besondere „*keine Maßnahmen zu ergreifen oder aufrechtzuerhalten, welche die praktische Wirksamkeit des Vertrages beeinträchtigen könnten*“.[132]

Dementsprechend wäre von einem rechtsverbindlichen Charakter der politikspezifischen Unionsziele für die Organe der Union und die Mitgliedstaaten auszugehen, auf zielkonforme rechtliche und tatsächliche Zustände hinzuwirken. Wie genau allerdings diese Verpflichtungswirkung wirkt und wie der Adressatenkreis einzuordnen ist, kann aus der bisherigen Rechtsprechung des EuGH nicht herausgelesen werden. Zudem ist die Verpflichtungswirkung in der Literatur nicht unumstritten. *Geiger* beispielweise argumentiert, da politikspezifische Unionsziele die Union zu keinen Handlungen der Union ermächtigten, könne im Umkehrschluss auch nicht auf eine Verpflichtung geschlossen werden.[133] Teilweise wird auch eine konkrete Handlungsverpflichtung von der Bestimmtheit der begrifflichen Normierung der Unionsziele abhängig gemacht.[134] Dieser Aspekt gehört jedoch eher in den Kontext der Justiziabilität. Und auch die Rechtsprechung des EuGH ist in dieser Frage uneinheitlich.[135]

bb) Programmsatz

In einer neueren Entscheidung kehrte der EuGH von seiner bisherigen Einordnung der Unionsziele ab und unterstellte, dass diese lediglich als bloße Programmsätze einzustufen seien. Von einer rechtlich verbindlichen Wirkung könne nicht ausgegangen werden. Unionsziele stellen danach nur Maßstabsnormen für die Unionsorgane dar. In der betreffenden Entscheidung *Portugal/Rat* entschied er, dass „auch wenn die Stärkung des wirtschaftlichen und sozialen Zusammenhalts nach den Artikeln 2 und 3 sowie 130a bis 130e EG-Vertrag eines der Ziele der Gemeinschaft ist und folglich gerade bei der Auslegung des Gemeinschaftsrechts im wirtschaftlichen und sozialen Bereich einen wichtigen Gesichtspunkt darstellt, so weisen die fraglichen Bestimmungen doch programmatischen Charakter auf, so daß die Verwirklichung des Zieles des wirtschaftlichen und sozialen Zusammenhalts das Ergebnis von Politiken und Handlungen der Gemeinschaft sowie der Mitgliedstaaten sein muß.“[136] Folglich unterscheidet der EuGH in der Einordnung als Programmsatz auch nicht zwischen den allgemeinen und spezifischen Unionszielen. Beiden lässt er im Ergebnis keine rechtsverbindliche Wirkung zukommen.

Somit fehlt es bisher an widerspruchsfreien Aussagen und einer ausdifferenzierten Dogmatik in der Rechtsprechung des EuGH hinsichtlich der rechtlichen Wirkung von politikspezifischen Unionszielen in der europäischen Rechtsordnung. Zudem hat die EuGH-Rechtsprechung aufgrund ihrer Lückenhaftigkeit noch erhebliches Konkretisierungspotential. Insbesondere ist hervorzuheben, dass sich der EuGH - wie auch das

---

[132] EuGH, Rs. 6/64, Slg. 1964, 1251 (1269) – *Costa/Enel*.

[133] *Geiger*, Art. 2 EGV, Rn. 11. Ebenso für einen Programmcharakter und gegen eine rechtliche Verpflichtungswirkung *Zuleeg*, GTE, Art. 2 Rn. 3. Auf den Streit verweist auch *Streinz*, Art. 2, Rn. 8. Für eine Verpflichtungswirkung: *Hatje* in Schwarze, Art. 2 EGV, Rn. 2.

[134] So offensichtlich *Hilf* in Grabitz/Hilf, Art. 2 EUV, Rn. 3.

[135] Dazu unter bb).

[136] EuGH, Rs C-149/96, Slg. 1999, 8384, Rn. 86 - *Portugal/Rat*.

Schrifttum - in erster Linie auf die rechtliche Wirkung der allgemeinen Unionsziele konzentriert. Zu den hier interessierenden politikspezifischen Unionszielen ist bislang keine geschlossene Dogmatik erarbeitet worden.

2. Politikspezifische Unionsziele als postnationale Staatsziele

Zur normkategorischen Einordnung der politikspezifischen Unionsziele kommt – unter Berücksichtigung der Rechtsnatur der EU – primär die dogmatische Normkategorie der Staatszielbestimmungen im nationalen Verfassungsrecht in Betracht. Diese „Analogie“ liegt im Hinblick auf die Rolle der politikspezifischen Unionsziele als strukturelle Leitprinzipien des Europäischen Verfassungsvertrages nahe.[137] Eine vergleichbare rechtliche Wirkung ergibt sich daraus, dass sich im Zuge des unionalen Konstitutionalisierungsprozesses verfassungsrechtliche Prinzipien entwickelt haben, die sich aus dem nationalen Verfassungsrecht rekrutieren. Gleichzeitig verzahnen sich Staatsziele und politikspezifische Unionsziele in den verschränkten Verfassungsordnungen des gemeineuropäischen Verfassungsrechts, was die Herstellung gemeinsamer dogmatischer Strukturen ermöglicht. Für die vergleichende Untersuchung ist zunächst zu klären, ob und inwieweit überhaupt staats- und verfassungsrechtliche Kategorien auf die EU – insbesondere nach den Änderungen durch den Europäischen Verfassungsvertrag - übertragbar sind.[138] Anschließend werden zwei miteinander zusammenhängende Begründungsansätze entwickelt, die die (dogmatische) Parallelität von politikspezifischen Unionszielen zu Staatszielen verdeutlicht: Zum Einen sind Staats- und politikspezifische Unionsziele materiellrechtlich in einem Verfassungszieleverbund verbunden,[139] zum Anderen sind sie funktionelle Äquivalente im Gemeinwohlzieleverbund.[140] Die nachfolgende Analyse der Verfassungsziele auf den Verfassungsebenen führt zu der Erkenntnis, im Zuge einer gestuften Staatlichkeit politikspezifische Unionsziele als postnationale Staatsziele zu charakterisieren. In einem zweiten Schritt lassen sich normkategorische Rückschlüsse bei einer Übertragung der für Staatsziele entwickelten Dogmatik auf die politikspezifischen Unionsziele herausarbeiten.[141]

a) Zur Übertragbarkeit staats- und verfassungsrechtlicher Kategorien auf die EU

Den Kritikern einer grundsätzlichen Übertragungsmöglichkeit ist zuzugeben, dass eine schlichte Übertragung von verfassungsrechtlichen Instituten und Prinzipien aus dem nationalstaatlichen Kontext in vielen Fällen nicht adäquat sein kann. Die Übertragung der verfassungsrechtlichen Institute eines bestimmten Mitgliedstaates verbietet sich schon aufgrund der grundsätzlichen, in Art. 6 Abs. 3 EUV zum Ausdruck kommenden Gleichwertigkeit der nationalen Verfassungen. Entscheidend ist zudem, dass jede Analogiebildung und Übertragung reflektieren muss, dass die Union kein Staat, sondern

---

[137] Vgl. dazu bereits ausführlich die Ausführungen unter III. 3 – Zielhierachie.
[138] Dazu (a).
[139] Dazu (b).
[140] Dazu (2).
[141] Dazu b).

eine neue Form politischer und rechtlicher Herrschaft ist.[142] Diesen Argumenten ist entgegenzuhalten, dass sich Staatsziele als Verfassungsprinzipien in jeder mitgliedstaatlichen Verfassungsordnung finden. *Sommermann* hat verdeutlicht, dass ihre Struktur und Dogmatik dort gleich ist.[143] Das Europäische (Verfassungs-)Recht speist sich maßgeblich aus diesen Verfassungstraditionen des gemeineuropäischen Verfassungsrechts. Daher ist nicht zu verkennen, dass die Konkretisierung der Grundordnung der Union über weite Strecken von der Fortentwicklung etablierter öffentlicher verfassungsrechtlicher Institute und dogmatischer Strukturen aus den europäischen Verfassungsordnungen abhängt. Vor diesem Hintergrund lässt sich die Frage einer verfassungsrechtlichen Prinzipienidentität und einer daraus resultierenden dogmatischen Übertragbarkeit von Staatszielen auf politikspezifische Unionsziele untersuchen.

aa) EU als Staaten– und Verfassungszieleverbund – Die materiellrechtliche Verbindung von politikspezifischen Unionszielen und Staatszielen

(1) Staatsanaloge Elemente des Verfassungsvertrags

Staatsziele finden sich gemeinhin in Verfassungen von Staaten. Der erneuerte Gründungsvertrag trägt den Titel „Vertrag über eine Verfassung für Europa".[144] Der Terminus „Verfassung" anstelle „Vertrag" wird dann auch in den ersten drei Teilen durchgängig verwendet. Bereits mit diesem Begriff der „Verfassung" knüpft der Verfassungsvertrag an traditionelle Formen politischer Ordnung an. Teilweise wird daher auch von einem „Grundgesetz" für Europa gesprochen.[145] Es ist kaum verkennbar, dass ein traditionelles Staatsbild wesentliche Elemente des Verfassungsvertrages prägt. Dabei übernimmt er wesentliche verfassungsrechtliche Strukturen. Diese Erkenntnis gilt auch für die Funktionen und Institutionen staatlichen Handelns.[146] Eine normkategorische und dogmatische Übertragung von Staatszielen auf politikspezifische Unionsziele liegt deshalb nahe. Zu untersuchen ist deshalb zunächst, welcher Form der politischen Herrschaft die Union nach der Konzeption des Verfassungsvertrags entspricht.

---

[142] *V. Bogdandy*, Europäsiche Prinzipienlehre, S. 149 (159), in ders., Europäisches Verfassungsrecht.

[143] *Sommermann*, Staatsziele und Staatszielbestimmungen, S. 409

[144] *Müller-Graff*, Integration 2004, 186 (189), verweist richtigerweise, dass der Text in seinen ersten drei Teilen zwar durchgängig den Begriff „Verfassung" verwendet, jedoch die Schlussbestimmungen verdeutlichen, dass es sich letztlich um einen völkerrechtlichen Vertrag handelt (vgl. Art. IV-437, Art. IV-446-448).

[145] *Wessels*, Integration 2003, 284 (284).

[146] Hierzu schon kritisch *Pernice*, Die Verfassungsfrage aus rechtswissenschaftlicher Sicht, S. 19 (38), in Bruha/Hesse/Nowak, Welche Verfassung für Europa, indem er forderte, dass die Verfassung „nicht dem Muster des klassischen Nationalstaates nachgebildet werden" sollte, da die Verfassung der Union „nicht die eines Staates ist".

(a) Veränderungen des Rechtscharakters der Union durch den Verfassungsvertrag?

Zahlreiche Zeichen deuten auf eine Zäsur und einen qualitativ neuen Zustand institutionalisierter politischer Herrschaft unter dem Verfassungsvertrag hin.[147] Hierauf verweist zunächst die Verwendung des Verfassungsbegriffs. Mit ihm verbindet sich die dichteste Form des politischen Zusammenlebens.[148] In der Moderne wurden Staaten unter einer Verfassung zusammengeschlossen. Der Verfassungsbegriff vermittelt somit den Eindruck, als ob der Konstitutionalisierungsprozess der Union einen Abschluss gefunden hat und ein neuer politischer Zustand eingetreten ist. Folgerichtig hebt der Verfassungsvertrag den E(W)G-Vertrag auf (Art. IV-437 Abs.1). Hiermit korrespondiert die Tatsache, dass der Verfassungsvertrag primär als Verfassung und nicht als Vertrag wahrgenommen wird. Zudem gibt der Verfassungsvertrag europäischen Symbolen einen Rang, die konventionell zu dem traditionellen Erscheinungsbild von Staaten gezählt werden können. Besonders manifestiert sich diese Vorstellung in den „Symbolen der Union" (Art. 8 EVV) in Form der Flagge, dem (Unions-) Feiertag und der Hymne neben der gemeinsamen Währung. Schon die Präambel statuiert Visionen und Missionen für die Union, die mehr als nur funktionalen Zweckgemeinschaften zugeschrieben werden.[149] Bundesstaatliche Züge enthält der Verfassungsvertrag zudem, indem er im Abschnitt über die Zuständigkeiten (Art. 11 EVV) in Systematik und Terminologie teilweise durchaus an das aus dem Grundgesetz bekannte bundesstaatliche Muster erinnert (Ausschließliche, Konkurrierende Zuständigkeit). Vor demselben Hintergrund ist auf die neue Bezeichnung der Rechtsakte der Union zu verweisen (Gesetz, Rahmengesetz). Insbesondere zeigt der Begriff des Gesetzes mindestens so intensiv wie derjenige der Verfassung einen neuen Zustand an, indem man sich vom Zentralbegriff der Verordnung, der exekutive Fremdbestimmung andeutet, verabschiedet hat.[150] Dies gilt auch für die, bisher nur in der Rechtsprechung des EuGH ausgeprägte, exponierte Regelung des Anwendungsvorrangs des Gemeinschaftsrechts.[151] Die These der Zäsur reflektiert sich auch im gesamten, sehr aufwändigen Prozess der Erarbeitung und Verabschiedung des Verfassungsvertrags, der ihm weniger das Verständnis als Reform, sondern vielmehr der Neugründung verleiht.[152]

Auch die neue Textstruktur des Verfassungsvertrags mit der Schaffung eines ersten profilbildenden Teils unter Berücksichtigung der Zuständigkeiten, der Unionsbürgerschaft, der Organordnung, der Zuständigkeitsausübung und der Finanzen erweckt den Eindruck eines staatlichen Gemeinwesens. Besonders bemerkenswert ist zudem sein bedeutungsschwerer Umgang mit Begriffen wie Nation und Gesellschaft, Kultur und Zivilisation.[153] Nicht zuletzt die Voranstellung der Werte (Art. 2 EVV), die Grundrechtecharta (Teil II) und die normierte, „gereiftere Textstufe"[154] unterlegen die

---

[147] *Pernice*, A Constitution for the European Union, S. 13, in Pernice/Maduro.
[148] *Von Bogdandy*, JZ 2005, 529 (530).
[149] *Wessels*, Integration 2003, 284 (284).
[150] *Rabe*, Das Verordnungsrecht der Europäischen Wirtschaftsgemeinschaft, S. 7.
[151] Grundlegend EuGH, Rs. 6/64, Slg. 1964, 1251 - *Costa/ENEL.*
[152] *Hess*, Die Konstitutionalisierung des europäischen Privat- und Prozessrechts, S. 540 (542).
[153] *Von Bogdandy*, JZ 2005, 529 (532).
[154] *Müller-Graff*, Integration 2004, 186 (194).

staatsanaloge Architektur der Union nach der Konzeption des Verfassungsvertrags. Diese war auch von den Konventsmitgliedern ausdrücklich beabsichtigt.[155] Die projektierte Union ist nicht identisch mit der jetzigen, sondern ihre Rechtsnachfolgerin (Art. IV-438 Abs. 1 EVV). Diese Tatsache bedeutet einen rechtlichen Bruch und markiert eine Zäsur, die sich noch nicht einmal im Grundgesetz zur Dokumentation des Übergangs vom Alten zum Neuen findet.[156]

(b) Union als Bundesstaat nach der Konzeption des Verfassungsvertrags?

Versucht man sich nun aber der Union nach der Konzeption des Verfassungsvertrags mit den herkömmlichen Kategorien der allgemeinen Staatslehre zu nähern, so ist ihr neuer Gründungsvertrag nicht die Verfassungsurkunde eines europäischen Staates, auch wenn deutliche präföderale Elemente vorzufinden sind.[157] Für die Einordnung der Union als Bundesstaat fehlt es nach der Drei-Elementen-Lehre schon an einem Staatsvolk, das auch nicht einfach durch einen Rechtsakt geschaffen werden kann.[158] Neben Staatsgebiet und Staatsgewalt ist ein Staatsvolk jedoch für den Bestand eines Staates unabdingbar.[159] Ein Staatsvolk kann sich nur in einem - regelmäßig lange andauernden - geschichtlichen Prozess als eine gegenüber anderen Staatsvölkern abgrenzbare Einheit herausbilden. Zudem fehlt auch das völkerrechtlich relevante Kriterium der Staatsangehörigkeit zur Europäischen Union. Auch nach der Einführung der Unionsbürgerschaft (Art. 10 EVV) übt die Union keine umfassende Personalhoheit über diesen Personenkreis aus. Entscheidend bleibt die Staatsangehörigkeit der Mitgliedstaaten, welche die Unionsbürgerschaft vermittelt. Zudem fehlt es auch an einer umfassenden Gebietshoheit.[160] Die Union übt lediglich im Anwendungsbereich des Verfassungsvertrages Einzelzuständigkeiten punktuell aus. Meist wird im vorliegenden Zusammenhang daher auf die Begrenztheit der Unionsgewalt verwiesen. Hieran hat sich auch im Verfassungsvertrag nichts geändert. Insbesondere im Prinzip der begrenzten Einzelermächtigung (Art. 11 Abs. 2 EVV) zeigt sich der qualitative Unterschied zur klassischen Staatsgewalt. Die Unionstätigkeit ist auf die ihr ausdrücklich eingeräumten Sachbereiche durch die Mitgliedstaaten beschränkt. Es fehlt ihr an der Kompetenz-Kompetenz. Die Union kann sich demnach keine eigenen Zuständigkeiten

---

[155] Nach den Worten von Jürgen Meyer, Vertreter des Deutschen Bundestag im Verfassungskonvent, ging es darum deutlich zumachen, dass es „nicht um einen weiteren Vertrag nach Maastricht, Amsterdam und Nizza ging, sondern um etwas Neues – sonst hätte man wohl kaum einen Konvent im Unterschied zur Erarbeitung der bisherigen Verträge einberufen müssen." *Meyer*, Innenansichten aus dem Verfassungskonvent, S. 169 (171), in Herzog/Hobe, Die EU auf dem Weg zum verfassten Staatenverbund.

[156] *Von Bogdandy*, JZ 2005, 529 (531).

[157] Die sog. „Föderalisten" betrachten die Union schon jetzt als einen unvollendeten Bundesstaat.

[158] *Pechstein/Koenig*, Kap. 2, Rn 56; auch wenn sie gleichzeitig darauf verweisen, dass die Anforderungen des Völkerrechts an das Vorliegen eines Staatsvolkes geringer sind als diejenigen der allgemeinen Staatslehre.

[159] *Jellinek*, Allgemeine Staatslehre, S. 406 ff.

[160] *Kirchhof*, Die rechtliche Struktur der EU als Staatenverbund, S. 893 (898) in v. Bogdandy, Europäisches Verfassungsrecht; *Oppermann*, Europarecht, Rn. 893.

begründen. Lediglich die umstrittene Flexibilitätsklausel, die im Verfassungsvertrag beibehalten wurde (Art. 18 EVV), ermöglicht, auf Basis bestehender Ziele eine Erweiterung der Kompetenzen. Zudem bleiben die Mitgliedstaaten die Herren der Verträge und Souveränitätsquell unionaler Hoheit. Insbesondere ist die bisher im Kontext der Finalität des Integrationsprozesses umstrittene Austrittsmöglichkeit nun explizit im Verfassungsvertrag festgelegt worden (Art. 60 EVV).[161] Hierdurch manifestiert sich gleichzeitig die völkervertragliche Fundierung. Zudem bestimmt der fehlende Staatsgründungswille den Anfang der Präambel bzw. Art. 1 Abs. 1 EVV und die ausdrückliche Zuweisung von Rechtspersönlichkeit (Art. 7 EVV) als abgeleitetes Völkerrechtssubjekt spricht angesichts der orginären Rechtspersönlichkeit von Staaten für die Nicht-Staatlichkeit.[162]

Allerdings ist eine gleichzeitige Stärkung und Vermischung gemeinschaftlicher und intergouvernementaler Entwicklungslinien im Verfassungsvertrag nicht zu verkennen, die sich idealtypisch in den Ämtern des Europäischen Außenministers und des Präsidenten der Union nachvollziehen lässt. Auch im Hinblick auf die konstitutive Funktion der Mitgliedstaaten charakterisiert der Verfassungsvertrag die Union als föderales Gemeinwesen.[163] Diese föderativen Elemente waren zwar bereits auf Grundlage des EUV und des EG erkennbar. Sie werden aber durch den Verfassungsvertrag weiter verstärkt. Diese zunehmende Anlehnung an bundesstaatsspezifische Strukturen verdeutlicht sich aus phänomenologischer Perspektive, wenn man sich den institutionellen Verfassungsvertragsteil und die sich verändernde Struktur der Union – wie sie bereits bestand und wie sie mit dem Verfassungsvertrag fortentwickelt wird – vor Augen hält.[164] Die Architektur des Institutionensystems wie die Struktur der sich in diesen Institutionen herausbildenden Entscheidungsmuster weist dabei trotz der Herkunft aus dem Organmodell der Internationalen Organisation nach der Konzeption des Europäischen Verfassungsvertrags erhebliche Parallelen zum (deutschen) Bundesstaat auf. Diese äußern sich zunächst im Verfahren der Rechtssetzung bzw. den beteiligten Organen, das nach dem Verfassungsvertrag einem bundesstaatlichen, gewaltenteiligen Zweikammersystem entspricht, indem dort nahezu ausschließlich das Mitentscheidungsverfahren vorgesehen ist (Art. 20 Abs. 1, 34 Abs. 1 EVV).[165] Dort entscheiden das im Verfassungsvertrag mit mehr Rechten ausgestatte Parlament und der nun öffentlich tagende Rat, der sich als europäisches Abbild des Bundesrates durch Beschickung der Vertreter der Gliedstaatsregierungen verstehen lässt. Das bisherige Komitologieverfahren entspricht nun in Art. 37 Abs. 2 EVV in Wortlaut, Anforderungen und Struktur nahezu identisch dem Art. 80 GG. Eine ähnliche Entwicklung ist für die Stellung der Kommission zu konzedieren, deren „Präsident unter Berücksichtigung der Wahlen zum Parlament“ (Art. 27 Abs. 1 EVV) nun gewählt wird und sich so dem Bild einer europäischen Exekutive bzw. Regierung annähert. Zu einer strukturellen (allerdings schon vor dem Verfassungsvertrag bestehenden) bundesstaatlichen Gemeinsam-

[161] Vgl. zu den Auswirkungen der neuen Austrittsklausel kritisch *Nowak*, AVR 2004, 232 (235).
[162] *Von Bogdandy*, JZ 2005, 529 (532).
[163] *Von Bogdandy*, JZ 2005, 529 (537).
[164] Ausführlich hierzu *Oeter*, ZaöRV 1999, 901 (906 ff).
[165] *Nickel*, Integration 2003, 501 (503); *V. Bogdandy*, JZ 2005, 529 (531).

keit gehört zudem, dass der Vollzug zentraler Gesetzgebung in einem System, in dem die Verwaltung fast vollständig in den Händen gliedstaatlicher Administrationen liegt, vor sich geht. Damit ist die Union mit der Konzeption des Verfassungsvertrags zwar nicht mehr weit vom Bundesstaat entfernt.[166] Der Verfassungsvertrag macht die Union aber noch nicht zum Staat,[167] auch wenn aus der Vorrangregel des Art. 6 EVV teilweise etwas anderes gefolgert wird.[168]. Wenn die Union auch nach dem Europäischen Verfassungsvertrag die Schwelle zu eigener, von den Mitgliedstaaten gelösten Staatlichkeit nicht überschreitet, stellt sie doch in Dichte und Unmittelbarkeit ihrer kommunautären Existenz eine neuartige, intensive Verbindungsform dar, die ihresgleichen sucht und sich insbesondere in ihrer Supranationalität manifestiert.[169] Es ist kaum zu verkennen, dass die Union als Besonderheit die Verschmelzung von staatlichen und internationalen Strukturelementen ausweist, die sich als gemischte Evolution gleichsam nun in den beiden Komponenten des Begriffes „Verfassungsvertrag" dokumentiert und sich zunehmend dem Modell eines europäischen Bundesstaates anlehnt.[170]

(2) Verfassungszieleverbund in der Union

(a) Union als Verbund

Wesentlich ist daher die Erkenntnis, dass sich die Union in ihrer konzipierten und gewachsenen Eigenart auch nach dem Verfassungsvertrag nicht sinngerecht in den aus dem Völker- und Staatsrecht bekannten Kanon der Staatenverbindungen oder Organisationsformen des innerstaatlichen Rechts einfügen lässt.[171] Die Union ist weder Bundesstaat oder gar „europäischer Superstaat" noch rein völkerrechtlich geprägter Staatenbund. Betrachtet man die gleichsam (noch) in der Schwebe zwischen Staat und Internationaler Organisation gehaltene besondere Struktur und Organisation nach dem Verfassungsvertrag, so soll sich die Union in der umstrittenen Beschreibung als „Staatenverbund" Ausdruck verschaffen, um ihr Wesen angemessen zu erfassen.[172] In Deutschland hat das Bundesverfassungsgericht für die Union seit 1993 diese Wortprägung „zur Verwirklichung einer immer engeren Union der staatlich organisierten Völ-

---

[166] *V. Bogdandy*, Supranationaler Föderalismus als Wirklichkeit und Idee einer neuen Herrschaftsform, S. 35.

[167] *Calliess/Ruffert*, EUGRZ 2004, 542 (544).

[168] In diesem Sinne *Huber*, Eur 2003, 574 (589).

[169] *Oppermann*, § 11, Rn 906. Dazu bereits A.II.

[170] Der Gehalt des Terminus „Vertrag" bleibt jedoch weit hinter dem der Verfassung zurück.

[171] *Oppermann*, § 11, Rn 887.

[172] Kritisch zum Begriff des „Staatenverbundes" bspw. *Wessels*, Zur Debatte um einen europäischen Staatenbund, S. 200 (201), in Bruha/Hesse/Nowak, Welche Verfassung für Europa?; *Zuleeg* in von der Groeben/Thiesing/Ehlermann, Art. 1, Rn 7. Unterstützend dagegen bspw.: *Calliess/Ruffert*, EUGRZ 2004, 542 (545); *Hobe*, Einführung in die Diskussion, S. 167, in Herzog/Hobe, Die EU auf dem Weg zum verfassten Staatenverbund; *Meyer*, Innenansichten aus dem Verfassungskonvent, S. 169 (169) in Herzog/Hobe, Die EU auf dem Weg zum verfassten Staatenverbund; *Pechstein/König*, Kap. 2, Rn 91; *Oeter*, ZaöRV 1999, 901 (906).

ker Europas“ in Umlauf gebracht.[173] Dabei ist jedoch zunächst mit *Everling* darauf hinzuweisen, dass es nicht nur um eine Union der Staaten, sondern auch um eine Union der Bürger Europas im Sinne eines Bügerverbund geht.[174] Die Beschreibung als Staatenverbund resultiert zudem aus dem eigenständigen Charakter der Union mit ihrer autonomen Rechtsordnung.[175] Die rechtliche Entwicklung lief und läuft jedoch nicht auf Autonomie und Trennung, sondern auf engste Verzahnung des unionalen und des mitgliedstaatlichen Bereichs hinaus.[176] Deshalb kommt dem „bündischen Element“[177] in dieser Wortschöpfung im Hinblick auf die neue Integrationstiefe des Europäischen Verfassungsvertrages die entscheidende Bedeutung zu, wonach die Union mehr als ein loser Bund souveräner Nationalstaaten ist, sondern ein immer engerer rechtlicher Verbund.[178] Die Staaten behalten zwar (noch) in ihrer gemeinschaftlichen Verbundenheit ein Stück weit staatliche Selbstbestimmung bzw. Souveränität, aber sind eben doch mit den Neuerungen des Verfassungsvertrages durch ein immer breiter werdendes, gemeinsames rechtliches Dach miteinander verbunden. Es ist demnach die immer stärkere Verbundnatur, die sich mit dem Verfassungsvertrag durch die (allerdings nur formale) Vereinheitlichung der bisherigen Säulenstruktur in einer Vertragsgrundlage fortentwickelt und die das Verhältnis der Staaten in Europa zur Union ausmacht.[179] Der Verbundcharakter äußert sich dadurch nicht mehr nur materiellrechtlich, sondern durch den Charakter als „Verfassung“ auch mehr und mehr in einem körperschaftlichen Sinne. Dabei hat sich für die politisch-administrative Entscheidungsfindung ein neuartiges polyzentrisches System entwickelt, welches neben den Mitgliedstaaten über ein neues selbstständiges Zentrum verfügt. Diese Einsicht versucht die Idee des supranationalen Föderalismus als Gestaltidee zu formulieren.[180] Föderalistische Ordnungen unterscheiden sich in ihrer rechtlichen Verbundenheit und im Bestehen einer politischen Gesamtexistenz vom bloßen vertraglichen Zusammenwirken verschiedener Staaten. Sie sind ein politisches Ordnungsprinzip, das darauf abzielt, die Existenz und Selbstständigkeit einer Mehrheit politischer Einheiten mit der Zusammenfassung dieser Einheiten in ein höheres Ganzes zu verbinden. Das Konzept des

---

[173] BVerfGE 89, 155 ff. Allerdings in Anlehnung an die Bezeichnung von *Kirchhof* in Isensee/Kirchhof, Handbuch des Staatsrechts, § 183, Rn. 38.

[174] *Everling*, Integration 1994, 165 (167), *Müller-Graff*, Integration 2000, 157 (158).

[175] *Calliess/Ruffert*, EUGRZ 2004, 542 (545). Vor dem Hintergrund dieser Argumentation daher unzutreffend *Zuleeg* in von der Groeben/Thiesing/Ehlermann, Art. 1, Rn 7, wonach das BVerfG durch die Kennzeichnung der Union als Staatenverbund versuche „seine Eigenart herunterzuspielen“.

[176] *V. Bogdandy*, in ders., Europäisches Verfassungsrecht, S. 149 (185).

[177] *Pechstein/König*, Euroaprecht, Kap. 2, Rn 91.

[178] *Müller-Graff*, Integration 2000, 157 (158); *Calliess/Ruffert*, EUGRZ 2004, 542 (545).

[179] Trotz formaler Überwinding der Säulenstruktur im Verfassungsvertrag ist weiterhin zwischen supranationalen und intergouvernementalen Politikfeldern zu unterscheiden. Diese haben sich im Verfassungsvertrag im Vergleich zum EGV bzw. EUV nicht verändert. Vgl. allgemein dazu auch *Hobe*, Einführung in die Diskussion, S. 167, in Herzog/Hobe, Die EU auf dem Weg zum verfassten Staatenverbund.

[180] *V. Bogdandy*, Supranationaler Föderalismus als Wirklichkeit und Idee einer neuen Herrschaftsform, S. 1 ff.

supranationalen Föderalismus geht davon aus, dass der föderale[181] Gedanke zahlreiche wichtige Aspekte der Union als neuartigen Hoheitsträger mit ihrer Rechtsordnung erfasst: Neben Vorrang der supranationalen Rechtsordnung und zunehmenden Mehrheitsregeln gehören dazu insbesondere die territoriale und bürgerschaftliche Ausrichtung als politisches Gemeinwesen und Gebietskörperschaft sowie der Grundsatz der Subsidiarität.[182] Deutlich tritt die föderale Natur auch in den jeweiligen Gewährleistungsnormen der Art. 6, 7 EUV und Art. 23 GG hervor. Auch die gegenseitigen Loyalitätspflichten der Organe sind in dieser Hinsicht von konstitutiver Bedeutung (vgl. Art. 10 EG). Der Verfassungsvertrag setzt diese föderale Entwicklungslinie fort. Die Union stellt mit ihren verfassungsstaatlichen Strukturen nach der Konzeption des Verfassungsvertrags die Fortentwicklung einer supranationalen Organisation dar, die als internationale Organisation einmal ihren Anfangspunkt hatte.[183] Die gedankliche Linie, auf der diese Konzeption angesiedelt ist, führt zum Bundesstaat.[184] Die zunehmende Vergemeinschaftung der äußeren und inneren Sicherheit durch gemeinsame Außen- und Sicherheitspolitik bzw. der polizeilichen und justiziellen Zusammenarbeit im Verfassungsvertrag sowie die Regelungen über Visa, Asyl und Einwanderung im EG unterstreichen diese Entwicklung.[185] Angesichts fehlender Gewalt- und geringer Budgetmittel, mangelnder Formen politischer Einheit in der Tradition des Nationalstaats, autonomiebedachter nationaler Institutionen und eines mangelnden Staatsgründungswillens steht jedoch noch ein Entwicklungsschritt zum staatlichen Föderalismus aus.[186]

---

[181] Föderalistische Ordnungen sind als mehrstufige politische Systeme zu begreifen, in denen an die Seite der politischen Einheit der Glieder die politische Gesamtexistenz tritt. Föderalismus ist damit Bildung eines Ganzen unter gleichzeitiger Bewahrung der Freiheit der engeren territorialen und personellen Gemeinschaften. Er dient der Selbstbehauptung der Eigenart und der Anerkennung des Eigenrechtes dieser Eigenart. Dies kann nur gelingen, wenn man - allen Unterschieden zum Trotze - im Wertverständnis und in der Formulierung der Interessen auf einen Grundkonsens aufbauen kann. Dieseföderalistische Freiheit ist die Grundbedingung für die Einheit eines vielgestaltigen Staatswesens. In der Existenz einer politischen Gesamtexistenz unterscheiden sich föderalistische Ordnungen vom bloßen vertraglichen Zusammenwirken verschiedener Staaten. Im Fortbestand und der Erhaltung der politischen Einheit der Glieder liegt der Unterschied zwischen Föderalismus und bloßer Dezentralisation.

[182] *Badura*, Die föderative Verfassung der Europäischen Union, S. 699.

[183] Wie jedes föderative Organ hat der Europäische Rat nach den Regelungen des Verfassungsvertrags die Funktion eines Forums, in dem Partikularinteressen zur Sprache kommen und in die Entscheidungsfindung miteinbezogen werden. Vgl. auch *Schmitz*, Integration in der supranationalen Union, S. 165.

[184] *Schmitz*, Integration in der supranationalen Union, S. 165.

[185] Art. 61 EGV spricht explizit vom Aufbau eines Raums der Freiheit, der Sicherung und des Rechts.

[186] Im Verlauf des 19. Jahrhunderts hat sich eine Verengung des Föderalismusbegriffes auf die Form der Bundesstaatlichkeit vollzogen. Zwingend ist diese Verengung aber nicht; sie ist lediglich eine - wenn auch in den letzten zweihundert Jahren besonders wichtige - Form des Föderalismus. Arbeitet man die ideengeschichtlichen Wurzeln des Föderalismus heraus, so geht es nicht um Souveränität, sondern um Einheitssicherung und Vielfaltgewähr, um das freie und selbstbestimmte Zusammenwirken verschiedener, vertikal gestufter Verbände. Dazu auch *V. Bogdandy*, Europäsiche Prinzipienlehre, S. 149 (160), in ders., Europäisches Verfassungsrecht.

Auch wenn der EuGH das europäische Primärrecht in seiner Entscheidung *Costa/Enel* als „*autonome Rechtsquelle*" bezeichnet hat, existieren abgeschlossene Rechtssysteme nur in der Theorie.[187] Allerdings ist die Zuordnung des europäischen Verfassungsrechts in seiner Verbindung zu staatlichem Verfassungsrecht dem traditionellen Verständnis von Rechtsordnungen als autonomen System bisher ungewohnt.[188] Denn in dem Maße wie sich das europäische Recht zu einem eigenen Rechtssystem entwickelt hat, stärkt es nicht etwa seine Abgrenzung, sondern seine Verzahnung mit den staatlichen Rechtsordnungen. Dabei wird nun vereinzelt argumentiert, dass es im Hinblick auf die Verzahnung des unionalen und mitgliedstaatlichen Rechts ein prägendes und ausfüllendes gemeineuropäisches Verfassungsrecht als Verbund gibt. Europäisches Recht und nationales Verfassungsrecht bilden danach zwei Ebenen eines materiellrechtlich und funktional zu einer Einheit verbundenen Systems in Form eines gemeinsam konstituierten Verfassungsraumes.[189] Die oben dargestellte Gestaltidee des supranationalen Föderalismus legt zwar eher eine Konzeption von sich ergänzenden Teilverfassungen statt eine Verschmelzung zu einer überwölbenden verfassungsrechtlichen Einheit nahe. Zwingend ist das aber nicht.[190] Notwendig ist die Erkenntnis, dass ein angemessenes Verständnis zwischen dem Rechtscharakter der Union und ihrem Verhältnis zu den Mitgliedstaaten stets das komplementäre Ganze der Verfassungsebenen voraussetzt.[191] Jedenfalls erlaubt diese Konzeption der europäischen und nationalen Verfassungsverschränkung ein weiterführendes Verständnis und Schlussfolgerungen in Bezug auf die verfassungsstaatliche Substanz der politikspezifischen Unionsziele. Auf der Verfassungsverbundkonzeption basieren daher die folgenden Ausführungen. Diese werden im Folgenden dargestellt und in Bezug auf die politikspezifischen Unionsziele fortentwickelt.[192] Die Analyse der Verschränkung von Verfassungsprinzipien auf nationaler und europäischer Ebene setzt dabei als Ausgangspunkt voraus, dass die Union überhaupt eine Verfassung besitzt.[193] Diese Frage ist sehr umstritten.

---

[187] *Bieber*, Verfassungsentwicklung der Europäischen Union: Autonomie oder Konsequenz staatlicher Verfassungsentwicklung?, S. 209 (209), in Müller-Graff/Riedel, Gemeinsames Verfassungsrecht in der EU.

[188] *Bieber*, Verfassungsentwicklung der Europäischen Union: Autonomie oder Konsequenz staatlicher Verfassungsentwicklung?, S. 209 (209), in Müller-Graff/Riedel, Gemeinsames Verfassungsrecht in der EU; *Müller-Graff*, Integration 2000, 157 (158).

[189] *Pernice*, VVDStRL 60 (2001), S. 148 (175); *Thym*, Ungleichzeitigkeit und europäisches Verfassungsrecht, S. 355. Kritisch zum Konzept des Verfassungsverbunds u.a. *Jestaedt* in GS Blomeyer, S. 637; *Kirchhof*, Die rechtliche Struktur der EU als Staatenverbund, S. 893 (895) in v. Bogdandy, Europäisches Verfassungsrecht; *Müller-Graff*, Integration 2000, 157 (158). Vgl. insoweit auch Fußnote 207.

[190] Vgl. insoweit die Bemerkung von *Pernice*, VVDStRL 60 (2001), S. 148 (240).

[191] *V. Bogdandy*, Europäische Prinzipienlehre, S. 149 (185), in v. Bogdandy, Europäisches Verfassungsrecht.

[192] Dazu (iii).

[193] Dazu (ii).

(b) Verfassungsvertrag und Verfassungsbegriff

Die seit geraumer Zeit andauernden Prozesse der Globalisierung und der Europäisierung sind für das Vorstellungsbild von Staat und Verfassung von wegweisender Bedeutung. In diesem Prozess verschwimmt der klassische Dualismus souveräner Nationalstaaten und zwischen- bzw. suprastaatlicher Einrichtungen. Diese Entwicklung hat Auswirkungen auf den Verfassungsbegriff. Im wissenschaftlichen Verwendungszusammenhang verbinden sich dabei drei Bedeutungsebenen mit dem Begriff der Verfassung. Eine theoretische, die den Begriff ideengeschichtlich und legitimatorisch reflektiert, eine normative, die den Begriff als Element der Rechtsordnung verwendet, und eine deskriptive, die den Verfassungsbegriff als Mittel zur Beschreibung von Institutionen heranzieht.[194] Die materielle Einheitsthese der Verfassungsebenen zum gemeineuropäischen Verfassungsverbund setzt sowohl den funktional-deskriptiven als auch den normativen Verfassungsbegriff voraus.[195] Angesichts der Tatsache, dass sich die Union nur unvollkommen in die klassischen staats- und völkerrechtlichen Kategorien einordnen lässt, ist jedoch sehr umstritten, ob man den Verfassungsvertrag als Verfassung und damit das darin enthaltende Primärrecht als Verfassungsrecht bezeichnen kann.[196]

Nach dem traditionellen staatsrechtlichen Verständnis ist der Begriff der Verfassung ideengeschichtlich mit demjenigen des Nationalstaates und des Volkes auf das Engste verbunden.[197] Sowohl die Verfassung im formellen Sinne, der feierliche Gründungsakt, als auch die Verfassung im materiellen Sinne, die Gesamtheit der Normen von verfassungsrechtlicher Natur, nehme jeweils auf die Idee des Staates Bezug.[198] Anstatt zu einer politisch ungebundenen Begrifflichkeit überzugehen, müsse man an

---

[194] Vgl. beispielsweise die Terminologie des Bundesverfassungsgerichts. Danach stelle der EG-Vertrag „gewissermaßen die Verfassung dieser Gemeinschaft dar". Aus dieser Formulierung wird das deskriptive Element des Verfassungsbegriffs angesichts der ansonsten restriktiven Grundhaltung des BVerfG deutlich; BVerfGE 22, 293 (296). Zu dieser Aufzählung *Möllers*, Verfassungsgebende Gewalt-Verfassung-Konstitutionalisierung, S. 1 (2), in v. Bogdandy, Europäisches Verfassungsrecht.

[195] „Die Vieldeutigkeit des Begriffs der Verfassung ist bekannt und berüchtigt", *Grimm*, Rn. 634.

[196] Zur herrschaftschaftsformenden Tradition des Verfassungsbegriffs gehört auch die Kategorie des Verfassungsvertrags. Diese Form der Verfassung geht nicht aus einer verfassungsgebenden Repräsentativversammlung, sondern aus einem Vertrag von Hoheitsträgern hervor. Insoweit besteht Übereinstimmung mit dem Zustandekommen des Europäischen Verfassungsvertrags. Von einer Verfassung kann im Lichte dieser klassischen Auslegung jedoch nur dann gesprochen werden, wenn der durch den Vertrag neu entstehende Hoheitsträger sich von den Vertragsparteien verselbstständigen kann. Insofern widerspricht der Europäische Verfassungsvertrag dieser Einordnung.

[197] Dementsprechend ablehnend: *Kirchhof*, Die Identität der Verfassung in ihren unabänderlichen Inhalten, in Isensee/Kirchhof, Handbuch des Staatsrechts, § 19, Rn. 18 ff; *Grimm*, JZ 1995, 581 (583); *Koenig*, DÖV 1998, 268; *ders.*, NVwZ 1996, 549 (550); *Heintzen*, EuR 1997, 1 (3); *Epping*, JZ 2003, 823 (824), verweist darauf, dass „von einer Verfassung erst dann gesprochen werden kann, wenn der durch den Verfassungsvertrag entstehende Hoheitsträger sich von den Vertragsparteien verselbstständigen kann."

[198] *Calliess*, in Göttinger Online-Beiträge zum Europarecht, Nr. 7, S. 21.

einem gesicherten Elementarbefund moderner Verfassungsstaatlichkeit festhalten.[199] Dazu gehört, dass die Verfassung Ausdruck der Selbstbestimmung eines Volkssouveräns sei. Dabei wird hervorgehoben, dass die öffentliche Gewalt des Verfassungsvertrags nicht wie bei einer traditionellen Verfassungsgebung auf ein revolutionäres Unionsvolk im Sinne von Herrschaftsbegründung zurückführbar ist, sondern auf dem Willen der Mitgliedstaaten beruht, auch wenn die Bezeichnung „Verfassungskonvent" im Zusammenhang mit dem Verfassungsvertrag Assoziationen an eine verfassungsgebende Versammlung nahe legt.[200] Weil es einen Verfassungsgeber in Gestalt eines europäischen Volkes nicht gebe, könne es auch keine Europäische Verfassung geben.[201] Der Europäische Verfassungsvertrag sei nicht durch einen einmaligen Akt im Sinne der staatsbezogenen Lehre vom *pouvoir constituant* entstanden.[202] Der Unterschied zwischen Verfassung und Vertrag im Begriff des „Verfassungsvertrags" dürfe daher nicht verwischt werden.

Allerdings ist das Konzept der verfassungsgebenden Gewalt lediglich eine Frage der Legitimation von Herrschaft und verweist auf die demokratische Entstehungsform einer demokratischen Ordnung.[203] Nur in diesem Sinn ist sie notwendige Voraussetzung des Verfassungsbegriffs. Diese Voraussetzung erfüllt der Verfassungsvertrag. Es sind letztlich die Bürger der Mitgliedstaaten, die den formal völkerrechtlichen Verfassungsvertrag in einer Art europäischen Sozialvertrag mittels ihrer Organe und Verfahren konstituieren.[204] Auf sie bleibt die gesamte europäische Konstruktion des Verfassungsverbunds zurückführbar. In anderen europäischen Verfassungsstaaten ist aus verschiedenen Gründen der Staatsbezug von Verfassung ohnehin weit weniger explizit.[205] Auch das vom EuGH und von neueren Teilen des Schrifttums geteilte Begriffsverständnis nimmt maßgeblich auf die Ausübung institutionalisierter politischer Herrschaft Bezug.[206] Der einer staatlichen Verfassung zugeschriebene Anspruch, Hoheitsgewalt territorial begrenzt und sachlich umfassend inne zu haben, kann im Zuge der internationalen Verrechtlichung nicht mehr erfüllt werden und verlangt nach einer Weiterentwicklung des Bedeutungsverständnisses der Verfassung.[207] Keine staatliche Verfassung kann heute noch umfassend die rechtliche Struktur einer geschlossenen

---

199 *Kirchhof*, Die rechtliche Struktur der EU als Staatenverbund, S. 893 (898) in v. Bogdandy, Europäisches Verfassungsrecht.

200 *Kirchhof*, Die Identität der Verfassung in ihren unabänderlichen Inhalten, in Isensee/Kirchhof, Handbuch des Staatsrechts Bd. 1, § 19, Rn. 18 ff; *Grimm*, JZ 1995, 581 (581).

201 *Grimm*, JZ 1995, 581 (582).

202 Die Verfassungsgebung müsse unmittelbar vom Staatsvolk verantwortet werden, dass es in der Union aber nicht gebe.

203 *Epping*, JZ 2003, 823 (824).

204 *Pernice*, JZ 2000, 868 (870); *Hobe*, EuR 2003, 1 (6).

205 *Beaud*, RFDA 1993, 1046.

206 Der EuGH hat schon früh von der *„Verfassungsurkunde einer Rechtsgemeinschaft"* gesprochen, EuGH, Rs. C-3/86, Slg. 1986, 1339, Rn. 23 – *Les Verts*. Zustimmend in der Literatur bspw. nur *Schmitz*, Integration in der supranationalen Union, S. 169; *Iglesias*, Zur Verfassung der EG, EuGRZ 1996, 125 ff; *Thym*, Ungleichzeitigkeit und europäisches Verfassungsrecht, S. 329.

207 *Gerkrath*, L'emergence d'un droit constitutionel pour l'Europe, S. 87; *DiFabio*, JZ 2000, 737 (738); *Hilf*, VVDStRL 53 (1994), S. 7 (20)

politischen Einheit festlegen.[208] Vielmehr führt die Kooperationsoffenheit des modernen Verfassungsstaats in Europa zu einem spezifischen Beziehungsgeflecht der verschiedenen Rechtsordnungen auf supranationaler Ebene.[209] Die Funktionswandlung des Staates und dessen europäische Verrechtlichung resultiert in einer Reorganisation des Staates bzw. verfassungsstaatlicher Elemente auf supranationaler Ebene (Grundrechte bzw. Grundfreiheiten, Gewaltenteilung, Staatsziele). Vor diesem Hintergrund entwickelte *Pernice* das Modell des „postnationalen Verfassungsbegriffs".[210] Der Verfassungsbegriff muss daher zeitgemäß von der Idee des Staats gelöst werden, was ihn einer Anwendung auf die Union zugänglich macht.[211] Wenn der Staat als entscheidende Kategorie der Verfassungsgebung keine Ausschließlichkeit mehr beanspruchen kann, bedarf es auch des Volkes als pouvoir constituant in diesem Sinne nicht mehr.[212] Zudem passt die Lehre vom pouvoir constituant nicht auf den fortlaufenden Prozess der europäischen Verfassungsgebung.[213] Wesentlich erscheint deshalb die Konzentration auf die Funktion einer Verfassung statt auf die Legitimationsgrundlage von Herrschaftsgewalt.[214]

Der europäische Verfassungsvertrag wie die mitgliedstaatlichen Verfassungen befassen sich mit demselben Problem. Beide betreffen die strukturelle Einordnung der Ausübung einseitiger und verpflichtender Macht eines Hoheitsträgers, die den Angelpunkt einer jeden Verfassungsordnung darstellt.[215] Im nationalen wie im unionalen Verfassungsrecht geht es darum wie diese Einseitigkeit konstituiert, organisiert und kanalisiert wird.[216] Anknüpfungspunkte sind daher im Wesentlichen die Funktion einer Verfassung als Grundordnung eines Gemeinwesens sowie die Stellung in der Normenhierarchie.[217] Auch wenn nicht jedes Rechtsgebilde, das die Funktionen einer Verfassung erfüllt, eine solche ist, rechtfertigen die Legitimations-, die Machtbegrenzungs- und die Organisationsfunktion eine Anwendung auf das europäische Primärrecht.[218] Dieses stellt ein Ensemble von Bestimmungen dar, das Regeln über Organe, Kompetenzen, Stellung über Einzelnen, Wert- und Zielbestimmungen enthält.[219] Dessen un-

---

[208] *Peters*, Elemente der Theorie einer Verfassung, S. 208.

[209] *Hobe*, Der offene Verfassungsstaat zwischen Souveränität und Interdependenz, S. 21; *ders.*; Der Staat 37 (1998), 521 (524).

[210] *Pernice*, VVDStRL 60 (2001), S. 148 (152).

[211] *Hobe*, EuR 2003, 1 (3).

[212] *Wahl*, Konstitutionalisierung – Leitbegriff oder Allerweltsbegriff? S. 191 (196), in FS Brohm.

[213] *Hobe*, EuR 2003, 1 (4).

[214] *Hobe*, EuR 2003, 1 (6).

[215] *MacCormick*, Questioning Sovereignty. Law, State, and the Nation in the European Commonwealth, S. 113.

[216] *Walter*, DVBl. 2000, 1 (5); *Epping*, JZ 2003, 823 (824); *V. Bogdandy*, Europäsiche Prinzipienlehre, S. 149 (159), in ders., Europäisches Verfassungsrecht.

[217] *Möllers*, Verfassungsgebende Gewalt-Verfassung-Konstitutionalisierung, S. 1 (2), in v. Bogdandy, Europäisches Verfassungsrecht; *Peters*, Elemente der Theorie einer Verfassung, S. 208, dazu allgemein *Zippelius/Würtenberger*, Deutsches Staatsrecht, § 5, III.

[218] *Hilf*, Die Organisationsstruktur der Europäischen Gemeinschaft, S. 56; *Peters*, Elemente der Theorie einer Verfassung, S. 208.

[219] Iglesias, EuGRZ 1996, 125 (127); *Peters*, Elemente der Theorie einer Verfassung, S. 92.

mittelbares Subjekt sind zudem nicht nur die Mitgliedstaaten, sondern gerade auch der einzelne Bürger, dem er Bürgerrechte garantiert. Auch sein programmatischer Charakter, seine Bestandssicherungs- und Integrationsfunktion tragen zu dieser Einordnung bei. Zudem hat der Verfassungsvertrag die höchste Stellung in der Normenhierarchie der Unionsrechtsordnung.[220] Diese führt wie in einer staatlichen Verfassung dazu, dass er prägender Maßstab für das nachfolgende Recht ist.[221] Darüber hinaus beinhaltet der Verfassungsvertrag alle wesentlichen Inhalte einer Verfassung für ein Gemeinwesen (Sicherheit, Rechtsstaatlichkeit, Demokratie, Sozialstaatlichkeit).[222]

Somit erscheint es für die Anwendung des Verfassungsbegriffs auf den Verfassungsvertrag notwendig, nicht auf den Kontext der Herrschaftsbegründung, sondern vielmehr auf die bereits bestehende Herrschaftsgewalt abzustellen. Im Hinblick auf die evolutionär entstandenen Verfassungsfunktionen des europäischen Rechts kann kein traditionelles, herrschaftsformendes Verfassungsverständnis vorausgesetzt werden. Die Verwendung des Verfassungsbegriffs für den Verfassungsvertrag hat daher die Funktion, im doppelten Sinne des Wortes die bestehende Herrschaftsgewalt der Union neu zu begründen und damit neu legitimieren.[223] Unter Berücksichtigung der Funktion des Verfassungsvertrags und der Normenhierarchie in der Union wird der Verfassungsbegriff dadurch zum Synonym für den weit fortgeschrittenen status quo der europäischen Integration. Die Existenz einer europäischen Verfassung setzt dabei nicht notwendig die Entstehung eines europäischen Staates voraus, der die Staatlichkeit der Mitgliedstaaten aufhebt.

Dementsprechend handelt es sich beim europäischen Primärrecht um europäisches Verfassungsrecht. Die rechtliche Bindung von Hoheitsgewalt muss durch Verlagerung des Verfassungsbegriffs auf die europäische Rechtsordnung sichergestellt werden.[224] Auf dieser Basis lässt sich das Verhältnis von Staats- zu Unionszielen als Teil der Beziehung von europäischem zu nationalem Verfassungsrecht herausarbeiten.

(c) Komplementarität der Verfassungsebenen

Das europäische Primärrecht ist durch einen konstitutiven Gesamtakt die Verfassung der Union. Ermöglicht wird ihre rechtliche Wirkung durch die jeweiligen Integrationsklauseln der Mitgliedstaaten. Die europäische Verfassung ist eine Teilverfassung für ausgegliederte Souveränitätsrechte, die auf die staatlichen Verfassungen angewiesen ist, so wie diese auf sie.[225] In dieser Situation der rechtlichen Verflechtung sind weder die Staaten noch die Union wirklich souverän. Um die Integration zu ermöglichen,

---

[220] *Calliess*, in Göttinger Online-Beiträge zum Europarecht, Nr. 7, S. 21.

[221] *Thym*, Ungleichzeitigkeit und europäisches Verfassungsrecht, S. 355; *Peters*, Elemente der Theorie einer Verfassung, S. 208.

[222] Dazu noch ausführlich unter (2).

[223] *Epping*, JZ 2003, 823 (824); *Walter*, DVBl. 2000, 1 (5).

[224] Dazu grundlegend *Huber*, VVDStRL 60 (2001), S. 196 (199 ff.); *Möllers*, Verfassungsgebende Gewalt-Verfassung-Konstitutionalisierung; S. 1 ff. (insbes. S. 22 ff.), in v. Bogdandy, Europäisches Verfassungsrecht; sowie *Pernice*, VVDStRL 60 (2001), S. 148 ff.

[225] *Pernice* in Dreier, Art. 23 GG, Rn. 20.

müssen sich die Verfassungen der Mitgliedstaaten öffnen.[226] Ihre Integrationsklauseln weisen über sich selbst hinaus. Sie müssen nicht nur die Übertragung von Hoheitsrechten ermöglichen, sondern auch die diesbezüglichen (verfassungsrechtlichen) Rückwirkungen akzeptieren.[227] Daher bewirkt der materiellrechtliche Verbundcharakter eine geteilte Souveränität zwischen den Mitgliedstaaten und der Union.[228] Gleichzeitig setzt er für den Wandel der Staatlichkeit neue Maßstäbe. Realistisch gesehen besteht in der Union daher als Folge geteilter Souveränität in verschränkten Verfassungsordnungen eine gestufte Staatlichkeit. Diese Beschreibung wird im Verfassungsvertrag insofern reflektiert, als Art. 1 EVV von einer Union der Bürger und nicht nur der Staaten spricht. Gleichzeitig wird der verfassungsrechtliche Status der Bürger mit der Unionsbürgerschaft auf einen Begriff gebracht. Die Organisationsform, welche die Bürger der Union geben, ist weder ohne die Europäische Union noch ohne die in ihr verbundenen Staaten denkbar, und beide sind eng miteinander verschränkt.[229] Diese geteilte Souveränität in einer gestuften Staatlichkeit ist auch vor dem Hintergrund der Globalisierung einzuordnen, in der der dem Staat zugeschriebene Anspruch, Hoheitsgewalt umfassend inne zu haben, nicht mehr erfüllt werden kann. Damit ist eine Reorganisation des Staates auf der supranationalen Ebene verbunden.[230] Auf diese Weise verschwimmen zunehmend die Grenzen zwischen Verfassungsrecht und europäischem Recht durch Durchdringung und Verflechtung staatlicher und supranationaler Ordnung. Geteilte Souveränität beinhaltet „gemeinsame" Souveränität der Bürger auf europäischer Ebene, vertikale Gewalten- und Funktionenteilung, organisiert und strukturiert durch eine europäische Mehrebenenverfassung. Dieses System offener Verfassungsstaatlichkeit in Europa etabliert einen so entstehenden gemeineuropäischen Verfassungsverbund,

---

[226] Im Maastricht Urteil hat das Bundesverfassungsgericht die Offenheit des Grundgesetzes für Bindungen „in dem engeren Rechtsverbund einer zwischenstaatlichen Gemeinschaft" unterstrichen. Darüberhinaus hat das BVerfG mehrfach auf die funktionale Verschränkung und normative Verklammerung europäischen und nationalen Rechts hingewiesen. „Mitgliedstaatliche Rechtsordnung und Gemeinschaftsrechtsordnung stehen nicht unvermittelt und isoliert nebeneinander; sie sind in vielfältiger Weise aufeinander bezogen, miteinander verschränkt und wechselseitigen Einwirkungen geöffnet." Das Grundgesetz ist dementsprechend Teil der Gesamtverfassung des Gemeineuropäischen Verfassungsrechts. Machen im Bundesstaat die Verfassung der Gliedstaaten und die der föderalen Ebene zusammen erst die Verfassung des Gliedstaates aus, so ergibt sich im europäischen Verfassungsverbund der reelle Inhalt des Grundgesetzes erst aus der Zusammenschau von Europarecht und nationalem Verfassungstext. Konsequent nennt daher Art. 23 I 3 GG die Akte der Vertragsrevision „Regelungen, durch die dieses Grundgesetz seinem Inhalt nach ergänzt oder geändert wird (...)". Somit weist Art. 23 GG selbst über sich hinaus und setzt für den Wandel der Staatlichkeit neue Maßstäbe. Realistisch gesehen besteht in der Union daher als Folge eine gestufte Staatlichkeit. Wird jedoch das vom nationalen Rechtsanwendungsbefehl gebilligte Integrationsprogramm verlassen, setzt es sich gegenüber dem Unionsrecht durch.

[227] *Streinz/Ohler/Herrmann*, Die neue Verfassung für Europa, § 1, S. 7.

[228] *Jacqué*, EuGRZ 2004, 551 (554). Die Vorstellung geteilter Souveränität ist für Mehr-Ebenen-Systeme seit Tocqueville geläufig. Ihren Bezugspunkt findet sie allerdings in der mittelbaren Volkssouveränität, vgl. *Oeter*, ZaöRV 1995, 695 (697).

[229] *Kirchhof*, Europäische Integration, § 183, Rn. 69, in Isensee, Handbuch des Staatsrechts; *Calliess/Ruffert*, EUGRZ 2004, 542 (546).

[230] Dazu sogleich ausführlich unter B. VI. 2. b) aa) (2).

den *Ingolf Pernice* als Begriff in die rechtswissenschaftliche Diskussion eingeführt hat[231] und der als Konsequenz der fortschreitenden rechtlichen Verflechtung den Begriff des „Staatenverbundes" notwendig ergänzt. Er soll die gestufte Verfassungsstruktur und Einheit der durch nationale Verfassungen und Unionsvertrag konstituierten Ordnung verdeutlichen. Dabei trägt er der Tatsache Rechnung, dass europäische und mitgliedstaatliche Verfassungen jeweils nur fragmentarische Verfassungsordnungen bilden, die beide jeweils nicht mehr das Ganze der Hoheitsausübung gegenüber dem Bürger repräsentieren und auf vielfältige Art und Weise miteinander verzahnt sind.[232] Als Teil des Verfassungsverbundes war die Europäische Verfassung von vorne herein nicht als ein in sich geschlossenes und selbsttragendes Organisationsstatut konzipiert, eine Charakterisierung, die auch Staatsverfassungen nicht mehr gerecht werden.[233] In der Terminologie anders, im Ergebnis weitgehend entsprechend, wird bei der Verflechtung zwischen nationalen und europäischen Verfassungsrecht von einem „System der Verfassungsverflechtung",[234] einer „Verfassungsgemeinschaft", von „ordres juridiques coordonnés"[235] oder einer „Gesamtverfassung"[236] gesprochen. Schon das Maastricht-Urteil bezeichnete die Union als „Rechtsverbund".[237] Der Begriff des Verfassungsverbunds soll einerseits die Rechtseinheit, andererseits auch die besondere Verfasstheit dieses Gesamtsystems hervorheben.[238] Insoweit weist der gemeineuropäische Verfassungsverbund teilweise Parallelen zum bundesstaatlichen Verfassungsverbund aus Grundgesetz und Landesverfassungen.[239] So wie Bundesrecht und Landesrecht jeweils orginäres Recht darstellen, so ergänzt das Unionsrecht das System des für

231 *Häberle*, Europäische Verfassungslehre, S. 210, plädiert demgegenüber für den Begriff der „Verfassungsgemeinschaft". Streng ablehnend gegenüber der Konzeptionalisierug als Verfassungsverbund demgegenüber *Kirchhof*, Die rechtliche Struktur der EU als Staatenverbund, S. 893 (904) in v. Bogdandy, Europäisches Verfassungsrecht, unter der Schlussüberschrift "Kein Verfassungsverbund": „Zwar sucht die Europäische Grundordnung zusammen mit den Verfassungen der Mitgliedstaaten (...) eine gesamteuropäische Rechtsordnung zu begründen, in der die verschiedenen Entstehens- und Erkenntnisquellen dieses Recht einander stützen, stärken und fortbilden. Dennoch ist dieser Rechtsverbund gerade darauf angelegt, gerade in der Unterscheidung von Verfassungen (...) und Unionsvertrag Aufgaben, Kompetenzen und Befugnisse, damit Rechtsverantwortlichkeiten zuzuteilen, Hoheitsgewalten zu legitimieren und Kontrollverantwortlichkeiten zu begründen. Verbunden sind die Staaten im Prinzip ihrer eigenständigen – insoweit unverbundenen – Verfasstheit."

232 *Pernice*, EuR 1996, 1 (30).

233 *Peters*, Elemente der Theorie einer Verfassung, S. 209.

234 *Bieber*, Verfassungsentwicklung der Europäischen Union: Autonomie oder Konsequenz staatlicher Verfassungsentwicklung?, S. 209 (209), in Müller-Graff/Riedel, Gemeinsames Verfassungsrecht in der EU.

235 *Chaltiel*, RTD Eur. 1996, 396 (399).

236 *Pernthaler*, Allgemeine Staatslehre und Verfassungslehre, S. 43.

237 BVerfGE 89, 155 (183).

238 *Korioth*, VVDStRL 62 (2003), S. 117 (149), der allerdings irrtümlich meint, das mit dieser Feststellung „kein Erkenntnisgewinn" verbunden sei.

239 *Pernice* in Dreier, Art. 23, Rn. 20. Machen im Bundesstaat die Verfassung der Gliedstaaten und die der föderalen Ebene zusammen erst die Verfassung des Gliedstaates aus, so ergibt sich im europäischen Verfassungsverbund der reale Inhalt des Grundgesetzes erst aus der Zusammenschau von Europarecht und Verfassungstext.

jeden Bürger geltenden und durch ihn legitimierten Rechts. In diesem Sinne beruht der Begriff des Verfassungsverbundes auf den in Jahrhunderten geprägten gemeinsamen Vorstellungen, Begriffen und Prinzipien zu Recht und Verfassung im abendländischen Europa.[240] Allerdings darf dabei der Unterschied nicht übersehen werden, dass Landesverfassungen jeweils für sich Vollverfassungen darstellen, wohingegen nationales Verfassungsrecht aufgrund seiner Verschränkung mit dem europäischen Verfassungsrecht Teilverfassung des Gesamtsystems des gemeineuropäischen Verfassungsverbunds ist.

Der materiellrechtliche Verbund begründet einen „europäischen Verfassungsstaat",[241] der im doppelten Sinne Auswirkungen zeitig: Als im Inneren europäisch werdende nationale Verfassungsstaaten, sowie als Gebilde eigener Art, das sich auf der europäischen Ebene ansiedelt und nun durch den Verfassungsvertrag nur noch formal konstituiert wird. Die Bürger in jedem Mitgliedstaat sind somit einer einheitlichen Rechtsordnung unterworfen, die sich aus den verfassungsrechtlichen Regelungen des Unionsrechts und denen des jeweiligen innerstaatlichen Verfassungsrechts als einem gemeineuropäischen Verfassungsrecht zusammensetzt.[242] Insoweit stellen unionales und nationales Verfassungsrecht Komplementärverfassungen, im Sinne aufeinander bezogener und miteinander verklammerter Teilverfassungen dar.[243] Das Verfassungsrecht der Union ist dementsprechend nur eine Teilverfassung des europäischen Verfassungsraumes und gewinnt seine volle Bedeutung erst in der Zusammenschau mit den mitgliedstaatlichen Verfassungen. Im europäischen Verfassungsverbund interagiert die orginäre europäische Hoheitsgewalt dabei mit den ebenfalls orginären und insoweit autonomen Verfassungsordnungen der Mitgliedstaaten auf einer nichthierarchischen Grundlage.[244] Insofern kann die gemeineuropäische Verfassungsordnung als eine polyzentrische Ordnung charakterisiert werden.[245] Der Verfassungsverbund begründet dabei eine materielle Einheit von formal eigenständigem europäischen und nationalem Verfassungsrecht (sog. Einheitsthese).[246] Verklammert werden sie einerseits durch das Primärrecht, dass die Verfassungsordnungen der Mitgliedstaaten mit-

---

[240] *Pernice*, EuR 1996, 27 (33).

[241] *Thürer*, VVDStRL 50 (1991), S. 97 (101). "Das nationale Verfassungsrecht dankt zwar nicht zugunsten des europäischen und gemeineuropäischen Verfassungsrechts ab, das es ja gerade mitgeschaffen und mitbeeinflusst hat und mitträgt, aber es befindet sich in einer Metamorphose." *Häberle*, EuGRZ 1992, 429 (431).

[242] *Pernice*, EuR 1996, 27 (29).

[243] *Häberle*, Europäische Verfassungslehre, S. 210; *Pernice*, Europäisches Verfassungsrecht im Werden, S. 25 (35).

[244] *Thym*, Ungleichzeitigkeit und europäisches Verfassungsrecht, S. 355. Andere Ansicht offenbar *Sommermann*, Staatsziele und Staatszielbestimmungen, S. 281, der davon spricht, dass die Unionsziele der Staatsziele „überlagern".

[245] Oft ist die Rede vom polyzentrischen Staat, einer polyzentrischen Gesellschaft oder eine polyzentrischen Ordnung, die besagt, dass mehrere Entscheidungszentren oder Herrschaftsspitzen nebeneinander bestehen.

[246] *V. Bogdandy*, in ders., Europäisches Verfassungsrecht, S. 149 (157); *Pernice*, VVDStRL 60 (2001), S. 148 (153, 172).

einander verbindet und auf das Integrationsprogramm ausgerichtet (Art. 6 Abs. 1 EUV), sowie andererseits durch die Integrationsklauseln der Mitgliedstaaten.[247]

Die Situierung der europäischen Verfassung im Verbund ist der Schlüssel zum Verständnis ihrer strukturellen Eigenschaften und Prinzipien.[248] Die Charakterisierung als Verfassungsverbund ermöglicht dabei die Pluralität der Verfassungsebenen, ihre Verbindung über parallele Strukturen und Prinzipien, als Verhältnis gegenseitiger dogmatischer Komplementarität zu kennzeichnen. Denn ein Zusammenwirken der Teilverfassungen erfordert gemeinsame Verfassungsprinzipien und dogmatische Strukturen. Die Verbundkonzeption ist daher auf die politikspezifischen Unionsziele als Verfassungsprinzipien anzuwenden.

(d) Komplementäre Verfassungsprinzipien – Staatsziele und politikspezifische Unionsziele

Als Komplementärverfassung verbindet das europäische Primärrecht in Form des Verfassungsvertrages die Vielfalt der nationalen Verfassungen zur Einheit der gemeineuropäischen Verfassung. Im Verfassungsverbund besitzt die europäische Verfassungsänderung demnach eine Doppelwirkung als Änderung der nationalen und der europäischen Verfassung.[249] Daraus ergibt sich zugleich die Notwendigkeit von struktureller Widerspruchsfreiheit zwischen den Verfassungsebenen.[250] Erforderlich ist dementsprechend eine weitgehende „strukturelle Kopplung"[251] und verfassungsrechtliche Prinzipienidentität der Teilverfassungen. Im Zuge der Ausbildung des gemeinsamen gemeineuropäischen Verfassungsraumes wird die strukturelle Komparabilität und dogmatische Homogenität in den verbundenen Teilverfassungen durch Art. 6 Abs. 1 EUV positiv eingefordert.[252]

Gleichzeitig entsteht die Unionsverfassung auf der Grundlage und im Rahmen staatlicher Verfassungen. Die Konstitutionalisierung des Unionsrechts vollzieht sich deswegen in der Übernahme mitgliedstaatlicher, verfassungsrechtlicher Institute.[253] Das nationale Verfassungsrecht manifestiert dabei das wichtigste Rezeptionsreservoir für die Gewinnung und Konkretisierung unionaler Verfassungsprinzipien bzw. –strukturen und bildet als Komplementärverfassung im gemeineuropäischen Verfassungsraum einen allgemeinen normativen Kontext.[254] Europäisches Verfassungsrecht speist sich somit im Zuge seines anhaltenden Konstitutionalisierungsprozesses maßgeblich aus

---

[247] *Huber*, Recht der europäischen Integration, § 5, Rn 35.
[248] *Peters*, Elemente der Theorie einer Verfassung, S. 208.
[249] *Thym*, Ungleichzeitigkeit und europäisches Verfassungsrecht, S. 334.
[250] *V. Bogdandy*, Supranationaler Föderalismus, S. 12.
[251] So schon *Di Fabio*, Das Recht offener Staaten, S. 99.
[252] Homogenität ist generelle Grundvoraussetzung eines jeden föderalen Verbands. Dies gilt auch für die Union. Rechtliche Konfliktvermeidung, Funktionsfähigkeit und Stabilität spielen auch bei ihr die entscheidende Rolle. Vgl. *Calliess/Ruffert*, EuGRZ 2004, 542 (545); *Schmitz*, Integration in der supranationalen Union, S. 313.
[253] *Peters*, Elemente der Theorie einer Verfassung, S. 212.
[254] *Huber*, Recht der europäischen Integration, § 7, Rn 13; *V. Bogdandy*, in ders., Europäisches Verfassungsrecht, S. 149 (157).

mitgliedstaatlicher Verfassungsubstanz. Als grundlegende Verfassungsprinzipien kommt hierbei konsequenterweise auch die Übernahme von Staatszielbestimmungen auf die europäische Verfassungsebene in Betracht.[255] Als eine Art „Schleuse" zwischen den nationalen Verfassungen und der europäischen Verfassung wirkt dabei neben den Öffnungsklauseln der nationalen Verfassungsordnungen positivrechtlich Art. 6 Abs. 1 EUV. Es entsteht ein verfassungsrechtliches Mehrebenensystem, verfasst und strukturiert entsprechend der unterschiedlich umfassenden Aufgaben im Sinne eines *„multilevel constitutionalism*".[256] Das nationale Verfassungsrecht ist dabei nicht nur als Quelle materiellrechtlicher Inspiration und Geltungsgrund, sondern auch als Maßstab in Bezug genommen.[257] Mit der materiellen Konzeption des Verfassungsverbundes verbinden sich nicht nur die nationale und europäische Verfassungsebene, sondern deren fundamentale Verfassungsstrukturen und Verfassungsprinzipien stabilisieren sich in einer materiell-einheitlichen Verfassungsordnung wechselseitig. Zwingende Folge ist die (Weiter-)Entwicklung von Verfassungsprinzipien der supranationalen Ebene, indem sich nationale Verfassungsprinzipien und –strukturen mit den supranationalen Normen verflechten und verschmelzen.[258] In der Folge des materiellrechtlichen Verbundgedankens entfalten europäische und nationale Verfassungsprinzipien komplementäre Maßstäblichkeit, weswegen nationale Staatsziele und politikspezifische Unionsziele immer stärker zu einem Verfassungszieleverbund miteinander verbunden werden und sich als Verfassungsprinzipien in einer einheitlichen Verfassungsordnung vereinheitlichen. Indem sich die Teilverfassungen gegenseitig verzahnen, durchdringen sich konsequentermaßen auch Staats- und Unionsziele als Verfassungsprinzipien im Gesamtsystem von nationalen Verfassungen und Primärrecht der Union. Sie werden homogene Verfassungsprinzipien in einer gemeineuropäischen, materiell einheitlichen Verfassungsgrundordnung. Angesichts der in beide Richtungen verlaufenden verfassungsrechtlichen Homogenitätserfordernisse in diesem Prozess müssen sich diesbezüglich gemeinsame dogmatische Strukturen des Verfassungsrechts vertikal zwischen der Union und den Mitgliedstaaten entwickeln lassen.[259] Zusammenwachsende Verfassungsprinzipien auf unterschiedlichen Teilverfassungsebenen in einer einheitlichen gemeineuropäischen Verfassungsordnung erlauben die Herstellung gemeinsamer rechtlicher Wirkungen. Gemeinsame dogmatische Strukturen der leitenden Verfassungsprinzipien in den komplementären Verfassungsordnungen sind zu einem effektiven Zusammenspiel auch erforderlich. Wenn Staats- und Unionsziele als zusammenwachsende Verfassungsprinzipien komplementäre Maßstäblichkeit und ergänzende

---

[255] *Calliess* in Göttinger Online-Beiträge zum Europarecht, Nr. 7, S. 23.

[256] *Pernice*, VVDStRL 60 (2001), S. 148 (172). Folge ist der sog. postnationale Verfassungsbegriff, der die klassische Souveränitätslehre nicht auf die überstaatliche Ebene überträgt, sondern hoheitliche Aufgaben verschiedenen Ebenen zuordnet.

[257] *Huber*, Recht der europäischen Integration, § 7, Rn 11.

[258] *Bieber*, Verfassungsentwicklung der Europäischen Union: Autonomie oder Konsequenz staatlicher Verfassungsentwicklung?, S. 209 (209), in Müller-Graff/Riedel, Gemeinsames Verfassungsrecht in der EU.

[259] *Möllers*, Verfassungsgebende Gewalt-Verfassung-Konstitutionalisierung; S. 1 (49), in v. Bogdandy, Europäisches Verfassungsrecht

Funktion[260] im Verhältnis zueinander besitzen, muss dem bei der Auslegung der politikspezifischen Unionsziele Rechnung getragen werden. Wirken Staats – und Unionsziele als Verfassungsprinzipien gleichberechtigt und komplementär in einer sich gegenseitig durchdringenden, materiell einheitlichen Rechtsordnung zusammen, so erscheint es nur konsequent, die für Staatsziele entwickelte Dogmatik auf die politikspezifischen Unionsziele zu übertragen.

Folglich können politikspezifische Unionsziele als Folge ihrer verfassungsstaatlichen Substanz und der besonderen Verfassungsprinzipienverzahnung im Verfassungszieleverbund als postnationale Staatsziele charakterisiert werden, die sich als Verfassungsprinzipien auf einer höheren und komplementären Ebene der gemeineuropäischen Verfassungsordnung angesiedelt haben. Als europäische Verfassungsprinzipien speisen sie sich nicht nur aus verfassungsstaatlicher Substanz, sondern verschmelzen in einer materiell-einheitlichen Verfassungsordnung auch mit den nationalen Verfassungsprinzipien. In ihrer rechtlichen Wirkung auf unionaler Ebene können politikspezifische Unionsziele deshalb den Staatszielen auf nationaler Ebene als komplementärer Teil in einem materiell einheitlichen Gesamtsystem gleichgestellt werden.

(e) Begriff der postnationalen Staatsziele und Notwendigkeit einer dogmatischen Übertragung von Staatszielen auf politikspezifische Unionsziele

Die verfassungsstaatliche Systembildung durch die Konzeption des Verfassungsvertrags und die damit anhaltende Entwicklung der Union zu einem supranationalen Föderalismus macht es möglich, eine dogmatische Analogie von politikspezifischen Unionszielen zu Staatszielbestimmungen herzustellen. Nicht wenige bestreiten diese Möglichkeit indirekt mit der Behauptung, die Neuartigkeit des Herrschaftsträgers verlange, präzedenzlos zu denken.[261] Insbesondere *Herzog* äußert sich skeptisch, inwieweit staatlich geprägte Begriffe - wie vorliegend der der postnationalen Staatszielbestimmung - auf den Konstitutionalisierungsprozess im europäischen Integrationszusammenhang anwendbar sind.[262] Auch andere Stimmen in der Literatur verneinen pauschal die *„Eignung überkommener und staatszentrierter theoretischen Begriffe für das Verständnis der Europäischen Union“*.[263] Theoretische Neuansätze seien *„nirgendwo notwendiger als im Zeichen von Neuen“*.[264] Auf alle mit dem Begriffsbestandteil „Staat“ versehenen Verfassungsstrukturprinzipien kann jedoch nicht verzichtet werden, wenn das europäische Verfassungsrecht als positiv-rechtliche Teildisziplin fun-

---

[260] Zur komplementären Funktion von politikspezifischen Unionszielen und Staatszielen noch ausführlich unter (2) – EU als Gemeinwohlzieleverbund.

[261] *Schuppert*, Anforderungen an eine europäische Verfassung, S. 237 (249), in Klingemann/Neidhardt, Zur Zukunft der Demokratie. Herausforderungen im Zeitalter der Globalisierung.

[262] *Herzog*, Zum Begriff der Europäischen Verfassung, S. 19 ff, in Herzog/Hobe, Die EU auf dem Weg zum verfassten Staatenverbund. Ähnlich *Frowein*, EuR 1983, 301: „Ist es nicht unser altes Problem, dass wir die Gemeinschaftsentwicklung durch die Brille nationalen Verfassungsrechts betrachten und uns dann wundern, dass wir in Schwierigkeiten geraten?“

[263] *Wahl*, JZ 2005, 916 (916).

[264] *Wahl*, JZ 2005, 916 (917).

diert werden soll.[265] Auch das Verständnis des grundsätzlich nationalstaatlich geprägten Begriffes der „Verfassung“ ist angesichts des eigenständigen Charakters der Union einer Wandlung unterworfen.[266] Dieser ist nach neuerer Ansicht nicht mehr im klassischen Verständnis an Staatlichkeit gebunden, sondern zumindest funktional anwendbar. Der Verfassungsbegriff eröffnet für die Systembildung europäischen Verfassungsrechts verfassungstaatliche Vergleichsmöglichkeiten. Insbesondere verkennen die dargestellten Ansichten zu einem gewissen Teil die Natur rechtswissenschaftlichen Denkens, das im Innersten vergleichend und auf dogmatische Traditionsbestände angewiesen ist.[267] Das rechtswissenschaftliche Nachdenken über die politische Ordnung verknüpft seit jeher Dogmatik und Theorie, Interpretation des positiven Rechts und dessen Reflexion im Kontext der politischen Ideengeschichte.[268] Ein Verzicht auf einen Rückgriff auf bestehende verfassungsstaatliche Strukturprinzipien ist für die Durchdringung der unionalen Verfassungsordnung auch nicht notwendig. Einerseits besteht durch eine verfassungssstaatliche Struktur des Verfassungsvertrags hinreichende Vergleichbarkeit. Andererseits erlaubt den Rückgriff die verschränkende Komplementarität der mitgliedstaatlichen und der unionalen Verfassungsprinzipien. Denn sie vereinigen sich in der Konzeption des Verfassungsverbunds.[269] Die Charakterisierung der Grundordnung der Union als Verfassung gebietet ihre strukturelle Fortentwicklung.[270] „Das Mannigfaltige unter einem Begriff zu einem System zu ordnen und so zusammenzufassen, dass eine Idee des Zusammengefassten entsteht“, ist seit jeher der Ehrgeiz der Wissenschaften.[271] So wie das Europarecht und im Zuge seiner Fortentwicklung das europäische Verfassungsrecht zu einer eigenen Teildisziplin führen, steht nun der Schritt der systembildender Ausdifferenzierung an. Dabei ist das europäische Verfassungsrecht als Gebiet und Disziplin näher zu umschreiben.[272] Daher stellt es sich als eine Schlüsselaufgabe im Zuge der Entwicklung des europäischen Verfassungsraums dar, die Essenz gemeineuropäischen Verfassungsdenkens mit Blick auf den neuartigen Hoheitsträger fortzuentwickeln. Dieses Verfassungsdenken wurde bisher zumeist in den traditionellen Lehren zu den herrschaftsstrukturierenden Prinzipien „abgelagert“. Die Übertragung von nationalstaatlichen Instituten durch Loslösung aus ihrer ausschließlich staatlichen Fixierung und die Fortschreibung von ihren transportierten

---

265 In diese Richtung auch *Nettesheim*, ZEuS 2002, 541 (543).

266 Vgl. nur *Hilf*, VVDStRL 53 (1994), S. 8 (20); *Korioth*, VVDStRL 62 (2003), S. 117 (120). Zu dieser in der Literatur ausführlich geführten Diskussion vgl. auch *Grimm*, JZ 1995, 581 (586); *C. Koenig*, NVwZ 1996, 549 (551).

267 *V. Bogdandy*, Europäsiche Prinzipienlehre, S. 149 (158), in ders., Europäisches Verfassungsrecht.

268 Vgl. nur *Schlink*, Der Staat 28 (1989), 161 (162).

269 Dazu schon ausführlich die Ausführungen unter b) (1)-(4). *Wahl* spricht in diesem Zusammenhang von der „Wiederholungsthese“, wonach die wichtigsten Verfassungselemente der Union eine Parallele oder Wiederholung der verfassungsstaatlichen Ebene darstellen; JZ 2005, 916 (916). Vgl. dazu die Ausführungen unter bb) (2) (c).

270 *MacCormick*, Questioning Sovereignty. Law, State, and the Nation in the European Commonwealth, S. 113.

271 *Mittelstraß*, Die Möglichkeit von Wissenschaft, S. 56, 177.

272 So auch schon zutreffend: *V. Bogdandy*, Europäisches Prinzipienlehre, S. 149 (149), in v. Bogdandy, Europäisches Verfassungsrecht.

normativen Gehalten ist dabei für eine europäische Verfassungswissenschaft unerlässlich.[273] Nur durch Flexibilität bei der Fortentwicklung etablierter öffentlicher Verfassungsinstitute kann der eigenständige Charakter der Union und ihrer Verfassungstrukturen rechtlich umfassend erfasst sowie rechtlich konkretisiert werden.

Die Charakterisierung der politikspezifischen Unionsziele als postnationale Staatsziele darf sich zwar nicht im Verhältnis zu allgemeinen Staatzielkonzeptionen erschöpfen.[274] Möchte die Grundordnung der Union allerdings die Identifikation und die Loyalität ihrer Bürger gewinnen, verlangt dies eine gemeinsame Deutung des Gemeinwesens, wofür gemeinsame Verfassungsprinzipien ein wesentliches Vehikel darstellen können.[275] Gemeinsame Verfassungsstrukturprinzipien lassen sich dabei als Teil eines öffentlichen Diskurses begreifen, in dem man sich seiner verfassungsstaatlichen Grundlagen versichert. Mit dem Konstitutionalisierungsprozess der Union korrespondiert dementsprechend auch ein verstärkter Rückgriff auf nationale Verfassungsrhetorik.[276] Dabei dürfen diese verfassungsstaatlichen Elemente nicht in ihrem klassischen Sinne ausgelegt werden, sondern sollten im Zusammenhang mit der offenen Verfassungsstaatlichkeit den Weg für ein Verfassungsverständnis bereiten, das verfassungsspezifische Elemente zeitgemäß vom Staat löst und so der Internationalisierung des Staates durch Öffnung gegenüber den suprastaatlichen Organisationsstrukturen Rechnung trägt. Die verfassungsrechtliche Figur der Staatsziele findet sich in der überwiegenden Zahl der mitgliedstaatlichen Verfassungen. Mit ihrer Loslösung aus dem nationalen Kontext kann in diesem Sinne von einem postnationalen Staatszielverständnis als grundlegendes Verfassungsstrukturprinzip gesprochen werden. Zu dieser Einordnung trägt auch die im Folgenden dargestellte, arbeitsteilige Rolle der Verfassungsziele im Gemeinwohlverbund zwischen nationaler und unionaler Ebene bei. Die dogmatische Übertragbarkeit von Staatszielbestimmungen auf politikspezifische Unionsziele erscheint daher angesichts der bisherigen Erkenntnisse konsequent.[277]

---

273 *V. Bogdandy*, Europäisches Prinzipienlehre, S. 149 (159), in v. Bogdandy, Europäisches Verfassungsrecht.

274 *Sommermann*, Staatsziele und Staatszielbestimmungen, S. 298.

275 *Eichenberger*, Vom Umgang mit Strukturprinzipien des Verfassungsstaates, S. 456 (465), in FS Stern; *V. Bogdandy*, Europäisches Prinzipienlehre, S. 149 (154), in v. Bogdandy, Europäisches Verfassungsrecht.

276 *Huber*, Recht der europäischen Integration, § 5, Rn 11. Hierzu allgemein: *Kokott*, VVDStRL 63 (2004), S. 7 ff.

277 Explizit von „Staatszielen" spricht *Häberle*, EuGRZ 1992, 429 (432). Unklar in ihrer rechtlichen Bedeutung von „Verfassungszielen" spricht *Müller-Graf*, A. I., Rn. 99 in Dauses, Handbuch des EU-Wirtschaftsrechts. Denn mit der Einordnung als „Verfassungsziel" ist für eine Charakterisierung und dogmatische Konkretisierung im Verhältnis zu Staatszielen wenig gewonnen. Ihre Substanz aus den Verfassungstraditionen der Mitgliedstaaten und ihr Funktionsäquivalent zu den Staatszielen der Mitgliedstaaten kann besonders gut dadurch verdeutlicht werden, politikspezifische Unionsziele als postnationale Staatsziele zu bezeichnen. Dies ist auch deswegen zur Charakterisierung hilfreich, da politikspezifische Unionsziele auf europäischer Verfassungseebene teilweise die bisherigen öffentlichen Aufgabenfelder der Staates des Staates abdecken. Habermas nennt dies die „postnationale Konstellation".

bb) EU als Gemeinwohlzieleverbund - Die funktionelle Äquivalenz von politikspezifischen Unionszielen und Staatszielen

Eine normkategorische (und dogmatische) Übertragung von Staatszielbestimmungen auf politikspezifische Unionsziele lässt sich womöglich nicht nur vor dem Hintergrund der Konzeption eines Verfassungsverbundes herleiten, sondern komplementär auch aus der Tatsache, dass die Union im Zuge ihrer Entwicklung Schritt für Schritt immer gewichtigere öffentliche Aufgaben von den Mitgliedstaaten übertragen bekommen hat, die das Alltagsleben der Bürger tiefgreifend gestalten und unmittelbar beeinflussen. Diese Entwicklung setzt sich mit der inhaltlichen Konzeption des Verfassungsvertrags eines unionalen und politischen Gemeinwesens fort. Den zentralen normativen Ausdruck für die Wahrnehmung von Gemeinwohl begründen auf nationaler Verfassungsebene die Staatsziele.[278] Diese aus dem nationalen Verfassungsrecht bekannte Gemeinwohlfigur findet sich als Normkategorie auch im Europäischen Verfassungsvertrag. Die Tätigkeitsbereiche und die damit korrespondierenden politikspezifischen Unionsziele der Union sind samt der ihnen inhärenten Gemeinwohlbelange ursprünglich staatliche Aufgaben.[279] Sie sind von den Staaten im Interesse einer besseren Aufgabenerfüllung auf die Union als eine größere Einheit übertragen worden. Die politikspezifischen Unionsziele sollen nun die Wahrnehmung dieser Gemeinwohlbelange auf der europäischen Ebene gewährleisten, weil sie die Staatsziele allein unter den Zwängen der Globalisierung nicht mehr adäquat erfüllen können.[280] Die Union weist daher auch den Charakter eines Gemeinwohlzieleverbundes auf, der in engem Zusammenhang zum Verfassungszieleverbund steht.[281] Auch in diesem Sinne können die politikspezifischen Unionsziele daher in der gestuften Staatlichkeit in der Union als postnationale Staatsziele bezeichnet werden. Mit ihrer verfassungsrechtlichen Verlagerung auf mehrere Ebenen begründen nationale und politikspezifische Unionsziele (postnationale Staatsziele) im Hinblick auf das Gemeinwohl einen verbindenden Brückenkopf zwischen den Nationalwohlaspekten und dem Wohl der Union.

(1) Gemeinwohl und politikspezifische Unionsziele

Alles Nachdenken über die Ziele für die in einem Gemeinwesen organisierten Bürger muss notwendig von der Idee des Gemeinwohls ausgehen. Das Gemeinwohl ist ein bislang typisch verfassungsstaatliches Element.[282] Neuerdings wächst in Europa, sowohl in der Judikatur des EuGH und des EGMR als auch in der Wissenschaft, das Bewusstsein für das „europäische Gemeinwohl".

---

[278] *Häberle*, Europäische Verfassungslehre, S. 377.

[279] *Calliess/Ruffert*, EUGRZ 2004, 542 (546).

[280] *Calliess* in Göttinger Online-Beiträge zum Europarecht, Nr. 7, S. 18.

[281] *Zuleeg* in FS Carstens, Bd. 1; S. 223 (229).

[282] *Häberle*, Nationales Verfassungsrecht, regionale Staatenverbünde und das Völkerrecht, S. 80 (87), in FS Zuleeg, Europa und seine Verfassung.

(a) Politikspezifische Unionsziele als Ausdruck spezifischer Gemeinwohlbelange

Zunächst ist daher eine Annäherung an den Begriff des Gemeinwohls erforderlich.[283] Es setzt sich aus der Gesamtheit der öffentlichen Interessen in ihrer spezifischen eigenen Qualität zusammen und umschreibt den guten Zustand des Gemeinwesens.[284] In seinem objektiven Ansatz bedeutet das Gemeinwohl die Sache des ganzen Staates im Unterschied zu den Sonder- und Eigenbelangen seiner Glieder.[285] Gemeinwohl ist das Ziel, auf das sich der Integrationsprozess des (staatlichen) Lebens ausrichtet. Ohne die Verfolgung gemeinsamer Interessen der Gemeinschaftsmitglieder verlöre jedes Gemeinwesen seinen Sinn. In seinem Zeichen erkennt und deutet sich der Staatsverband als Ziel- und Legitimationseinheit. Nicht von ungefähr stellt sich die Verantwortung und Sorge für das Gemeinwohl seit jeher als der grundlegende Legitimationsgrund für Staatlichkeit dar.[286] Die Verfassung ist dabei der Ort, an dem sich die Gesellschaft über ihre Organisation und Grundwerte verständigt und aus der sich öffentliche Verantwortung ableitet.[287] Dieser Ort ist bei der Union der sie neu begründende Verfassungsvertrag. Denn auch die Union besitzt – wie bereits herausgearbeitet wurde – eine Verfassung. Die Verfassung dient als Bezugspunkt der Identität des Gemeinwesens, wo sie sich als einende Grundlage für wirtschaftlichen Wohlstand, inneren und äußeren Frieden, sozialstaatliche Gerechtigkeit und Kultur erweist.[288] Dort gewinnt das abstrakte Gemeinwohl somit konkrete Gestalt.[289] In Verfassungen werden daher in Konkretisierung des Gemeinwohls kollektive Ziele formuliert. Diese werden zu inhaltlichen Direktiven des Gemeinwohls, die zuvorderst den Gesetzgeber, aber auch Exekutive und Judikative binden. Als solche inhaltlichen Direktiven wirken insbesondere die in der Verfassung niedergelegten Staatsziele bzw. im Falle der Union die politikspezifischen Unionsziele.[290] Dabei ergeben sich öffentliche Aufgaben aus den öffentlichen Interessen, zu deren Wahrnehmung sich das Gemeinwesen freiverantwortlich entschlossen hat.[291] Um welche, im öffentlichen Interesse liegenden Aufgaben es sich hierbei handelt, entscheidet der Staat vornehmlich mit der Normierung von Staatszielen – die Union mit der Normierung von politikspezifischen Unionszielen.[292] Insofern definiert das Gemeinwohl ein allgemeines Ziel, das hinter den verfassungsrechtlichen

---

[283] Vgl. hierzu instruktiv *Fisch/Strohm*, Wandel in der Kontinuität – Überlegungen zum Begriff Gemeinwohl, S. 73 ff., in FS von Arnim.

[284] BVerfGE 42, 312 (332); Vgl. zu diesem Komplex auch instruktiv *Nolte*, Staatliche Verantwortung im Bereich Sport, S. 105 ff.

[285] *Nolte*, Staatliche Verantwortung im Bereich Sport, S. 112; *Schulze-Fielitz*, Staatsaufgabenentwicklung und Verfassung, S. 12, in Grimm, Wachsende Staatsaufgaben- sinkende Steuerungsfähigkeit des Rechts; *Isensee*, Gemeinwohl und Staatsaufgaben im Verfassungsstaat, § 57, Rn. 134, in Isensee/Kirchhof, Handbuch des Staatsrechts, Bd. III.

[286] *Calliess*, Gemeinwohl in der Europäischen Union, S. 173 (175) in Brugger/Kirste/Anderheiden, Gemeinwohl in Deutschland, Europa und der Welt.

[287] *Nolte*, Staatliche Verantwortung im Bereich Sport, S. 105 ff.

[288] *Korioth*, VVDStRL 62 (2003), S. 117 (125).

[289] *Isensee in* Isensee/Kirchhof, Staat und Verfassung, Bd. I, § 13, Rn 106.

[290] *Calliess* in Göttinger Online-Beiträge zum Europarecht, Nr. 7, S. 19.

[291] BVerfGE 15, 235 (241); 53, 366 (401), *Martens*, Öffentlich als Rechtsbergriff, S. 117.

[292] *Nolte*, Staatliche Verantwortung im Bereich Sport, S. 215.

Zielen als kategoriale Zwischenebenen steht und sie zusammenfasst.[293] Im Europäisches Verfassungsrecht stellen die politikspezifischen Unionsziele somit konkretisierte Gemeinwohlbelange dar.[294] Konsequenterweise folgert *Streinz* dementsprechend ohne nähere Begründung auch, dass die politikspezifischen Unionsziele das Unionsinteresse im Sinne eines „europäischen öffentlichen Interesses" bestimmen.[295]

(b) Gemeinwohl in der Union

In der wissenschaftlichen Diskussion wird der Gemeinwohlbegriff zumeist den Staaten vorbehalten.[296] Gleichzeitig erschöpft sich Gemeinwohl nicht in den Bahnen der institutionalisierten Staatlichkeit.[297] Der Begriff hält sich unterschiedliche Verfassungs- und Staatsformen offen.[298] Entgegen der mehrheitlichen Ansicht in Literatur und Rechtsprechung[299] kann der Begriff der öffentlichen Aufgaben als Ausdruck der öffentlichen Interessen des Gemeinwohls nicht mit staatlichen Aufgaben gleichgesetzt werden, sondern bildet vielmehr den Oberbegriff.[300] Somit können öffentliche Aufgaben grundsätzlich auch von nicht-staatlichen Trägern wahrgenommen werden. Der Begriff des Gemeinwohls konkretisiert sich somit inhaltlich erst in Relation zu dem Verband, in dem er zur Anwendung gelangt. Denn maßgeblich für ein Gemeinwesen ist ein auf die Verwirklichung eines Gemeinwohls ausgerichteter Verband mit Hoheitsrechten und der Möglichkeit zur unmittelbaren Berechtigung von Einzelpersonen in einem nicht unwesentlichen Lebensbereich. Die Union verfolgt friedenstiftende und prosperitätsermöglichende Gemeinwohlziele, zu dessen Verwirklichung sie Organe und Gemeinwohlverfahren einsetzt. Ausgehend von dieser Definition kann der Begriff des Gemeinwohls vor dem Hintergrund der Politikbereiche der Union und des damit korrespondierenden politikspezifischen Unionszielkatalogs auf die Union angewandt werden, die sich konsequenterweise als ein supranationales Gemeinwesen eigener Art darstellt.[301] Denn Strukturparallelen im Verhältnis zu anderen staatlichen oder kommunalen Gemeinwesen sind zwar vorhanden, diese aber aufgrund des eigenständigen Charakters der Union immer nur in relativer Hinsicht.[302]

---

[293] *Ossenbühl*, VR 1983, 301 (302).

[294] *Nolte*, Staatliche Verantwortung im Bereich Sport, S. 115.

[295] *Streinz* in Streinz, Art. 2 EGV, Rn. 17.

[296] *Brugger*, Gemeinwohl als Ziel von Staat und Recht an der Jahrtausendwende, Das Beispiel Europäische Gemeinschaft, S. 15 (16), in Müller-Graff/Roth, Recht und Rechtswissenschaft.

[297] *Calliess*, Gemeinwohl in der Europäischen Union, S. 173 (173) in Brugger/Kirste/Anderheiden, Gemeinwohl in Deutschland, Europa und der Welt.

[298] *Isensee* in Isensee/Kirchhof, Gemeinwohl und Staatsaufgaben im Verfassungsstaat, Bd. III, § 57, Rn 2.

[299] Vgl. nur BVerfGE 21, 362 (369), in der das Bundesverfassungsgericht beliebig zwischen staatlicher und öffentlicher Aufgabe changiert; siehe auch BVerwG, NJW 1997, 2694.

[300] *Nolte*, Staatliche Verantwortung im Bereich Sport, S. 107.

[301] Dazu bereits A. IV. 2. b) aa) a).

[302] *Müller-Graf*, A. I., Rn. 73 in Dauses, Handbuch des EU-Wirtschaftsrechts.

(2) Europäisierung des Gemeinwohls

(a) Neue öffentliche Aufgabenfelder im Verfassungsvertrag

Bei Durchsicht des Verfassungsvertrages fällt auf, dass weitere traditionell staatliche öffentliche Aufgaben der Union zugeordnet wurden. Diese Entwicklung manifestiert sich in der Ausweitung des Katalogs der allgemeinen (Art. 3 EVV) wie der politikspezifischen Zielbestimmungen. Zudem integriert der Verfassungsvertrag eine „Charta der Grundrechte" (Teil II), beträchtliche Ergänzungen der Bestimmungen für den „Raum der Freiheit, der Sicherheit und des Rechts" (Art. 41 EVV), die der Innen- und Justizpolitik der Union einen breiten Aufgabenkatalog abstecken (Art. III-158 EVV), und „Besondere Bestimmungen über die Gemeinsame Außen- und Sicherheitspolitik" (Art. 40 EVV).[303] Darüber hinaus werden der Union auch Zuständigkeiten in neuen Politikfeldern mit damit korrespondierenden neuen politikspezifischen Unionszielen – nicht nur die für die vorliegende Untersuchung maßgebliche Zuständigkeit für die Sportförderung, sondern beispielsweise auch eine geteilte Zuständigkeit für die Raumfahrt (Art. 14 EVV) – zugesprochen. Hinzu kommen die bereits bestehenden Gemeinwohlaspekte in Form der Förderung eines Unionsraumes der Prosperität durch freien Binnenmarkt, ergänzende Politiken und Kohäsion (wirtschaftlicher und sozialer Zusammenhalt).

Das Gemeinwohl bzw. die öffentlichen Interessen können damit nicht mehr als nationalstaatsbezogen begriffen werden. So wie die nationalen Verfassungen nur noch Teilverfassungen in einem teils geschriebenen, teils ungeschriebenen Verbund des gemeineuropäischen Verfassungsrechts sind, wächst die Gemeinwohlidee in die europäische Dimension hinein.[304] Die Bereiche eines ausschließlich nationalen Reservats an Politikbereichen und Staatszielen, ein *domaine reservé* des Nationalstaats, werden durch den Verfassungsvertrag immer kleiner, auch wenn der Grad der Regelungstiefe für einzelne politikspezifische Unionsziele noch beträchtliche Unterschiede aufweist.[305] Durch den im Zuge des Europäischen Verfassungsvertrag fortschreitenden Kompetenzzuwachs sind der Union die Letztverantwortung für eine Reihe existenzieller Politikbereiche im Verhältnis zu den Mitgliedstaaten zugewachsen, was durch Vorrang und Sperrwirkung europäischen Rechts abgesichert wird.[306] Politikspezifische Unionsziele verpflichten die Union damit immer mehr zur Förderung wichtiger und bisher primär nationalstaatlicher Gemeinwohlaufgaben, die auf die suprantionale Ebene verlagert wurden.[307] Auch wenn die Union (noch) kein Staat ist, werden doch Bereiche, die als wesentlich für Staatlichkeit und Souveränität gelten müssen, integ-

---

[303] *Wessels*, Integration 2003, 284 (286).

[304] *Häberle*, Europäische Verfassungslehre, S. 386, 387.

[305] *Kokott*, VVDStRL 63 (2004), S. 7 (21); *Wessels*, Integration 2003, 284 (286).

[306] *Calliess* in Göttinger Online-Beiträge zum Europarecht, Nr. 7, S. 23.

[307] Mit der Lehre vom Verfassungs- und damit korrespondierenden Gemeinwohlverbund kommt die monoistische Sichtweise zum Ausdruck, in der dem Staat nicht die alleinige Letztverantwortung für das Wohl und Wehe seiner Bürger übertragen ist, vgl. dazu *Kokott*, VVDStRL 63 (2004), S. 7 (22); *V. Bogdandy* in Grabitz/Hilf, Art. 2 EGV, Rn 11.

riert.[308] Realistisch gesehen besteht in der Union damit als Folge gestufter organisierter öffentlicher Aufgaben eine gestufte Staatlichkeit.[309] Mit der Integrationsdynamik des Europäischen Verfassungsvertrag in den originären und flankierenden Politikbereichen der Union, der daraus resultierenden Zunahme an politikspezifischen Unionszielen und der damit einhergehenden Vergemeinschaftung ist zwangsläufig die Entwicklung eines neuen Gemeinwesens verbunden.[310] Hieraus resultiert nicht nur eine zunehmende Entleerung von Staatlichkeit, sondern damit gleichzeitig auch ein Funktionswandel von moderner Staatlichkeit.[311] Der europäische Nationalstaat entwickelt sich zu einem für die suprastaatliche Kooperation offenen Verfassungsstaat. Dabei erfüllt er neben der Aufgabenübertragung und der Vollstreckung supranationaler Hoheitsgewalt eine Kontroll- und Wächterfunktion für die eigene Verfassungsebene. Damit relativiert sich seine Bedeutung im suprastaatlichen Kooperations- und Integrationskontext.[312]

Die Übertragung öffentlicher, gemeinwohlorientierter Aufgaben auf die Union folgt teilweise daraus, dass die wirtschaftliche Integration ein zentrales Regelungs- und Harmonisierungsbedürfnis flankierender politikspezifischer Unionsziele nach sich zieht. Im Interesse des durch sie definierten Gemeinwohls muss dementsprechend eine Wahrnehmung dieser Gemeinwohlziele auf der europäische (Verfassungs-) Ebene erfolgen.[313] Maßgeblicher Grund für die Zunahme öffentlicher Aufgaben im Verfassungsvertrag ist jedoch ein anderer. Diese Entwicklung ist Folge der postnationalen Konstellation.

(b) Postnationale Konstellation

In der globalisierten Welt sind die Staaten auf Kooperation angewiesen. Diese Kooperationsangewiesenheit veranlasst die Staaten, traditionell prädeterminierte staatliche Aufgabenzuweisungen zu staatenübergreifender kooperativer Aufgabenerfüllung auf die dafür jeweils geeignetste Erfüllungsebene zu verlagern. Rein nationalstaatliche Erfüllung einer Aufgabe ist dabei nur solange zu bevorzugen, wie sie der Qualität des betreffenden Problems angemessen ist.[314] Diese Erkenntnis manifestiert sich auch im Regelungsgehalt des politikspezifischen Unionsziels der Sportförderung, das maßgeblich auf die europäische Dopingbekämpfung ausgerichtet ist.[315] Insofern ist die europäische Gemeinwohlebene die konstitutionelle Antwort auf wachsende Defizite staatli-

---

[308] *Tomuschat*, AVR 1995, 1(1).

[309] *Zippelius/Würtenberger*, Deutsches Staatsrecht, § 5, S. 15.

[310] Im Grundgesetz wird durch Art. 23 das Element der Öffnung des Verfassungsstaats auf die supranationale, institutionalisierte Kooperation deutlich. Vgl., *Hilf*, VVDStRL 53 (1994), S. 8 (30); *Calliess* in Göttinger Online-Beiträge zum Europarecht, Nr. 7, S. 21.

[311] *Hobe*, EuR 2003, 1 (4).

[312] Sehr skeptisch *Saladin*, Wozu noch Staaten?, S. 26.

[313] *Joerges*, Markt ohne Staat? Die Wirtschaftsverfassung der Gemeinschaft und die regulative Politik, S. 225 (251), in Wildenmann, Staatswerdung Europas? Optionen für eine Europäische Union; *Calliess*, Gemeinwohl in der Europäischen Union, S. 173 (188) in Brugger/Kirste/Anderheiden, Gemeinwohl in Deutschland, Europa und der Welt.

[314] Allgemein dazu *Hobe*, Der kooperationsoffene Verfassungsstaat, S. 521 (542).

[315] Dazu ausführlich unter C.

cher Steuerungsmöglichkeiten klassischer und neuer öffentlicher Aufgabenfelder sowie des wachsenden Drucks zur supranationalen Erledigung. Wenn Staatsziele des nationalen Verfassungsrechts angesichts der zu bewältigenden Aufgaben zu kurz greifen, sind es politikspezifische Unionsziele des Europäischen Verfassungsvertrags, die an ihre Stelle rücken.[316] Staatenübergreifende Problemstellungen führen daher zur Festlegung immer neuer und ausdifferenzierterer politikspezifischer Unionsziele auf europäischer Verfassungsebene.[317] Der Staat bedarf dieser staatenübergreifenden Kooperation, um auf diese Weise auszuübende Gestaltungsmöglichkeiten zurückgewinnen zu können.[318] Die Mitgliedstaaten nehmen als Ausgleich für die ihnen verlorengegangenen Lösungskompetenz die supranationale Integrationsgewalt politikspezifischer Unionsziele verfassungsrechtlich in sich auf.[319] Die europäische Ebene wird dadurch immer mehr zur „Plattform" für die Bewältigung öffentlicher Aufgaben durch politikspezifische Unionsziele, die die nationalen Kräfte überfordern.[320] *Habermas* bezeichnet diese Entwicklung als „postnationale Konstellation".[321] Im Sinne der These gestufter Staatlichkeit als Folge komplementärer Verfassungsebenen gewährleisten zuvorderst politikspezifische Unionsziele die Wahrnehmung dieser öffentlichen Aufgabenfelder, die auf nationaler Ebene bisher Ausdruck in Staatszielen fanden. In Anlehnung an die Terminologie von *Habermas* können politikspezifische Unionsziele daher als postnationale Staatsziele charakterisiert werden. Insgesamt dehnen die politikspezifischen Unionsziele die Union damit weiter in Richtung eines quasi staatlichen Aufgaben– und Funktionskatalogs aus, womit Strukturparallelen zu staatlichen Formen von Gemeinwesen immer deutlicher hervortreten.[322] Damit ist gleichzeitig der Anspruch der Union verbunden, als ein politisches Gemeinwesen mit eigener Identität und damit als Wertegemeinschaft wahrgenommen zu werden.[323]

(c) Gemeinwohlzieleverbund - Staatsziele und politikspezifische Unionsziele

Die Tatsache, dass die Staaten Aufgaben zur Gemeinwohlerfüllung an die Union übertragen, ändert nichts daran, dass die Aufgabenerfüllung im öffentlichen Interesse

---

316 Wieviele Aufgaben der Staat selbst erfüllen muß, um Staat zu bleiben, ist von großem staatstheoretischem Interesse. Aus Platzgründen kann hierauf allerdings nicht eingegangen werden; vgl. *Tomuschat*, VVDStRL 36 (1978), S. 7 (9).

317 Allerdings liegt die „Darlegungs- und Beweislast" für die effizientere Erfüllung der öffentlichen Aufgabe auf einer höheren als der staatlichen Ebene noch bei der Union, die diese nach dem Prinzip der begrenzten Einzelermächtigung beanspruchen muss. Damit einher geht eine zunehmende Stärkung des Subsidiaritätsprizips.

318 *Hobe*, Der offene Verfassungsstaat zwischen Souveränität und Interdependenz, S. 65; ders, Der Staat 27 (1998), 521 (542).

319 Hobe, Der Staat 27 (1998), 521 (545).

320 *Epping*, JZ 2003, 823 (824).

321 *Habermas*, Die post-nationale Konstellation und die Zukunft der Demokratie, S. 91, in *ders.*, Die postnationale Konstellation.

322 *Müller-Graf*, A. I., Rn. 73 in Dauses, Handbuch des EU-Wirtschaftsrechts.

323 *Müller-Graff*, Einheit und Kohärenz der Vertragsziele von EG und EU, in v. Bogdandy/Ehlermann, S. 67 (68), Eur Beiheft 2/1998.

liegt.[324] Allerdings ist die Union, anders als ein Staat, nicht umfassend für die Verwirklichung des Gemeinwohls zuständig, sondern im Wesentlichen beschränkt auf ihre politikspezifischen Unionsziele.[325] Diese Wahrnehmung öffentlicher Interessen durch politikspezifische Unionsziele tritt neben die den Staaten verbleibenden öffentlichen Aufgabenbereiche, die sich auf verfassungsstaatlicher Ebene normkategorisch insbesondere in Form von Staatszielen manifestieren.[326] Es besteht dementsprechend eine komplementäre Wahrnehmung öffentlicher Aufgaben nicht nur im jeweiligen Mitgliedstaat, sondern im Rahmen eines gemeinwohlorientierten Mehrebenensystems zwischen Union und Mitgliedstaaten.[327] Als modernisierte Form eines föderal aufgebauten Gemeinwesens ist die Union damit ein gemeinwohlbegründendes Mehrebenensystem (*form of multi-layered governance*).[328] Das Bild der Ebenen impliziert einen gemeinwohlverwirklichenden Schichtenaufbau, in der die Ebenen nicht nebeneinander, sondern übereinander liegen. Die Mehrebenenstruktur steigert das öffentliche Gemeinwohl-Gesamtkräftepotential. Konsequent kann daher komplementär zum Verfassungszieleverbund von einem Gemeinwohlzieleverbund gesprochen werden, in der nationale und europäische Verfassungsziele zusammengeführt und koordiniert werden.[329] Diese Konzeption ergibt sich schon daraus, dass im EWG-Vertrag einleitend der „*feste Wille*" bekundet wird, „*die Grundlagen für einen immer engeren Zusammenschluss der europäischen Völker zu schaffen*", womit sprachlich keine Staaten adressiert sind, inhaltlich aber Individuen mitumfasst werden.[330] Der Gemeinwohlverbund-Charakter der Union beruht daher auch darauf, dass die Union auf Nationalstaaten aufbaut, die zwar ein europäisches Gemeinwesen wollen, jedoch nicht die Absicht haben, zu nachgeordneten Strukturelementen abzusinken.[331] Der Verfassungsvertrag führt dieses Grundkonzept fort und bildet es systemrational aus.[332] Weder das an seine Grenzen stoßende nationale noch das unionale Verfassungsrecht sind allein zur Erfüllung der notwendigen Gemeinwohlfunktionen in der Lage. Erst aus ihrer Zusammenschau erschließt sich die Grundordnung des politischen und sozialen Lebens in der EU.[333] Das nationale öffentliche Interesse geht somit im europäischen öffentlichen Interesse auf. Es handelt sich somit um ein Mehrebenenzielesystem mit jeweils sachbezogenen begrenzten Kompetenzbereichen zur arbeitsteiligen Erfüllung der jeweils

---

324 *Uerpmann*, Das öffentliche Interesse, S. 257.

325 *Kokott*, VVDStRL 63 (2004), S. 7 (22); *Calliess/Ruffert*, EUGRZ 2004, 542 (546).

326 „Das nationale Gemeinwohl ist heute eingebettet in das Gemeinwohl überstaatlicher Verbände und durch diese bedingt." *Isensee*, Gemeinwohl und Staatsaufgaben im Verfassungsstaat, Bd. III, § 57, Rn 51.

327 *Calliess*, Gemeinwohl in der Europäischen Union, S. 173 (178) in Brugger/Kirste/Anderheiden, Gemeinwohl in Deutschland, Europa und der Welt.

328 *Peters*, Elemente der Theorie einer Verfassung, S. 189.

329 *Häberle*, Europäische Verfassungslehre, S. 391.

330 *Müller-Graff*, Einheit und Kohärenz der Vertragsziele von EG und EU, in v. Bogdandy/Ehlermann, S. 67 (68), Eur Beiheft 2/1998.

331 *V. Bogdandy*, in ders., Europäisches Verfassungsrecht, S. 149 (160).

332 *Müller-Graff*, Integration 2004, 186 (188).

333 *Huber*, Recht der europäischen Integration, § 5, Rn 35.

anvertrauten öffentlichen Aufgaben.[334] Die Arbeitsteilung der Gemeinwohlziele ist das entscheidende Charakteristikum des Gemeinwohlverbundes.[335] Als Klammer im Gemeinwohlzieleverbund fungiert das gemeinschaftsrechtliche Solidaritätsprinzip gemäß Art. 5 Abs. 2 des Verfassungsvertrags, das beide Gemeinwohlzielebenen zueinander in Bezug setzt.[336] Danach *„unterstützten sich die Union und die Mitgliedstaaten gegenseitig bei der Erfüllung ihrer Aufgaben, die sich aus der Verfassung ergeben"*. Dabei fordert der Subsidiaritätsgrundsatz ein, die Mitgliedstaaten in ihren konkurrierenden Kompetenzen bei der Verwirklichung des nationalen Gemeinwohls zu schützen.[337] In diesem Sinne stehen Solidaritäts- und Subsidiaritätsprinzip der Gemeinwohlebenen in einem steten Spannungsverhältnis.[338] Europäische und nationale Gemeinwohlziele werden dadurch (in der Theorie) optimal zusammengeführt. Was innerverfassungsrechtlich Gemeinwohlaspekte umreißt - der Kanon der Staatsziele - ist auch auf europäischer Verfassungsebene in Form der politikspezifischen Unionsziele sichtbar und zentraler Teil des vielfältigen europäischen Gemeinwohlverbundes.[339] Als Gemeinwohlfigur kommen die verlagerten Staatsziele damit auf einer anderen Gemeinwohlzielebene als politikspezifische Unionsziele wieder zurück. Gleichzeitig entstehen durch die partielle europäische Verlagerung des Gemeinwohls politikspezifische Unionsziele, die das nationale Gemeinwohlzielekonzept der Staatsziele mit- bzw. vorprägen.[340] Vor dem Hintergrund des oben skizzierten Verbundgedankens begründen nationale Staatsziele und europäische politikspezifische Unionsziele in ihrer Gesamtheit den Zielkatalog, der ursprünglich nur dem Staat zur Wahrnehmung des Gemeinwohls überlassen war. Politikspezifische postnationale Unionsziele sind daher ursprünglich Staatsziele. Da die Ziele im Gemeinwohlverbund komplementären Zwecken dienen und dementsprechend in ihren Funktionen miteinander korrespondieren, spricht viel dafür, sie auch hinsichtlich ihrer Wirkung gleichzusetzen.

Der staatsanaloge Funktionsaufbau der Union zur Wahrnehmung des Gemeinwohls erlaubt in engem Zusammenhang zum Gedanken des Verfassungsverbundes eine Übertragbarkeit der Normkategorie der nationalen Staatszielbestimmungen auf die politikspezifischen Unionsziele. Beide verkörpern als zentrale Normkategorien auf ihren Verfassungsebenen die Übernahme öffentlicher Aufgaben, erfüllen damit die gleichen verfassungsrechtlichen Funktionen und wirken im Gemeinwohlverbund arbeitsteilig zusammen. Politikspezifische Unionsziele haben sich von der staatlichen Ebene auf eine höhere Ebene des Verfassungsverbundes verlagert und begründen zusammen mit den verbliebenen nationalen Staatszielen ein materiell-einheitliches Gemeinwohlziel-

---

[334] *Pernice* in Dreier, Grundgesetz Kommentar, Art. 24, Bd. 2, 1998, Rn. 21.
[335] *Calliess* in Göttinger Online-Beiträge zum Europarecht, Nr. 7, S. 26.
[336] *Calliess/Ruffert*, EUGRZ 2004, 542 (546).
[337] *Calliess*, Gemeinwohl in der Europäischen Union, S. 173 (186), in Brugger/Kirste/Anderheiden, Gemeinwohl in Deutschland, Europa und der Welt.
[338] *Calliess* in Göttinger Online-Beiträge zum Europarecht, Nr. 7, S. 26.

[339] *Häberle*, Europäische Verfassungslehre, S. 386 (387).
[340] *Tomuschat*, Solidarität in Europa, S. 729 (733), in Liber Amicorum Pescatore; *Calliess*, Gemeinwohl in der Europäischen Union, S. 173 (186) in Brugger/Kirste/Anderheiden, Gemeinwohl in Deutschland, Europa und der Welt.

system. In der gestuften Staatlichkeit der Union stellen politikspezifische Unionsziele daher postnationale Staatsziele dar.

(3) Politikspezifische Unionsziele als Determinanten unionaler Verantwortung – dargestellt an der Sportförderung

Politikspezifische Unionsziele stellen zentrale Rechtskategorien unionaler Verantwortung dar. Zusammen mit den Staatszielen begründen sie als Teil des Verfassungs- und Gemeinwohlverbunds einen „Verantwortungsverbund".

(a) Rechtskategoriale Determinanten unionaler Verantwortung – am Beispiel des Sports

Für den Bereich der Sportförderung ergeben sich generell substantielle Gemeinwohlaspekte. Insbesondere die Erhaltung und Förderung von Gesundheit und Leistungsfähigkeit, soziale Integration und Kommunikation, regionale Identitätsfindung- und bewusstsein, Bildung, Erziehung sind anzuführen.[341] Daher stellt der Sport einen wichtigen Teilaspekt des gesellschaftlichen Lebens dar. Die Schaffung der notwendigen Bedingungen für eine breite und effiziente sportliche Betätigung ist daher als öffentliche Aufgabe verfassungsrechtlich zu kennzeichnen.[342] Zugleich zählt der Sport zu der Wirkzone innerhalb des Gemeinwesens, in der Selbstbestimmung und Selbstentfaltung unter Selbstverantwortung stattfinden - umfangen von den bürgerlichen Freiheitsrechten der Verfassung bzw. des Verfassungsverbunds.[343] Auf mitgliedstaatlicher Ebene nimmt die staatliche Gewalt erhebliche Gewährleistungs-, Erfüllungs- und Auffangfunktionen im Bereich des Sports wahr.[344] Zum Einen können grundrechtliche Freiheitsgewährleistungen zugunsten des Sports ohne öffentliche Hilfe nicht effektiv genutzt werden, zum Anderen bestehen Gefährdungen des Sports, die in erster Linie aus ihm selbst erwachsen.[345] Seit der Festlegung des Unionsziels der Sportförderung ist nun auch die Rolle der Union im Bereich des Sports zu berücksichtigen. Insbesondere im Hinblick auf die zunehmende Dopingproblematik stellt sich deshalb die Frage nach der unionalen Verantwortung im Bereich des Sports.

Als Ausdruck des Verhältnisses zwischen der Union und den Unionsbürgern sowie auch im Verhältnis zu den Mitgliedstaaten kommt dem Begriff der Verantwortung grundsätzlich eine Schlüsselfunktion zu.[346] Unionale Verantwortung ist dabei fassbar als Verantwortung für die Bestimmung und Erfüllung öffentlicher Aufgaben auf der Unionsebene. Unionale Aufgaben stellen damit den rechtskategorialen Anknüpfungs-

[341] *Tettinger*, JZ 2000, 1069 (1072).

[342] *Stern*, Grundrechte der Sportler, S. 143, in Schroeder/Kauffmann, Sport und Recht, S. 143.

[343] *Herzog*, Allgemeine Staatslehre, S. 68, *Rupp*, Die Unterscheidung von Staat und Gesellschaft, in Isensee/Kirchhof, Handbuch des Staatsrechts, Bd. III, § 31, Rn. 26.

[344] Zur Rolle des Staates: *Nolte*, Staatliche Verantwortung im Bereich Sport, S. 5.

[345] *Stern*, Grundrechte der Sportler, S. 143, in Schroeder/Kauffmann, Sport und Recht, S. 142.

[346] Nach *Nolte* ist das Verständnis der Verantwortung die „Schlüsselkategorie des verfassten Rechtstaates"; *Nolte*, Staatliche Verantwortung im Bereich Sport, S. 5.

punkt für unionale Verantwortung dar.[347] Das öffentliche Interesse bildet den normativen Maßstab, dem das zu verantwortende Verhalten der Union im Gemeinwohlverbund zu entsprechen hat. Gleichzeitig markiert das öffentliche Interesse die Reichweite der Verantwortung.[348] Untersetzt man den Begriff der Verantwortung dabei mit Normen, kann er zur differenzierten Auflösung von Einzelfragen in diesem Verhältnis führen.[349]

(b) Politikspezifische Unionsziele und Staatsziele als Verantwortungszieleverbund

Politikspezifische Unionsziele manifestieren als verfassungsrechtlich herausgehobene Normen die Wahrnehmung öffentlicher Aufgaben in besonderer Weise. Materiell-verfassungsrechtlich sind sie somit zentrale Normkategorien unionaler Verantwortung.[350] Denn die Verantwortung der Union im komplementären Gemeinwohlverbund ist letztlich nur fassbar in den von ihr wahrgenommen Aufgaben.[351] In dieser Eigenschaft fungieren politikspezifische Unionsziele - komplementär zu den Staatszielen im nationalen Recht innerhalb des Verfassungsverbunds - als materielle Fundierung unionaler Verantwortung für die durch sie thematisierten Gegenstands- bzw. Politikbereiche.[352] Politikspezifische Unionsziele und Staatsziele bilden deshalb als Teil des Gemeinwohlverbunds einen Verantwortungs(ziele)verbund. Dass beide dabei grundsätzlich nur objektiv-rechtlich wirken und keine einklagbaren Rechte vermitteln, lässt ihre Impulswirkung für die Übernahme von Verantwortung nicht entfallen, da sich der Verantwortungsbegriff auf die Rechte und Pflichten der Verfassungsebenen im Gemeinwohlverbund bezieht und sich nicht in umgekehrter Wirkrichtung von Seiten der Unionsbürger entfaltet.[353]

(c) Unionale Verantwortung im Bereich der Sportförderung

Als besondere Verantwortungsdeterminanten der unionalen Wahrnehmung öffentlicher Aufgaben im Bereich der Sportförderung dienen die inhaltlichen Aspekte, die sich aus dem europäischen Sportförderungsziel ergeben. Dieses ist zuvorderst von der Dopingbekämpfung und dem daraus resultierenden Schutz der Gesundheit der Sportler

---

347 Vgl. dazu bereits ausführlich A. IV. 2. b) aa) (2).

348 *Scheuner*, Verantwortung und Kontrolle in der demokratischen Verfassungsordnung, S. 393, in FS Müller.

349 Zum nationalen Recht *Nolte*, Staatliche Verantwortung im Bereich Sport, S. 82.

350 *Nolte* arbeit den Begriff der staatlichen Verantwortung als grundsätzliches Ordnungskriterium für die Analyse und Reflexion von Einzelfragen in bestimmten Rechtsbereichen heraus, *Nolte*, Staatliche Verantwortung im Bereich Sport.

351 *Schulze-Fielitz*, Staatsaufgabenentwicklung und Verfassung, S. 20, in Grimm, Wachsende Staatsaufgaben- sinkende Steuerungsfähigkeit des Rechts; *Isensee*, Gemeinwohl und Staatsaufgaben im Verfassungsstaat, § 57, Rn. 115, in Isensee/Kirchhof, Handbuch des Staatsrechts, Bd. III.

352 Zum nationalen Recht *Nolte*, Staatliche Verantwortung im Bereich Sport, S. 131; *Schulze-Fielitz*, Staatsaufgabenentwicklung und Verfassung, S. 20, in Grimm, Wachsende Staatsaufgaben- sinkende Steuerungsfähigkeit des Rechts.

353 Zum nationalen Recht *Nolte*, Staatliche Verantwortung im Bereich Sport, S. 132.

geprägt (Art. III-282).[354] Es bestehen auf europäischer Verfassungsebene auch konkrete Verantwortungsadressaten für die unionale Tätigkeit. Konkret stellt das politikspezifische Unionsziel der Sportförderung als neue materielle Verfassungsposition einen positiven Impuls für die Übernahme öffentlicher Aufgaben aus dem Politikfeld der Sportförderung – das „ob" – und für dessen konkrete Erfüllung – das „wie" – dar.[355] Hierzu gehört die Regelung der Rollenverteilung bei der Wahrnehmung öffentlicher Verantwortung bei der Dopingbekämpfung zwischen Union und Mitgliedstaaten sowie die dafür vorgesehenen Rechtsakte. In dem spezifischen Inhalt des Unionsziels der Sportförderung manifestieren sich damit konkrete öffentliche Verantwortungsaspekte im Hinblick auf den sporttreibenden Unionsbürger als Verantwortungsadressaten. Als Ergebnis der primärrechtlichen Verankerung wird Verantwortung im Sport im komplementären Gemeinwohlverbund somit nicht mehr nur von mitgliedstaatlicher Ebene, sondern auch von der europäischen Ebene als Verantwortungsträger wahrgenommen.[356] Denn als Verantwortungsdeterminante tritt das politikspezifische Unionsziel der Sportförderung neben die sportspezifischen Staatsziele der Mitgliedstaaten.[357] Der Sport gehört damit zu der Wirkzone innerhalb des gemeineuropäischen Verfassungs- und Gemeinwohlverbunds, in dem Selbstbestimmung und Selbstentfaltung stattfinden, und der auf unionaler Ebene von der öffentlichen Verantwortungsdeterminante des politikspezifischen Unionsziel der Sportförderung umfangen wird. Für den Schlüsselbegriff der Verantwortung im sportspezifischen Kontext kann diese Zielfestlegung auf der supranationalen Verfassungsebene als gewichtiger „positiver Impulsgeber" für eine weitere Ausdifferenzierung staatlicher und supranationaler Verantwortungsaspekte im Bereich des Sports eingeordnet werden, indem sie die Sportförderung ausdrücklich mit den öffentlichen Interessen des Gemeinwohls in Beziehung setzt und die Wahrnehmung öffentlicher Aufgaben in diesem Tätigkeitsbereich anregt.

b) Politikspezifische Unionsziele und Staatsziele – eine normkategorische Übertragung

aa) Generelle Übertragbarkeit auf die Sportförderung als Unionsziel im Verfassungsvertrag

Fraglich ist, ob an der Einordnung als verfassungsrechtliche Figur der „postnationalen" Staatszielbestimmung im Hinblick auf die Sportförderung im Verfassungsvertrag festgehalten werden kann. Denn das politikspezifische Unionsziel der Sportförderung ist in einem Bereich des Verfassungsvertrages geregelt, in dem die Union beschließen kann, eine „*Unterstützungs-, Koordinierungs- oder Ergänzungsmaßnahme*" durchzu-

---

[354] Dazu noch ausführlich unter D.

[355] Instruktiv im allgemeinen Kontext dazu *Nolte*, Staatliche Verantwortung im Bereich Sport, S. 124 ff.

[356] Vgl. zur staatlichen Verantwortung in der Dopingfrage ausführlich *Nolte*, Staatliche Verantwortung im Bereich Sport, S. 465.

[357] In Deutschland ergänzt das politikspezifische Unionsziel der Sportförderung als Verantwortungsdeterminante die Staatsziele der Landesverfassungen. Dazu ausführlich unter B. I. 1.

führen. Die lediglich „unterstützende“ Aufgabe der Union ist damit sehr vorsichtig festgelegt und könnte dementsprechend auf eine geringere Wertigkeit des Unionsziels in seiner Übertragbarkeit als postnationales Staatsziel verweisen. Jedoch ist nicht ersichtlich, inwieweit die Kompetenzordnung besondere Rückschlüsse auf verfassungsrechtliche Prinzipien liefern soll. Die Einordnung als spezifisches Verfassungsprinzip bleibt von dieser Frage vielmehr unberührt. Wenn die Union im Fall des Unionsziels der Sportförderung grundsätzlich nur „unterstützend“ tätig werden darf, so liegt konsequenterweise die Hauptverantwortung weiterhin bei den Mitgliedstaaten. Wer jedoch einen stärkeren Beitrag zur Sportförderung zu erbringen hat, kann - vor dem Hintergrund des oben skizzierten (Verfassungs- und Gemeinwohl-)Verbundgedankens und der Komplementarität der Ebenen - in einem einheitlichen System inbezug auf die Einordnung als Verfassungsprinzip keine Rolle spielen. Auf dasselbe Ergebnis verweist auch die Normierungstechnik des Verfassungsvertrages, die in Art. III-282 EVV von den „Zielen der Tätigkeit der Union“ spricht. Insofern sieht auch der europäische Verfassungsgeber in seiner Einordnung als Unionsziele eine Gleichwertigkeit der politikspezifischen Ziele innerhalb der unterschiedlichen Kompetenzkategorien. Alle stellen „Ziele der Union“ dar. Daher kommt auch allen Unionszielen die Einordnung als Verfassungsprinzip der Staatszielbestimmung zugute. Auch auf das Unionsziel der Sportförderung kann somit die Staatszieldogmatik übertragen werden.[358]

Daher ist nun zu untersuchen, wie Staatsziele (und folglich politikspezifische Unionsziele im Zuge ihrer komplementären Prinzipienidentität) im Verfassungsrecht einzuordnen sind und - davon ausgehend - als Rechtsfiguren näher zu charakterisieren. Durch eine normkategorische Einordnung kann eine Annäherung an die politikspezifischen Unionsziele als Verfassungsprinzipien des europäischen Verfassugsvertrags geleistet werden.

bb) Staats- bzw. politikspezifische Unionsziele im Verfassungsgefüge

(1) Finalprogramme

Normen, die öffentliches Handeln auf ein bestimmtes Ziel hin orientieren, sind keine Erfindung des 20. Jahrhunderts. Bereits die ersten Verfassungen im 18. Jahrhundert statuierten Ziele staatlichen Handelns.[359] Grundlegend für die Abgrenzung von Zielnormen gegenüber den nach herkömmlichen „Wenn-Dann-Schema“ aufgebauten Rechtssätzen wurde das von *Luhmann* getroffene Begriffspaar „Konditionalprogramm“ gegenüber „Finalprogramm“.[360] Diese Unterscheidung wurde auf nationaler Ebene bald für das Verwaltungsrecht, insbesondere das Planungsrecht fruchtbar ge-

---

[358] Anders demgegenüber Art. 35 Abs. 1 S. 1 der Brandenburgischen Verfassung. Dort wird davon gesprochen, dass der Sport ein „förderungswürdiger Teil des Lebens“ ist. Die bloße Diagnose von Förderungswürdigkeit begründet jedoch noch keinen Staatszielcharakter und dementsprechend auch noch keine Förderungsverpflichtung. Vgl. dazu auch *Merten*, DÖV 1993, 368 (370).

[359] *Sommermann*, Staatsziele und Staatszielbestimmungen, S. 356.

[360] *Luhmann*, Recht und Automation in der öffentlichen Verwaltung, S. 36 insbesondere im Hinblick auf das Planungsrecht.

macht. So wie aber im Planungsrecht finalprogrammierte Normen den dynamischen Veränderungen komplexer Problemlagen Rechnung tragen, so steuern Staatszielbestimmungen auf der verfassungsrechtlichen Makro-Ebene die gestaltende Tätigkeit des Staates.[361] Finalprogramme verzichten als Aufgabennormen typischerweise auf Vorgaben hinsichtlich der Art des Verhaltens. Staatsziele legen somit nur das „Ob" und das zu erreichende „Was" verbindlich fest, nicht hingegen das „Wie". Sie überlassen diese den öffentlichen Organen. Diese Beschränkung auf die Verpflichtung zur Zielverfolgung bzw. Zielverwirklichung erlaubt im Zuge der verfassungsrechtlichen Prinzipienkomplementarität im Verfassungsverbund eine normtheoretische Zuordnung der politikspezifischen Unionsziele zu den finalprogrammierten Normen.

(2) Optimierungsgebote und Prinzipien

Staatsziele bzw. politikspezifische Unionsziele sind gemäß der von *Dworkin* und *Alexy* herausgearbeiteten Kriterien der Normkategorie den „Prinzipien" im Unterschied zu „Regeln" zuzuordnen.[362] „Rechtsprinzipien" formulieren abstrakte Ziele und werden als Normen verstanden, die etwas gebieten, was mehr oder minder stark erfüllt werden kann.[363] Sie sind als Rechtssätze niedergelegte normative Strukturentscheidungen, die wesentliche Anliegen einer Rechtsordnung zum Ausdruck bringen.[364] *Alexy* hat als wesentlichen Unterschied zwischen Prinzipien und Regeln herausgearbeitet, dass es sich bei „*Prinzipien*" um Optimierungsgebote handelt, die möglichst weitgehend verwirklicht werden sollen. Er spricht folglich von „*Maximierungsgeboten*", die „*gebieten, dass etwas in einem relativ auf die rechtlichen und tatsächliche Möglichkeiten möglichst hohen Maße realisiert wird*".[365] Unter Zugrundelegung dieser Kriterien stellen Staats-/Unionsziele somit Optimierungsgebote „*par exellence*"[366] dar. Dabei darf jedoch die Verwirklichung konfligierender Prinzipien nicht unmöglich gemacht werden. Deshalb kann grundsätzlich ein Prinzip nicht allen anderen Prinzipien vorrangig sein. Als zu optimierende Prinzipien legen Staatsziele nicht den Weg oder die Mittel der Zielverwirklichung fest, sondern überlassen die Wahl - wie auch der EuGH (sinngemäß) im Hinblick auf Unionsziele immer wieder betont hat - den zuständigen staatlichen Stellen, insbesondere dem Gesetzgeber.[367]

---

[361] *Isensee*, Gemeinwohl und Staatsaufgaben im Verfassungsstaat, § 57, Rn. 120, in Isensee/Kirchhof, Handb. D. Staatsrechts, Bd. 3; *Sommermann*, Staatsziele und Staatszielbestimmungen, S. 358.

[362] *Sommermann*, Staatsziele und Staatszielbestimmungen, S. 411.

[363] *Schulze-Fielitz* in Dreier, Art. 20a GG, Rn. 23.

[364] *V. Bogdandy*, Europäsiche Prinzipienlehre, S. 149 (156), in ders., Europäisches Verfassungsrecht.

[365] *Alexy*, Recht-Vernunft-Diskurs, S. 213.

[366] *Sommermann*, Staatsziele und Staatszielbestimmungen, S. 361.

[367] Vgl. dazu sinngemäß EuGH, Rs. 5/73, Slg. 1973, 1091 – *Balkan Import*, Rn. 24; Rs. 29/77, Slg. 1977, 1835, Rn. 29/31 – *Roquettes Freres*. Das die Einordnung von Unionszielen als Optimierungsgebote nicht abwegig ist, soll an dieser Stelle insoweit schon einmal vorweggenommen werden, als das dies auch die Rechtsprechung des EuGH zeigt. Denn diese verfährt bei Zielkonflikten entsprechend den Regeln bei Prinzipienkollisionen. Auf diese Problematik wird im Rahmen der möglichen Zielkonflikte der Sportförderung noch einmal ausführlicher und im konkreten Einzelfall

Demgegenüber werden in der angelsächsischen Literatur Prinzipien zwar als rechtsverbindlich angesehen; in ihren Rechtswirkungen dienten sie danach jedoch nur dazu, subjektive Rechte zu finden.[368] So versteht *Dworkin* unter Prinzipien alle Maßstäbe, die als Argumente für individuelle Rechte dienen können.[369] Die bisherigen Ausführungen machen aber deutlich, dass den politikspezifischen Unionszielen vor dem Hintergrund der Konzeption des Verfassungs- und Gemeinwohlzieleverbunds zwingend eine über *Dworkins* Definition hinausgehende Bedeutung und Wirkung beizumessen ist.

(3) Rechtliche Verbindlichkeit von Staats- bzw. Unionszielen

Allgemein lassen sich Staats- bzw. Unionsziele als Belange des Gemeinwohls bezeichnen, die der öffentliche Hoheitsträger sich ausdrücklich zu Eigen macht und in deren Dienst er sich planmäßig stellt.[370] Sie sind als verfassungsrechtliches Leitbild der politischen Gestaltung inhaltlich konkreter und thematisch enger als das abstrakte Gemeinwohl gefasst.[371] Sie weisen einen dynamischen Zug auf, die auf künftig noch zu gestaltende soziale Fragen hinweisen und der öffentlichen Aktivität weniger Grenzen ziehen als vielmehr die Bahnen weisen.[372] In diesem Sinne bewirken sie eine Dynamisierung des Verfassungsrechts. In dieser Funktion finden sich die politikspezifischen Unionsziele angesichts ihrer herausgehobenen Stellung im Verfassungsrecht in besonderem Maße wieder. Staats- bzw. Unionszielbestimmungen besitzen eine gewisse inhaltliche Offenheit für künftige Entwicklungen, die mit zunehmender Abstraktheit ihrer Formulierungen zunimmt und eine flexible Reaktion der Normadressaten auf sich verändernde Zustände in Staat bzw. der Union und der Gesellschaft ermöglicht.[373] Durch eine Staatszielbestimmung soll das staatliche Handeln Anhalt und Grundlagen in der Verfassung finden, wobei die verfassungsrechtliche Verankerung zugleich eine höhere Legitimation, eine „höhere Dignität", einen höheren Rang verschafft.[374] In der Sprachregelung des Bundesverfassungsgerichts sind Staatsziele Elemente der „objektiven Werteordnung" der Verfassung.[375] Als solche strahlen sie auf die gesamte Rechtsordnung aus und sind insbesondere bei den wertungsausfüllungsbedürftigen

---

zurückzukommen sein, bei denen dann auch die Grundsätze über Prinzipienkollisionen Anwendung finden werden. Hierauf wird unter c) jedoch, wie erwähnt, noch ausführlich eingegangen.

368 *Calliess* in Göttinger Online-Beiträge zum Europarecht, Nr. 7, S. 4.

369 *Dworkin*; Taking rights seriously, S. 90.

370 *Isensee* in Isensee/Kirchhof, Gemeinwohl und Staatsaufgaben im Verfassungsstaat, Bd. III, § 57, Rn 115.

371 *Calliess* in Göttinger Online-Beiträge zum Europarecht, Nr. 7, S. 26.

372 *Scheuner* in FS Forsthoff, Staatszielbestimmungen, S. 325 (336); *Isensee*, Gemeinwohl und Staatsaufgaben im Verfassungsstaat, § 57, Rn. 120, in Isensee/Kirchhof, Handb. d. Staatsrechts, Bd. 3.

373 *Michel*, Staatszwecke, Staatsziele und Gesetzesinterpretation, S. 132.

374 *Stern*, Verfassungsrechtliche und verfassungspolitische Grundfragen zur Aufnahme des Sports in die Verfassung des Landes Nordrhein-Westfalen, S. 269 (275), in FS Thieme.

375 BVerfGE 7, 198 (205); 35, 79 (114).

Begriffen sowie im Bereich des Ermessens zu berücksichtigen.[376] Dadurch eröffnet sich auch für politikspezifische Unionsziele eine neue Betrachtungsweise. In ihrer Gesamtheit repräsentieren sie die Werteordnung des unionalen Gemeinwesens und die Zielrichtung der unionalen Entwicklung zu einem all umfassenden, politisch-sozialen Gemeinwesen. Als „postnationale" Staatsziele strahlen sie im materiell einheitlichen Verfassungsverbund (zumindest rechtspolitisch) auch auf die nationale Verfassungsebene aus. Staats-/Unionsziele umreißen ein bestimmtes Programm der öffentlichen Tätigkeit und sind dadurch eine Direktive für das öffentliche Handeln sowie für die Auslegung von Rechtsakten. Letzteres korrespondiert wiederum ausdrücklich mit den vom EuGH in seiner Rechtsprechung zugedachten Funktionen der Unionsziele.[377] Insofern deutet diese Tatsache schon darauf hin, dass die Verbindung von Staatszielen zu Unionszielen auch nach der sinngemäßen Meinung des EuGH nahe liegt und eine konsequente dogmatische Prinzipienübertragbarkeit daraus gefolgert werden kann. Politikspezifische Unionsziele stellen damit verfassungsrechtliche Leitprinzipien dar,[378] in denen mit rechtsverbindlicher Kraft gewisse Richtlinien und Grundsätze für die unionale Gewalt normiert sind und ihnen in bestimmte Richtungen durch Gebote und Weisungen Orientierungen und sachliche Aufgaben geben.[379] Von einem bloßen Gesetzgebungsauftrag unterscheidet sich die Staatszielbestimmung dadurch, dass sie nicht lediglich den Gesetzgeber, sondern den Staat im ganzen - also alle Staatsorgane - in die Pflicht nimmt. Staatszielbestimmungen sind nach der Definition der Sachverständigenkommission "*Staatszielbestimmungen/Gesetzgebungsaufträge*" "*Verfassungsnormen mit rechtlich bindender Wirkung, die der Staatstätigkeit die fortdauernde Beachtung oder Erfüllung bestimmter Aufgaben - sachlich umschriebener Ziele – vorschreiben*".[380] Wegen ihres Charakters als Handlungspflichten steht es nicht im Belieben der Staatsgewalt, sie anzuvisieren.[381] Im Hinblick auf die zu Anfang dargestellte widersprüchliche Ansicht des EuGH, kann somit eine eindeutige Aussage getroffen werden: Staatsziele sind keine bloßen Programmsätze; gleiches muss entsprechend der vorstehend skizzierten Argumentation somit auch für die politikspezifischen Unionsziele gelten.[382] Der Grad der Verbindlichkeit korrespondiert allerdings mit einer hinreichend präzisen Formulierung. Hierauf weist auch der EuGH im Hinblick auf die

---

376 *Zippelius/Würtenberger*, Deutsches Staatsrecht, § 5, III.

377 EuGH, Rs. 1/69, Slg. 1969, 277, Rn. 4 – *Italien/Kommission*; Rs. 29/69, Slg. 1969, 140 (154) – *Bundesrepublik Deutschland/Kommission*. Siehe auch EuGH, Rs. 9/80, Slg. 1980, 3393, Rn. 23 – *Maizena/Rat*; Rs. 2/85, Slg. 1985, 1513, Rn. 62 – *Parlament/Rat*. Zu den Funktionen der Unionsziele bereits A.IV.

378 *Sommermann*, Staatsziele und Staatszielbestimmungen, S. 5; *Zippelius/Würtenberger*, Deutsches Staatsrecht, § 5, III.

379 *Merten*, DÖV 1993, 368 (368); *Scheuner* in FS Forsthoff, Staatszielbestimmungen, S. 325 (329).

380 BMI/BMJ (Hrsg.), Staatszielbestimmungen/Gesetzgebungsaufträge. Bericht der Sachverständigenkommission, 1983, Rdnrn. 7 u. 130ff.

381 Vgl. Art. 3 Abs. 3 der Landesverfassung von Sachsen-Anhalt, wonach der Staat die Ziele „nach Kräften anzustreben und sein Handeln danach auszurichten" hat.

382 So der EuGH auch schon in EuGH, Rs. 2/85, Slg. 1985, 1513 (1596) - *Parlament/Rat*.

politikspezifischen Unionsziele hin.[383] Die effektive Bindungswirkung ist daher grundsätzlich für jede Staats/Unionszielbestimmung getrennt zu prüfen.[384] Nur das Ziel ist indes verpflichtend, die Wege der Verwirklichung, insbesondere Form und Mittel sind freigestellt.[385] Wegen dieser Zweistufigkeit sind Staatsziele bzw. Unionsziele strukturell mit den Richtlinien (nach dem Verfassungsvertrag: Rahmengesetzen) verwandt. Staatsziele sind nur objektiv-rechtliche Normen. Sie stellen kein unmittelbar anwendbares Recht dar aus denen der Einzelne Rechte begründen könnte. So argumentierte auch (sinngemäß) der EuGH in *Gimenez Zaera* im Zusammenhang mit Unionszielen,[386] aus denen grundsätzlich keine subjektiven Rechtsansprüche abgeleitet werden können.[387] Private stellen somit grundsätzlich keine Adressaten der Staatsziele dar.[388] Allerdings sind Grundrechte im Lichte der Unions- bzw. Staatszielbestimmungen auszulegen, so dass sie auf diese Weise subjektiv-rechtliche Relevanz gewinnen können.[389]

(a) Wiederholungsthese

Die vorstehenden Ausführungen machen deutlich, dass die bisherige unausgereifte Dogmatik des EuGH zu den politikspezifischen Unionszielen sich mit denen zu den nationalen Staatszielen schon zu einem gewissen Teil deckt. Hierzu trägt die sich fortschreitende Verflechtung der strukturellen Leitprinzipien der beiden Verfassungsebenen in einem materiell einheitlichen Rechtssystem wesentlich bei. Indem sich Staatsziele und politikspezifische Unionsziele immer stärker miteinander rechtlich verzahnen und damit zusammenwirken, homogenisieren sich auch ihre dogmatischen Strukturen. Dadurch wird der konsequente Ansatz der vollständigen dogmatischen Übertragung aufgrund der verfassungsrechtlichen Prinzipienkomplementarität im Verfassungsverbund bestätigt. Es ist daher zu erwarten, dass sich die Dogmatik der politikspezifischen Unionsziele im Zuge des weiteren Konstitutionalisierungsprozesses der Union immer näher der der nationalen Staatsziele annähern wird. Der EuGH als „Motor des Konstitutionalisierungsprozesses" wird hierbei seinen Beitrag leisten. Die vorstehende Analyse lässt somit eine akzentuierte Fortentwicklung der auf europäischer Ebene bestehenden Verfassungsprinzipien erwarten, hin zu einem ausgefeilten Verfassungsgefüge mit den verfassungsrechtlichen Instituten der nationalen Verfassungsordnungen als Kernbestandteilen. Im Hinblick auf die Verschränkung der beiden Verfas-

---

[383] Vgl. insbesondere EuGH, Slg. 1987, 3697, Rn. 11 – *Giminez Zaera/Instituto Nacional*; Slg. 1991, 109, Rn. 9 – *Alsthom Atlantique*. In Ansätzen auch EuGH, Slg. 1973, 1091 (1112), Rn. 24 – *Balkan Import Export*; Slg. 1995, 3315 (3347), Rn. 37 – *Fishermen's Organization*.

[384] *Sommermann*, Staatsziele und Staatszielbestimmungen, S. 377.

[385] EuGH, Slg. 1982, 53 (71). Auch bei der Richtlinie handelt es sich um einen finalprogrammierten Normenkomplex, um eine Kombination von Aufgaben- und Verhaltensnormen. BVerfGE 22, 180 (204); *Merten*, DÖV 1993, 368 (371).

[386] EuGH, Rs. C-1/22, Slg. 1987, 3697 (3715) - *Giminez Zaera/Instituto Nacional*.

[387] *Epiney* in v. Mangold-Klein-Starck, Art. 20a, Rn. 38.

[388] Zu den übrigen Adressaten D.I.

[389] Hierauf wird im Zusammenhang mit dem politikspezifischen Unionsziel der Sportförderung noch zurückzukommen sein. Dazu C.I.

sungsordnungen erscheint diese Perspektive nur konsequent. Der Verfassungsvertrag weist hierfür den Weg, indem er sich sehr eng an verfassungsstaatlichen Strukturen orientiert. Die zu erwartende Systembildung europäischen Verfassungsrechts reflektiert damit gleichzeitig den anhaltenden Transformationsprozess der Union zu einem bundesstaatsähnlichen Gemeinwesen. Gleichzeitig wird damit eine „Wiederholungsthese“[390] vertreten, wonach die wichtigsten Verfassungselemente bzw. -prinzipien der Union eine Parallele oder Wiederholung der staatlichen Ebene darstellen werden. Verfassungsstaatliche Strukturen sind danach das Vorbild für die künftige Gestalt der Union.

(b) Justiziabilität und Untermaßverbot

Wenn gesagt wurde, das Staatszielbestimmungen, das „Was“, nicht hingegen das „Wie“ festlegen, bleibt noch das „Ob“ zu klären. Teilweise wird vertreten, dem Gestaltungsspielraum der Staatsgewalt, insbesondere die Einschätzungsprärogative des Gesetzgebers, sei auch das „Ob“ und „Wann“ überlassen.[391] Jedoch bleibt es nicht dem Ermessen der staatlichen Gewalten überlassen, wann die Verpflichtung zur Zielverwirklichung greifen soll, sondern es besteht ein unmittelbarer Zwang zur politischen Befassung.[392] Darüber hinaus besteht jedoch die Frage, welche rechtlichen Auswirkungen bestehen, wenn trotz Befassung ein offenkundiger Handlungsbedarf für nicht erforderlich gehalten wird. Inwieweit ein Handlungsbedarf besteht, ist von der Weite der inhaltlichen Qualifikation der Zielbestimmung abhängig.[393] Je bestimmter ein Staats-/Unionsziel ein zu erreichendes „Was“ festlegt, desto geringer stellen sich die Anforderungen an die Offensichtlichkeit der Untätigkeit dar und desto höher ist seine effektive Normativkraft.[394] Dies könnte zu einer Verfassungswidrigkeit durch Unterlassen bei politikspezifischen Unionszielen führen. Bei Staatszielen ist diese Frage u.a. wegen fehlender prozessualer Überprüfbarkeit sehr umstritten.[395] Als spezifisches prozessuales Instrument steht hierfür im europäischen Recht – im Gegensatz zum nationalen Verfassungsrecht – die Untätigkeitsklage als spezifische prozessuale Klageart zur Verfügung (Art. 232 EG).[396] Dieses Verfahren ist innerhalb der Verfassungsordnungen

---

[390] In Anlehnung an die Terminologie von *Wahl*, JZ 2005, 916 (916).

[391] *Scheuner* in FS Forsthoff, Staatszielbestimmungen, S. 325 (339).

[392] *Merten*, DÖV 1993, 368 (370); *Sterzel*, ZRP 1993, 13 (16).

[393] Vgl. Art. 283 der protugiesischen Verfassung, in der ein spezielles Verfahren zur Verfassungswidrigkeit durch Unterlassen verankert ist. Dieses Verfahren ist jedoch innerhalb der Verfassungsordnungen der Mitgliedstaaten singulär.

[394] Vgl. hierzu die Analyse des konkreten Unionsziels der Sportförderung in D. II. 4. und die daraus resultierenden Folgerungen für dessen Justiziabilität im E. I. 3. Das BVerfG hat für die Zulässigkeit einer Verfassungsbeschwerde gegen ein gesetzgeberisches Unterlassen einen „ausdrücklichen Auftrag des Grundgesetzes“ gefordert, der „Inhalt und Umfang der Gesetzgebungspflicht im wesentlichen umgrenzt“; BVerfGE 6, 257 (264).

[395] Vgl. nur *Lechner*, NJW 1955, 1817 (1818); *Sommermann*, Staatsziele und Staatszielbestimmungen, S. 439 ff.

[396] Vgl. hierzu die Analyse des konkreten Unionsziels der Sportförderung in D. II. 4. und die daraus resultierenden Folgerungen für dessen Justiziabilität im E. I. 3.

der Mitgliedstaaten weitgehend singulär. Nur in Art. 283 der protugiesischen Verfassung ist eine spezielle prozessuale Klagemöglichkeit zur Feststellung einer Verfassungswidrigkeit durch Unterlassen von Verfassungszielen verankert. Die Existenz der Untätigkeitsklage im europäischen Verfassungsrecht lässt dementsprechend die Schlussfolgerung zu, im Unterschied zu nationalen Staatszielen eine Verfassungswidrigkeit durch Unterlassen bei politikspezifischen Unionszielen nicht grundsätzlich ausgeschlossen ist. Zwar ist es generell nicht Aufgabe des EuGH anstelle des unionalen Gesetzgebers politisch gestaltend tätig zu werden, jedoch darf letzterer seine Handlungspflichten nicht offensichtlich verkennen. Hierfür spricht auch die besondere Zielverpflichtetheit des europäischen Verfassungsrechts mit seiner ausgeprägten Zielstruktur. Rechtlich bindenden europäischen Verfassungsnormen wie politikspezifischen Unionszielen muss daher prozessuale Durchsetzungskraft verliehen werden. Zu einem entsprechenden Ergebnis kam der EuGH im Urteil *Parlament/Rat*, indem der (damalige Gesetzgeber) Rat trotz verfassungsrechtlicher Vorgabe in Form einer politikspezifischen Zielfestlegung keine - nach Meinung des EuGH jedoch erforderliche - gemeinsame Verkehrspolitik ausübte.[397] Nach einer erfolgreichen Untätigkeitsklage stellte er fest, dass der Rat „*eine solche Politik schrittweise zu verwirklichen*" habe.[398] Eine genaue Definition, wann eine Untätigkeit der Unionsorgane bei der Nichtverwirklichung politikspezifischer Unionsziele vorliegt, lieferte der EuGH jedoch nicht. Diesbezüglich liegt es nahe auf das bei der Ermittlung grundrechtlicher Schutzpflichten angewandte Kriterium des Untermaßverbots zurückzugreifen, auch wenn politikspezifische Unionsziele im Grundsatz keine subjektiven Rechte verleihen.[399] Dieser Rückgriff auf das Untermaßverbot macht besonders dann Sinn, wenn das Unionsziel eine verfassungsrechtliche Schutzpflicht festlegt. Zwar steht dem unionalen Gesetzgeber zur Zielverwirklichung ein breiter Einschätzungs- und Gestaltungspielraum zu.[400] Nach dem Untermaßverbot dürfen seine Maßnahmen zur Zielverwirklichung aber nicht evident unzureichend sein.[401] Sie müssen zweckdienlich sein und wirksamen Schutz gewährleisten.[402] Dabei stellt die Wertigkeit des Schutzauftrags im Hinblick auf das betroffene Schutzobjekt ein Richtmaß dar. Der objektive Schutzbedarf bemisst sich neben der Empfindlichkeit des Schutzgutes nach Art, Reichweite und Intensität der Gefahr für das bedrohte Rechtsgut sowie der Möglichkeit zu zumutbarer privater Abhilfe.[403] Wie ausgeprägt die Schutzpflichten sind, hängt darüber hinaus vom individuellen Konkretisierungsgrad des jeweiligen politikspezifischen Unionsziels ab (bspw. Nennung konkreter Förderungs- oder Schutzobjekte, Maßnahmen etc.). Zudem sind bei der Erfül-

---

[397] EuGH, Rs. 2/85, Slg. 1985, 1513 ff. - *Parlament/Rat.*

[398] EuGH, Rs. 2/85, Slg. 1985, 1513 (1596) - *Parlament/Rat.* .

[399] BVerfGE 88, 203 (254) zum Schwangerschaftsabbruch; *Sommermann*, Staatsziele und Staatszielbestimmungen, S. 384. Dass politikspezifische Unionsziele jedoch sehr wohl eine subjektivrechtliche Komponente aufweisen können, wird am Beispiel des Unionsziels der Sportförderung nachzuweisen sein, D. II. 4. Zu einer vergleichbaren Diskussion zu den Staatszielen *Brönneke,* Umweltverfassungsrecht, S. 269.

[400] Zur grundrechtlichen Schutzpflicht BVerfGE 81, 242 (255).

[401] Zur grundrechtlichen Schuttzpflicht BVerfGE 56, 54 (80); 77, 381 (404).

[402] Zum Untermaßverbot *Nolte/Tams*, JUS 2006, 218 (219).

[403] BVerfGE 39, 1 (44), vgl. auch *Nolte/Tams*, JUS 2006, 218 (219).

lung der Schutzpflicht aus dem Unionsziel eventuell kollidierende Grundrechte zu beachten und in praktische Konkordanz zu bringen. Somit setzt der durch primärrechtliche Unionsziele bewirkte Schutz in seiner „*Ausgestaltung durch die Rechtsordnung Mindestanforderungen*“ voraus.[404] Darüberhinaus enthält das Untermaßverbot nicht nur einen Auftrag zum Tätigwerden, sondern auch einen Vollzugsauftrag. Ein wirksamer Schutz des Schutzobjekts wird deshalb nicht schon dadurch gewährleistet, dass die Union Maßnahmen erlässt, sondern erst dadurch, dass die Maßnahmen wirksam gehandhabt werden.

V. Zwischenergebnis

Europäisches Verfassungsrecht wird teilweise als unsystematisch und intransparent empfunden. Als selbstständiges juristisches Gebiet und Teildisziplin steht es erst am Anfangspunkt der wissenschaftlichen Untersuchung.[405] Seine Einstufung als Verfassungsrecht bietet hierfür jedoch den Ansatzpunkt. Die Bearbeitung des Primärrechts als Verfassungsrecht sollte eine neue Qualität der Durchdringung bewirken. Jede Wissenschaft, auch die Verfassungsrechtswissenschaft, muss sich dabei bestimmter Methoden und Arten des Vorgehens bedienen.[406] Nach *Larenz/Canaris* kommen insbesondere „*rechtlichen Strukturtypen bedeutender Erkenntniswert für die Aufdeckung rechtlicher Sinnzusammenhänge und für das Verständnis bestimmter Teilregelungen*“ zu.[407] Im Zusammenhang mit der besseren Durchdringung und Systembildung europäischen Verfassungsrechts ist ein Schwerpunkt auf dessen grundlegende Strukturentscheidungen zu legen. *Von Bogdandy* hat festgestellt, dass die Entwicklung einer Prinzipienlehre einen „*Königsweg*“ zu einer systematischen Durchdringung der Strukturentscheidungen des europäischen Primärrechts bieten kann.[408] Eine strukturierende europäische Prinzipienlehre soll einen wichtigen Beitrag als Orientierungsrahmen zur Wahrung der Transparenz und Kohärenz des Europäischen Verfassungsrechts leisten. So erfüllen Verfassungsprinzipien die Funktion von Schleusen, über welche die Rechtsordnung Anschluss an allgemeine normative Diskurse hält.[409] Die Identität der Verfassungsrechtswissenschaft bestimmt ein Kernbestand rechtsdogmatischer, verfassungsstaatlicher Figuren. Auf diesen Kernbestand rechtsdogmatischer Figuren und ihre

---

[404] BVerfGE 88, 203 (254). Vgl. hierzu die Analyse des konkreten Unionsziels der Sportförderung in D. II. 4.

[405] *V. Bogdandy*, Europäsiche Prinzipienlehre, S. 149 (149), in ders., Europäisches Verfassungsrecht.

[406] *Larenz/Canaris*, Methodenlehre, S. 7. „*Die Bildung rechtlicher Strukturtypen vermag einen wesentlichen Beitrag zur rechtswissenschaftlichen Systembildung zu erreichen.*“

[407] *Larenz/Canaris*, Methodenlehre, S. 295. „*Der Typus wird aus den einzelnen Bestimmungen in ihrer sinnhaften Verbindung erschlossen und dient seinerseits dazu, die Tragweite und ihre Bedeutung für die Zuordnung zum Typus besser zu verstehen*“. *Larenz/Canaris*, S. 299, spricht in diesem Zusammenhang davon, dass die Systembildung durch die „*Bildung von Typenreihen*“ erfolge, die darauf beruhe, dass die Typen wegen der Variabilität ihrer Elemente ineinander übergehen können. Der Wert einer solchen Reihenbildung liege in erster Linie in der Erfassung der normspezifischen Übergangs- und Entwicklungstypen. Dadurch dass ein Normtyp sein Ort in der Typenreihe zugewiesen werde, träten die für ihn charakteristischen Züge deutlicher hervor.

[408] *V. Bogdandy*, Europäsiche Prinzipienlehre, S. 149 (159), in ders., Europäisches Verfassungsrecht.

[409] *V. Bogdandy*, Europäische Prinzipienlehre, S. 149 (152), in ders., Europäisches Verfassungsrecht.

kohärente Anwendung im europäischen Verfassungsrecht sollte zur Strukturbildung europäischen Verfassungsrechts aufgebaut werden. Diese nationalstaatlichen Verfassungsstrukturprinzipien weisen eine gewisse Eigenständigkeit gegenüber der nicht immer überzeugenden Rechtsetzungspraxis der europäischen Regierungskonferenzen auf. Ihre Identifizierung und Strukturierung im Europäischen Verfassungsrecht begründet eines der Hauptprobleme der Europäischen Verfassungsrechtswissenschaft. Auf verfassungsstaatlicher Ebene stellen Staatsziele einen Teil einer Prinzipienlehre dar. Mit dem dargestellten verfassungsstaatlichen Ansatz konnte die Normkategorie und die Dogmatik nationaler Staatsziele auf die politikspezifischen Unionsziele übertragen werden. Dabei wurden politikspezifische Unionsziele als grundlegende Verfassungsnormen *„in ihrer sinnvollen Verbindung mit dem Leitbild des betreffenden Strukturtypus“*, den nationalen Staatszielen, sichtbar.[410] Ermöglicht wird diese Konsequenz durch die Erkenntnis, dass das Verfassungsrecht der Union nur eine Teilverfassung des europäischen Verfassungsverbundes ist. Seine Bedeutung und Struktur gewinnt es erst aus einer Zusammenschau mit den mitgliedstaatlichen Verfassungen. Letztere dienen der Gewinnung und Konkretisierung unionaler Verfassungsprinzipien und bilden als Mitverfassungen im Verfassungsraum einen allgemeinen normativen Kontext. Im Abstimmungsprozess der Teilverfassungen untereinander lassen sich dabei gemeinsame dogmatische Strukturen zwischen den Verfassungszielen entwickeln. Der anhaltende Transformationsprozess zu einem bundesstaatsähnlichen Gemeinwesen nach der Konzeption des Verfassungsvertrags legitimiert die vorgestellte Wiederholungsthese verfassungsstaatlicher Elemente im Unionsrecht zusätzlich.

Mit der dogmatischen Übertragung kann den politikspezifischen Unionszielen zu deutlicheren, rechtlichen Konturen verholfen werden. Damit will die Untersuchung einen Beitrag zur von *Von Bogdandy* geforderten besseren systematischen Durchdringung des europäischen Verfassungsrechts leisten und gleichzeitig Ansätze zu einer europäischen Methodenlehre in diesem Rechtsgebiet begründen. Erst durch eine Prinzipienlehre kann eine Konstitutionalisierung Europas vollendet werden. Denn eine Konstitutionalisierung erfordert, dass die Verfassung alle Rechtsbeziehungen durchdringt, was sie am ehesten mittels Prinzipien leisten kann.[411] Politikspezifische Unionsziele als Leitprinzipien der unionalen Rechtsordnung nehmen dabei einen besonderen Stellenwert ein.[412] Als Leitprinzipien werden sie mit der Einordnung als postnationale Staatszielbestimmungen zu Bestandteilen eines übergreifenden Strukturplans für das europäische Verfassungsrecht. Ein übergreifender Strukturplan ist umso dringlicher, als die Erfassung des normativen, „unübersichtlichen Dschungels“[413] für die Be-

---

[410] *Larenz/Canaris*, Methodenlehre, S. 298.

[411] „Es lässt sich kaum eine größere Herausforderung rechtswissenschaftlicher Arbeit finden, als hier ordnungsschaffend und kohärenzfördernd den Rechtsstoff zu rekonstruieren“, *V. Bogdandy*, Europäische Prinzipienlehre, S. 149 (152), in ders., Europäisches Verfassungsrecht.

[412] „Tritt der Verfassungsvertrag in Kraft, so wird eine wesentliche Aufgabe der Rechtswissenschaft eine kohärente Konstruktion des Vertrages anhand leitender Prinzipien sein“; *V. Bogdandy*, JZ 2005, 529 (537).

[413] *Curtin*, The constitutional structure of the Union, CMLRev. 30 (1993), 17 (67), prägte die Kurzformel des “constitutional chaos”.

gründung europäischen Verfassungsrechts als Teildisziplin konstitutiv ist.[414] Eine ordnende Prinzipienlehre ist angesichts der Fragmentierung europäischen Primärrechts von nicht unerheblicher Bedeutung. Aus der föderalen Homogenitätsklausel des Art. 6 Abs. 1 EUV kommt hinreichend der Wille der Verfassungsgeber zum Ausdruck, einen übergreifenden strukturellen Bezugsrahmen für das primärrechtliche Gefüge zu formulieren – auch wenn Art. 6 Abs. 1 EUV (Staats-)Ziele nicht ausdrücklich nennt. Art. 6 EUV darf insofern aber nicht zu eng ausgelegt werden, gibt er doch die generelle Richtung der Verfassungsinterpretation vor. Es ist daher im Sinne der Wahrung der Identität der Verfassungswissenschaft einiges gewonnen, wenn ein Bestand an aus dem nationalen Verfassungskontext bekannten Verfassungsstrukturprinzipien im Europäischen Verfassungsvertrag bestimmt ist.

[414] *Schuppert/Bumke*, Die Konstitutionalisierung der Rechtsordnung, S. 28.

B. Entwicklung politikspezifischer Unionsziele – am Beispiel der Sportförderung

Nach der normkategorischen Einordnung von politikspezifischen Unionszielen im Allgemeinen ist nun zur weiteren Untersuchung auf ein konkretes politikspezifisches Unionsziel einzugehen. Am neuen Unionsziel der Sportförderung in Art. III-282 EVV lassen sich Entwicklung und Wirkung politikspezifischer Unionsziele exemplarisch aufzeigen. Dazu werden in einem ersten Schritt die Entwicklungskriterien herausgearbeitet, die zu einer Festlegung der Sportförderung als politikspezifisches Unionsziel geführt haben.[415] Anschließend steht eine Analyse der Regelung des politikspezifischen Unionsziels der Sportförderung im Hinblick auf Inhalt und Kompetenz im Mittelpunkt dieser Untersuchung.[416] Zum Abschluss werden die rechtlichen Auswirkungen thematisiert, die die primärrechtliche Normierung politikspezifischer Unionsziele insbesondere in ihrem Zusammenspiel mit den Staatszielen hat. Insofern kann auf die Erkenntnisse des allgemeinen Teils der Arbeit zurückgegriffen werden. Die rechtlichen Wirkungen des Sportförderungsziels haben dabei für die europäischen und nationalen Organe sowie für den grundrechtlichen Schutz der Sportverbände erhebliche Bedeutung.[417]

I. Entwicklungskriterien

Bei den Entwicklungskriterien, die zur Festsetzung der Sportförderung im europäischen Verfassungsrecht geführt haben, kann zwischen der Wechselwirkung der nationalen Staatsziele der Sportförderung in mitgliedstaatlichen Verfassungen, dem normativen Regelungsbedürfnis der Sportförderung als Folge der Rechtsprechung des EuGH und der programmatischen Tätigkeit der anderen Unionsorgane differenziert werden. Dabei zeigt sich, dass für die Verankerung der Sportförderung im europäischen Verfassungsvertrag sowohl eine dynamische Verfassungsentwicklung der mitgliedstaatlichen Verfassungen im Bereich der Sportförderung, als auch normative Schutzlücken für den Amateursport und die Rechtsposition der Sportverbände im europäischen Verfassungsrecht verantwortlich war.

1. Dialektische Verfassungsentwicklung - Sportförderung als Staatsziel in mitgliedstaatlichen Verfassungen

Im gemeineuropäischen, materiellrechtlich einheitlichen Verfassungsverbund besteht zwischen den einzelnen nationalen Teilverfassungen und der europäischen Verfassungsebene inhaltlich eine enge Wechselwirkung. Indem sich nationales und europäisches Verfassungsrecht gegenseitig beeinflussen, führt diese Entwicklung auch zu einer europäischen Verfassungsbefruchtung. Das Staatsziel der Sportförderung in den nationalen Verfassungen der Mitgliedstaaten hat für das politikspezifische Unionsziel der Sportförderung entscheidende Impulse gesetzt. Anknüpfungspunkt ist in diesem Zusammenhang Art. 6 Abs. 1 und Abs. 2 EUV.

---

415 Dazu B.
416 Dazu C.
417 Dazu D.

a) *Nationale Verfassungsziele als Rezeptionsreservoir im Verfassungsverbund*

aa) *Evolutionäre Verfassungsgebung*

Die „strukturelle Permanenz“ unterscheidet die europäische Verfassungsgebung grundlegend von Staatsverfassungen.[418] Der Begriff der strukturellen Permanenz verdeutlicht dass anders als staatliches Verfassungsrecht die Verfassung der Union nicht als abschließende Regelung konzipiert, sondern auf Vervollständigung, Erneuerung und Wandlung angelegt ist.[419] Gleichzeitig bleiben bei aller Dynamik der Verfassungsgebung wesentliche Strukturentscheidungen (z. B. Rechtsstaatlichkeit, Demokratie) durchgängig gewahrt. Die Europäische Verfassung entsteht nicht monolithisch, einseitig und punktuell, sondern im Wege eines kontinuierlich fortschreitenden Verfassungsprozesses. *Constantinesco* hat diesen Prozeß wie folgt beschrieben: „*Le droit constitutionel européen est un mouvement, une tendance, une émergence, une dynamique, un devenir plus qu'un etre, un processus en marche plus qu'un acquis définitif.*“[420] In Anbetracht des europäischen Konstitutionalisierungsprozesses ist das Verständnis von Verfassungsgebung als singulärem Akt damit korrekturbedürftig. Ihre kontinuierliche Verfassungsgebung wird als Nachweis der Theorie von der evolutionären Verfassungsgebung verstanden.[421] Die unionale Verfassung ist nicht das Ergebnis eines an sich gegebenen Zustandes und seiner Auswirkungen nach außen, sondern sie ist die Form der Begründung und stetigen Erneuerung und Herstellung dieses Bestandes.[422] Europäisches Verfassungsrecht ist daher eher Ausdruck von Wachstumsprozessen als von Setzungsvorgängen.[423] Es reflektiert den Entwicklungsprozess der Union zum europäischen Gemeinwesen durch ständige Anpassung an konkrete Erfordernisse, Problemlagen und Möglichkeiten.[424] Damit treten Form und Verfahren der Verfassungsgebung zugunsten der Verfassungsinhalte in den Hintergrund, die sich bewahren und erneuern müssen, damit das unionale Gemeinwesen selbst und im Zusammenspiel mit der nationalen Verfassungsebene funktioniert.[425] Im Sinne dieser Konstitution durch Evolution wird vom „*creeping constitutionalism*“ gesprochen, in der sich ihre Legitimation auch aus ihren laufend zu überprüfenden Leistungen auf der höheren Ebene des Gemeinwohlverbundes ergibt.[426]

---

[418] *Peters*, Elemente der Theorie einer Verfassung, S. 373.

[419] *Bieber*, Verfassungsentwicklung der Europäischen Union: Autonomie oder Konsequenz staatlicher Verfassungsentwicklung?, S. 209 (209), in Müller-Graff/Riedel, Gemeinsames Verfassungsrecht in der EU.

[420] *Constantinesco*, L'emergence d'un droit constitutionel européen, RUDH 1995, 447 (449), „Das europäische Verfassungsrecht ist eine Bewegung, eine Tendenz, eine Entwicklung, eine Dynamik, mehr ein Werden als ein Sein, mehr ein fortschreitender Prozess als ein Zustand“.

[421] *Peters*, Elemente der Theorie einer Verfassung, S. 373.

[422] *Smend*, Verfassung und Verfassungsrecht, S. 192.

[423] *Häberle*, Gemeineuropäisches Verfassungsrecht, S. 11.

[424] *Oeter*, ZaöRV 1999, 901 (903).

[425] *Isensee*, Das Volk als Grund der Verfassung, S. 80.

[426] *Abromeit/Hitzel-Cassagnes*, EJIL 1999, 26 (27).

bb) Inhaltliche Dialektik der Verfassungsebenen

Im materiellen Einheitsverbund der Verfassungen kann sich das europäische Verfassungsrecht inhaltlich nicht unabhängig von den aus den Verfassungstraditionen der Mitgliedstaaten fließenden Inhalten entwickeln. Die Unionsverfassung entsteht auf der Grundlage und im Rahmen staatlicher Verfassungen. Im System wechselseitiger Verfassungsverflechtung innerhalb des Verfassungsverbundes ist die mitgliedstaatliche Verfassungsentwicklung der entscheidende Anstoß für den unionalen Entwicklungsprozess. Deshalb ist die inhaltliche Abhängigkeit der Unionsverfassung größer als die einer bundesstaatlichen von den gliedstaatlichen Verfassungen.[427] Durch ein dialektisches Verhältnis der Textstufenentwicklung zwischen der nationalen und der europäischen Verfassungsebene erfährt das Verfassungsrecht der Union maßgebliche inhaltliche Prägungen durch das Verfassungsrecht der Mitgliedstaaten.[428] So unterschiedlich die Reformbedürftigkeit einzelner mitgliedstaatlicher Verfassungsrechtsordnungen ist, so verschiedenartig die Entwicklungswege ihrer Verfassungen sind, so zeichnen sich oft im Rahmen der allgemeinen Textstufenentwicklung parallele Entwicklungen ab. Dadurch wächst ein Verfassungsthema in die Sphäre des gemeineuropäischen Verfassungsrechts hinein.[429] In Wellenbewegungen entwickelt sich dabei ein spezifisches Politikfeld *„als Geleitzug"* orginär in den mitgliedstaatlichen Verfassungsordnungen und strahlt in das europäische Verfassungsrecht aus. Als aktuelles Beispiel kann auf das Thema Umweltschutz verwiesen werden: Früh von Art. 24 der Verfassung Griechenlands 1975 auf Verfassungshöhe gebracht, hat dieses Thema in ganz Europa, besonders in Verfassungen wie der Schweiz, Österreich (Art. 1/1984) und den Niederlande (Art. 21/1983) Bedeutung erlangt. Seit dem Maastrichter Vertrag (1990) ist es auch auf europäischer Verfassungsebene festgelegt und erlebt seitdem eine ständige inhaltliche Weiterentwicklung und strukturelle Fortentwicklung, indem es sich als Querschnittsklausel mittlerweile verfassungsrechtlich akzentuiert hat. Als Staatsziel wurde der Umweltschutz auch in Art. 20 a GG als Staatsziel festgelegt.

cc) Staatsziele als Erkenntnisgrundlage für politikspezifische Unionsziele

Staatsziele gehören zu den allgemeinen Verfassungsüberlieferungen der Mitgliedstaaten. Sie werden als Leitgedanken staatlichen Handelns mit demjenigen Inhalt im Europäischen Verfassungsrecht wirksam, wie sie sich aus dem leistungstaatlich-zweckbezogenen Ausdruck der gemeinsamen Verfassungstraditionen der Mitgliedstaaten widerspiegeln. Im Zuge der evolutionären Konstitutionalisierung der Union zum politischen Werte- und Gemeinwesen gehen somit strukturelle Institute und Verfassungsinhalte mitgliedstaatlicher Verfassungen in die europäische Verfassung ein.[430] Die nationalen Verfassungen dienen dabei der Gewinnung und Konkretisierung unio-

---

[427] *V. Bogdandy*, Europäische Prinzipienlehre, S. 149 (185), in v. Bogdandy, Europäisches Verfassungsrecht.

[428] *Grabenwarter*, Staatliches Unionsverfassungsrecht, S. 283 (336), in v. Bogdandy, Europäisches Verfassungsrecht.

[429] *Häberle*, Europäische Verfassungslehre, S. 119.

[430] *Peters*, Elemente der Theorie einer Verfassung, S. 212.

naler Inhalte, sichern sie als Maßstab ab und bilden als Mitverfassungen im Verfassungsraum einen allgemeinen normativen Kontext.[431] Erforderlich ist eine Mindesthomogenität der verfassungsrechtlichen Inhalte in allen Teilverfassungsordnungen, um ein fruchtbares Zusammenwirken zwischen ihnen im Gemeinwohlverbund herzustellen.[432] Tatsächlich findet ein vertikaler inhaltlicher Homogenisierungsprozess statt, eine „*osmose progressive des ordres juridiques*".[433] Dies gilt auch für den Katalog an nationalen Staatszielen. Die Staatsziele verleihen durch stetige inhaltliche Fortentwicklung auf nationaler Ebene den unionalen Zielbestimmungen stetige „*Textschübe*".[434] Die Staatsziele tragen dazu bei, dass im gemeineuropäischen Verfassungsverbund selbst die erforderlichen Verfassungsinhalte gefunden werden können, um die politikspezifischen Unionsziele fortzubilden.[435] Insofern kann von einer Vorprägung politikspezifischer Unionsziele im nationalstaatlichen Verfassungsrecht gesprochen werden. Aus Art. 6 EUV kommt hinreichend der Wille zum Ausdruck, einen übergreifenden normativen Bezugsrahmen für das primärrechtliche Gefüge zu formulieren. Somit verbleibt das nationale Verfassungsrecht über Art. 6 Abs. 2, Art. 288 Abs. 2 EUV das wichtigste Bezugs- und Rezeptionsreservoir für das europäische Verfassungsrecht. Dies findet seinen Ausdruck auch in der Rechtsprechung des EuGH, der nicht nur das Gros der materiellen Grundrechte der Union, sondern auch die Grundsätze der Verhältnismäßigkeit, des Vertrauensschutzes, der Rechtssicherheit, zur Staatshaftung oder der guten Verwaltung aus den Verfassungsordnungen der Mitgliedstaaten destilliert hat. Die wechselseitigen Einflüsse des nationalen und europäischen Rechts sowie die Entwicklung der Union zum sozialen Gemeinwesen führen dadurch zu einer stetigen inhaltlichen Annäherung der politikspezifischen Unionsziele an die mitgliedstaatlichen Staatsziele.[436] Im Verlauf des europäischen Integrationsprozesses und im Zuge des Abstimmungsprozesses innerhalb des Gemeinwohlzielverbundes entsteht somit eine zunehmende materielle Konkordanz der Verfassungsziele zwischen den Verfassungsebenen.[437]

dd) Rechtspolitik und Rechtsvergleichung bei der europäischen Verfassungsgebung

Grundsätzlich lassen sich zwei Wege unterscheiden, auf denen sich das europäische Verfassungsrecht fortentwickelt: Zum einen der rechtspolitische Weg der Rechtssetzung und zum anderen der interpretatorische Weg der Rechtsfindung.[438] Zwischen

---

[431] *V. Bogdandy*, Europäische Prinzipienlehre, S. 149 (157), in v. Bogdandy, Europäisches Verfassungsrecht.

[432] *Müller-Graff/Riedel*, Gemeinsames Verfassungsrecht in der Union, S. 9 (9), in Müller-Graff/Riedel, Gemeinsames Verfassungsrecht in der EU.

[433] *Peters*, Elemente der Theorie einer Verfassung, S. 210.

[434] Vgl. dazu auch *Häberle*, Europäische Verfassungslehre, S. 120.

[435] Vgl. dazu im Zusammenhang mit den Grundrechten EuGH, Slg. 1970, 1150 – *Internationale Handelsgesellschaft*.

[436] *Schwarze*, Die Entstehung einer europäischen Verfassungsordnung, S. 463 (464).

[437] *Peters*, Elemente der Theorie einer Verfassung, S. 215, „Die Inhalte der europäischen Verfassung sind ohne diese dialektische Homogenisierungswirkung, auf der gemeineuropäischen Verfassungsrecht basiert und es gleichzeitig fortentwickelt, gar nicht erfassbar".

[438] *Häberle*, Europäische Rechtskultur, S. 61.

beiden Wegen gibt es vielfältige Überschneidungen. Prinzipiell rechtspolitische Arbeit leisten diejenigen, die europäisches Verfassungsrecht setzen: der Verfassungskonvent und die Mitgliedstaaten als „Herren der Verträge".[439] Sie entwarfen den europäischen Verfassungsvertrag und gingen dabei in Verfolgung ihres politischen Willens oft bewusst oder unbewusst vergleichend zu ihren Verfassungsordnungen oder zum gemeinsamen Rechtsbestand im „*ius commune europaeum*" vor.

(1) Rechtspolitik

Der rechtspolitische Verfassungsfortbildungsprozess ist kein stetiger, sondern ist ein von politisch-ideologischen Sachzwängen getragener Entwicklungsweg. In Abhängigkeit von der jeweils herrschenden politischen Strömung innerhalb der Mitgliedstaaten der Union bestimmt er das Selbstverständnis der Union als wirtschaftsliberale Zweckgemeinschaft, oder weitergehend als politisch-soziales Gemeinwesen. Diesbezüglich wirkt der rechtspolitische Verfassungsfortbildungsprozess auf europäische Verfassungsinhalte ein. In ihm drückt sich gleichzeitig die jeweilige Antwort nach der Finalität des Integrationsprozess aus. Der rechtspolitische Verfassungsfortbildungsprozess wird zudem von dem (wirtschaftlichen) Wettbewerb der Verfassungsordnungen untereinander getragen, den der einheitliche europäische Binnenmarkt auch zugunsten der Gemeinwohlstandards für die Unionsbürger befördert.[440] Um seine Konturen als Gemeinwesen im Vergleich zum Nationalstaat zu akzentuieren, muss der europäische Verfassungsgeber zudem bemüht sein, identitätsstiftende verfassungsrelevante Politikfelder zu inkorporieren. Unionsziele eines populären Politikfelds sind besonders geeignet, die Integrationswirkung einer Europäischen Verfassung zu stärken.[441] Grundlage hierfür ist die Erkenntnis, dass eine politische Integration ein gemeinsames Bewusstsein voraussetzt. Die Aufnahme gesellschaftlich besonders akzeptierter Politikfelder in das Europäische Verfassungsrecht kann dieses Ziel nachhaltig befördern. Erst dadurch erhält das europäische Verfassungsrecht Überzeugungs- und Durchsetzungskraft beim Unionsbürger.[442] In diesem Sinne kann von einer Rechtsvereinheitlichung „von unten" gesprochen werden.[443] Insofern führt der mittelbar durch den Wettbewerb der Verfassungsebenen gelenkte rechtspolitische Wille der Verfassungsgeber nahezu zwangsläufig zu Handlungsbedarf und zur zunehmenden inhaltlichen Kohärenz der Verfassungsebenen, auch wenn dieser Prozess in ständiger Balance zum Europa als „*Gemeinschaft des Verfassungspluralismus*" steht.[444]

---

[439] *Häberle*, EuGRZ 1991, 261 (271).
[440] *Peters*, Elemente der Theorie einer Verfassung, S. 214.
[441] *Klein*, DVBl. 1991, 729 (734).
[442] *Grunwald*, Die EG als Rechtsgemeinschaft, S. 43 (70), in Röttinger/Weyringer, Handbuch der europäischen Integration.
[443] *Dreher*, JZ 1999, 105 (110).
[444] *Scheuing*, EuR 1997, 6 (7).

(2) Rechtsvergleichung

Der zweite Weg bei der Entwicklung europäischen Verfassungsrechts ist der interpretatorische. Die Gleichgestimmtheit der am Integrationsprozess beteiligten Rechtsordnungen folgt dabei aus einem fortlaufenden Prozess der Rechtsvergleichung, der nahezu jeder Rechtsentwicklung im europäischen Verfassungsrecht vorausgeht.[445] Eine rechtsvergleichende Analyse der nationalen Verfassungen ist für die Feststellung der dem Europäischen Verfassungsrecht zugrundeliegenden materiellen Werteorientierungen unvermeidlich.[446] Dabei sind (noch verbliebene) Unterschiede in den mitgliedstaatlichen Verfassungstexten oft historisch bedingt, so dass das Fehlen einer verfassungsrechtlichen Garantie oder Programmatik in dem einen oder anderen Text keine verfassungsrechtliche Negierung der entsprechenden Wertsetzung bedeutet. Dabei liegt es nahe, dass sich der Verfassungsgeber dogmatisch und materiell an der Verfassungsordnung orientiert, in der Inhalt und Grenzen des fraglichen Verfassungsthemas am deutlichsten definiert, die Normierung und seine Handhabung am weitesten entwickelt sind.[447] Daher wurde Verfassungsvergleichung beim Entwurf der Grundrechte-Charta als Teil des Verfassungsvertrages bewusst und offen praktiziert. Auch der ausdrückliche Zuständigkeitsverteilungskatalog zwischen der Union und den Mitgliedstaaten, wie er erstmals im Verfassungsvertrag normiert ist, folgt augenscheinlich dem bewährten und ausdifferenzierten Vorbild der Art. 70 ff. des Grundgesetzes. Auf Basis eines europaweiten Vergleichs liefert die Textstufenanalyse oft Belege für einen gemeinen Rechtsbestand an materiellen Verfassungsprinzipien. Methodischer Ansatz ist dabei eine wertende Betrachtung.[448] Diese sucht nicht nur nach dem gemeinsamen Nenner der mitgliedstaatlichen Verfassungen, sondern nach der „besten Lösung".[449] Die Erfahrungen, die andere europäische Mitgliedstaaten mit ihren verfassungsrechtlichen Lösungen machen und die Antworten, die sich daraus rechtspolitisch und interpretatorisch ergeben, führen zur Einsicht in die nur relative Autorität der eigenen Verfassungsnormen und werden als Folge im europäischen Verfassungsrecht rezipiert.[450] Dies ist um so einfacher, als auf beiden Seiten der mitgliedstaatlichen Produktions- und der europäischen Rezeptionsgemeinschaft die gleichen Akteure handeln: die Staaten bzw. deren Organe als Verfassungsgeber. Dabei ist wieder die rechtspolitische Seite zu berücksichtigen, da bei der Ermittlung der besten europäischen Verfassungslösung eine nationale Lösung nur dann auf die höhere Verfassungsebene transportiert wird, wenn es die spezifischen Unionsinteressen erforderlich machen.

Insbesondere auf dem Feld der Staatsziele spielt sich im europäischen Verfassungsstaat ein höchst intensiver Prozess des Abschreibens und des Fortschreibens ab, der

---

[445] *Hilf*, EPIL I (1992), 695 ff.

[446] *Tettinger*, JZ 2000, 1069 (1072).

[447] *Pernice/Mayer* in Hilf, nach Art. 6 EUV, Rn. 16.

[448] *Zweigert*, RabelsZ 1964, S. 611 ff; *Nicolaysen*, EuR 1972, 383 ff.

[449] Im Zusammenhang mit dem Grundrechtschutz dazu *Bleckmann*, FS Börner, S. 29 (31); *Zweigert*, RabelsZ 1964, 611 ff.

[450] *Grabenwarter*, Staatliches Unionsverfassungsrecht, S. 283 (337), in v. Bogdandy, Europäisches Verfassungsrecht.

auf den europäischen Verfassungsgeber nicht ohne Wirkung bleiben kann.[451] Eine Textstufenentwicklung, die in einzelnen nationalen Verfassungsstaaten ihren Ausgang nimmt und der Positivierung auf EU-Ebene Textschübe gibt, kann auch beim Verfassungsthema der Sportförderung beobachtet werden.[452]

b) Sportförderung als Staatsziel in mitgliedstaatlichen Verfassungen – eine Rechtsvergleichung

aa) Deutschland

(1) Sportförderung als Staatsziel in den Landesverfassungen der Bundesländer

Der Begriff des Sports findet sich im Grundgesetz an keiner Stelle. Demgegenüber ist jedoch auf landesverfassungsrechtlicher Ebene in den letzten zehn Jahren eine äußerst dynamische Entwicklung bei der Sportförderung als Verfassungsthema festzustellen, die in ihrer Bedeutung für die europäische Zielfestsetzung besonders hervorzuheben ist. War das Wort „Sportförderung" bis Anfang der 1990er Jahre noch in keiner deutschen Landesverfassung enthalten, so vollzieht sich seitdem ein bundesländerübergreifender Normierungsprozess der jeweiligen Verfassungsgeber, die die Sportförderung nach und nach als Verfassungsziel in die einzelnen Landesverfassungen aufnehmen.[453] Die Landesverfassungsgeber reagierten damit neben der stets betonten gesellschaftlichen Bedeutung auch auf zunehmende, gerichtliche Auseinandersetzungen im Zusammenhang mit sportlichen Betätigungen im Verhältnis zu anderen Rechtsgütern mit Verfassungsrang - wie dem Umweltschutz.[454] Den Ausgangspunkt dieser Entwicklungsdynamik begründete der Verfassungsgebungsprozess der neuen Bundesländer. In einer Vorreiterrolle normierten Brandenburg (Art. 35 BrandbVerf)[455], Mecklenburg-Vorpommern (Art. 16 Abs. 1 MVVerf),[456] Sachsen (Art. 11 Abs. 1 SächsVerf),[457] Sachsen-Anhalt (Art. 36 Abs. 1 Sachs-AnhVerf)[458] und Thüringen (Art. 30 Abs. 3 ThürVerf)[459] die Sportförderung als ausdrückliches Verfassungsziel. Diese Entwicklungsdynamik zeitigte Auswirkungen auf die Verfassungsentwicklung der alten Bundesländer, die in einem stetigen Prozess dem Verfassungsvorbild der neuen Bundesländer nachfolgten. Als erstes westdeutsches Bundesland nahm Nordrhein-Westfalen im Jahre 1992 die Sportförderung in seine Verfassung auf (Art. 18 Abs. 3 NRWVerf).[460] Es folgten 1995 Berlin (Art. 32 BerlinVerf),[461] 1997 Niedersachsen

[451] *Häberle*, Europäische Rechtskultur, S. 191.
[452] *Häberle*, Europäische Verfassungslehre, S. 120.
[453] Teilweise wird diese Entwicklung als „Überfrachtung politischer Zielbestimmungen" kritisiert; *Hebeler*, SpuRt 2003, 221 (222).
[454] Hierauf verweist ausdrücklich *Hebeler*, SpuRt 2003, 221 (221).
[455] GVBl. S. 298.
[456] GVBl. S. 490.
[457] GVBl. S. 243.
[458] GVBl. S. 600.
[459] GVBl. S. 600.
[460] GV. NW. S. 448.
[461] GVBl. S. 779.

(Art. 6)[462] und Bremen (Art. 36a),[463] 1998 Bayern (Art. 140 Abs. 3)[464] und Schleswig Holstein (Art. 9 Abs. 3),[465] 1999 das Saarland (Art. 34 a),[466] 2000 Rheinland-Pfalz (Art. 40 Abs. 4)[467] und Baden-Württemberg (Art. 3 c BWVerf)[468]. Als vorerst letztes Bundesland hat Hessen die Sportförderung (Art. 62 a HessVerf) 2002 in seine Landesverfassung aufgenommen.[469] Hamburg ist damit das einzige Bundesland ohne Sportförderungsklausel in seiner Landesverfassung. Zudem haben einige Bundesländer Sportförderungsgesetze als Konkretisierung des Staatsziels erlassen, das auf Umsetzung durch gesetzgeberische Maßnahmen angelegt ist.[470] Die Sportförderungsklauseln finden sich in den jeweiligen Landesverfassungen in verschiedenen systematischen Kontexten, meistens jedoch in unmittelbaren Zusammenhang mit den Staatszielen der Kunst, Kultur und Wissenschaft. Sie sind teilweise unterschiedlich formuliert. In den meisten Landesverfassungen soll der Sport *„gefördert"* werden, teilweise treten ergänzend *„schützen"* oder *„pflegen"* hinzu. In dem betreffenden sächsischen und sachsen-anhaltinischen Artikel der Landesverfassung wird das Staatsziel der Sportförderung zudem dahingehend konkretisiert, dass *„die Teilnahme am Sport dem gesamten Volk" ermöglicht werden soll. „Zu diesem Zweck" ist der Staat verpflichtet „Sportstätten (...) zu unterhalten"*.[471] Zudem stellt die Berliner Landesverfassung auf gleiche Teilnahmemöglichkeiten am Sport für alle Bevölkerungsgruppen ab. In der Verfassung von Baden-Württemberg wird darüber hinaus auf die Autonomie der privaten Sportträger hingewiesen.[472]

Im Rahmen der Verfassungsvergleichung der landesverfassungsrechtlichen Staatsziele der Sportförderung ist festzustellen, dass nur wenige homogene inhaltliche Impulse von ihnen auf das Unionsziel der Sportförderung austrahlen. In der verfassungsvergleichenden Gesamtbetrachtung regeln die landesverfassungsrechtlichen Staatsziele die Sportförderung zumeist sehr allgemein. Dabei verzichten die Sportförderungszielsetzungen zumeist auf inhaltliche Schwerpunktsetzungen. Die Wortfassungen der Staatsziele sind daher durchweg vergleichbar.[473] Sie tragen zur dialektischen Wirkung für das Unionsziel der Sportförderung insoweit bei, als sie die Sportförderung generell für ein verfassungsrelevantes Ziel halten und der Sportförderung damit Eigenwert im Verfassungsgefüge zuerkennen. Die Staatsziele der Sportförderung in den Landesverfassungen helfen somit, die Sportförderung zu einem gemeineuropäischen Verfassungsthema fortzuentwickeln. Dabei wirkt sich die Entwicklungsdynamik der Sport-

---

462 GVBl. S. 480.
463 GVBl. S. 480.
464 GVBl. S. 38.
465 GVBl. S. 600.
466 ABl. 1999, S. 1318.
467 GVBl. S. 65.
468 GVBl. S. 449.
469 Einer gemäß Art. 123 Abs. 2 HessVerf für das Zustandekommen von Verfassungsänderungen erforderlichen Volksabstimmung entsprachen mehr als zwei Drittel der Wahlteilnehmer.
470 Rheinland-Pfalz, Bremen, Brandenburg, Thüringen und Mecklenburg Vorpommern.
471 Art. 32 Satz 1 BerlVerf.
472 Art. 3c BWVerf.
473 Nolte, Sport und Recht, S. 70.

förderung als Staatsziel in den bundesdeutschen Landesverfassungen als Impulsgeber auf die europäische Verfassungsebene aus. Zu den konkreten inhaltlichen Impulsen der landesverfassungsrechtlichen Staatsziele gehört, dass die Sportförderung textlich über die bloße *„Förderung"* hinausgeht und dabei auch oder ausschließlich im *„Schutz"* des Sports bzw. der Sportler besteht. Diese Textstufenentwicklung verdeutlicht eine besondere Akzentuierung des Staatsziels der Sportförderung. Dabei wird die Sportförderung vom jeweiligen Verfassungsgeber meist in engem Zusammenhang mit seinen sozialen und pädagogischen Funtionen bei Jugendlichen gesehen. Die Sportförderung ist damit inhaltlich eng mit effektiver Jugendpolitik verzahnt. An der Spitze der Textstufenentwicklung steht dabei die Verfassung Brandenburgs, die die Sportförderung in Zusammenhang mit den *„besonderen Bedürfnissen von Schülern, Studenten, Senioren und Menschen mit Behinderungen"* stellt.[474] Auch das Unionsziel der Sportförderung weist diesen inhaltlichen Zusammenhang auf. So ist es mit der europäischen Jugendpolitik gemeinsam in Art. III-282 des Verfassungsvertrags festgelegt. Zudem ist der Schutz junger Sportler konkretes Schutzobjekt im Unionsziel der Sportförderung.[475] Darüberhinaus zeigen einige landesverfassungsrechtliche Staatsziele die Tendenz, sportförderungsspezifische Einzelaussagen zu enthalten, die über das klassische Staatsziel der Sportförderung hinausgehen. Auch diese strukturelle Textstufenentwicklung findet sich im Unionsziel der Sportförderung wieder. Es formuliert einen konkreten sportförderungsspezifischen Auftrag zur Dopingbekämpfung.

(2) Inhaltliche Komplementarität mit dem Unionsziel der Sportförderung

Ein Unionsziel der Sportförderung wurde von den Bundesländern im Verfassungskonvent sehr kritisch bewertet.[476] Als neue öffentliche Aufgabe auf europäischer Ebene droht es einen weiteren Schritt zur Entstaatlichkeit der deutschen Bundesländer darzustellen.[477] Die Bundesländer haben bereits viele ihrer bisher ausschließlichen Kompetenzen an die Union abgeben müssen. Insoweit wirft diese Entwicklung die Frage nach der Zukunft des bundesdeutschen Föderalismus auf. Ein Unionsziel der Sportförderung stellt zur Entleerung der Landesstaatlichkeit jedoch keinen weiteren Schritt dar. Damit wurde den rechtspolitischen Forderungen der deutschen Bundesländer im Verfassungskonvent Rechnung getragen. Denn ein Unionsziel der Sportförderung kollidiert zwar generell mit den umfassend angelegten landesverfassungsrechtlichen Staatszielen der Sportförderung. Das Unionsziel der Sportförderung ist jedoch konkret

---

[474] Art. 35 BbgVerf Satz 3.

[475] Dazu ausführlich C.

[476] Vgl. dazu den Beitrag des Vertreters des Bundesrats als Mitglied des Verfassungkonvents Erwin Teufel (damaliger Ministerpräsident Baden-Württemberg) in einer „Entschließung des deutschen Bundesrates zu den Themen des Konvents zur Zukunft der Europäischen Union": „Die Sportpolitik fällt nicht in den Zuständigkeit der EU. Auch in Zukunft sollte der EU keine entsprechende Zuständigkeit übertragen werden." Bundesrat Drucksache 586/02, S. 17.

[477] Diese Entwicklung ist gegenwärtig u.a. bei polizeilichen Aufgaben zu beobachten. Allgemein zur Entstaatlickeit der deutschen Bundesländer *Nolte/Tams*, Art. 1 LVSH (im Erscheinen); *Isensee*, Gestalt und Idee des Föderalismus im Grundgesetz, § 98, Rn. 14 ff., in Isensee/Kirchhof, Handb. d. Staatsrechts, Bd. 4. Zum Subsidiaritätsprinzip *Reher/Schöner*, EWS 1998, 294 ff.

auf die Dopingbekämpfung begrenzt.[478] Insoweit überschneiden sich die Anwendungsbereiche der Verfassungsziele auf den unterschiedlichen Verfassungsebenen nur in einem kleinen Bereich. Die primäre und umfassende Kompetenz der Bundesländer zur Sportförderung bleibt damit unangetastet. Die Dopingbekämpfung überfordert ohnehin die Problemlösungskompetenz der deutschen Bundesländer. Sie verlieren mit dem Unionsziel im Bereich der Dopingbekämpfung teilweise eine Kompetenz zur Sportförderung, die sie angesichts der Dimension des Problems faktisch schon lange nicht mehr besaßen. Damit hat das Unionsziel der Sportförderung mit dieser Schwerpunktsetzung für die landesverfassungsrechtlichen Staatsziele eine komplementäre Funktion. In einem Zusammenwirken beider Zielebenen kann damit nun eine effektive Sportförderung in umfassender Breite gewährleistet werden.[479] Darüberhinaus ist das Unionsziel der Sportförderung kompetenzwahrend für die Bundesländer festgelegt worden. Es begründet für die Bundesländer keinen Verlust an einer öffentlichen Aufgabe, sondern eine Wiedererlangung von Gestaltungsmöglichkeiten im Bereich der Dopingbekämpfung - im Zusammenwirken mit der Union.[480] Insoweit wird auch dem Grundsatz der Subsidiarität Rechnung getragen. Die Anwendungsbereiche beider Verfassungszielebenen im Bereich der Sportförderung vervollständigen sich effektiv und sind Bestandteil des arbeitsteiligen Gemeinwohlzielverbundes.[481]

Im Gesamtzusammenhang ist im Hinblick auf die Verfassungstrukturen hervorzuheben, dass die bundesdeutschen Landesverfassungen, im Gegensatz zum Grundgesetz, über einen umfangreichen Katalog an Staatszielen verfügen. In ihrer zielorientierten Struktur entsprechen die Landesverfassungen damit in deutlichen Zügen der ausgeprägten Festsetzung politikspezifischer Unionsziele im europäischen Verfassungsrecht. Eine breitere Zielstruktur in der Verfassung findet sich auch in anderen mitgliedstaatlichen Rechtsordnungen. Staatsziele bilden insbesondere ein zentrales Thema in den Verfassungsordnungen der Staaten Osteuropas. Aber auch in Alt-Europa ist eine zunehmende Differenzierung und Expansion der Staatsziele zu beobachten, etwa in den jungen Verfassungen Spaniens und Portugals. Auch hier gehört teilweise die Sportförderung zum Zielkatalog.

bb) Andere Mitgliedstaaten

Die Sportförderung bildet auch in anderen Mitgliedstaaten der Union einen Gegenstand verfassungsrechtlich verankerter Kompetenzzuordnungen und materieller Verbürgungen. Art. 16 Abs. 9 der Griechischen Verfassung betont, das „der Sport unter dem Schutz und der obersten Aufsicht des Staates steht". Weitergehend formuliert die Portugiesische Verfassung, indem sie sowohl ein „Recht auf Gesundheit (...) durch (...) Förderung der körperlichen und sportlichen Betätigung" postuliert (Art. 64 Abs. 2), im Zusammenhang mit dem Schutz von Jugendlichen den Sport hervorhebt (Art. 70 Abs. 1) und schließlich ein „Recht auf Sport" festlegt. Der Staat ist dabei verpflichtet, „in Zusammenarbeit mit den Schulen und den Sportvereinigungen und den Sportgemein-

[478] Dazu ausführlich unter C.

[479] Zur rechtlichen Wirkung des Unionsziels der Sportförderung neben den Staatszielen D.I.1.

[480] Vgl. zur begrenzten Kompetenz der Union im Bereich des Unionsziels der Sportförderung C.I.1.III.

[481] Vgl. zur Konstruktion des Gemeinwohlverbundes die Ausführungen unter A.

schaften die Praktizierung und Verbreitung (...) des Sports zu fördern, anzuregen, auszurichten und zu unterstützen, sowie die Gewalt im Sport zu verhindern" (Art. 79 Abs. 1). Auch die Spanische Verfassung hat den Sport berücksichtigt, wonach „die öffentliche Gewalt den Sport sowie eine geeignete Nutzung der Freizeit fördert" (Art. 43 Abs. 3). Zudem weist sie den Sportverbänden in der Sport- und Freizeitgestaltung autonome Zuständigkeiten zu (Art. 148 Abs. 1). Die Verfassung von Litauen aus dem Jahr 1992, Beitrittsland in die Union 2004, sieht Sport als Staatsziel in Art. 53 Abs. 2 vor. Frankreich, Griechenland, Italien und Spanien haben zudem staatliche Sportförderungsgesetze erlassen.[482] In der griechischen und der portugiesischen Verfassung (Art. 16 Abs. 9 bzw. Art. 79 Abs. 2) sind Sportverbände und Sportvereine als Adressaten staatlicher Subventionen ausdrücklich aufgeführt.

Verfassungsvergleichend ist festzuhalten, dass objektiv-rechtliche Gewährleistungen in den Verfassungsordnungen der Mitgliedstaaten subjektive Rechte im Bereich der Sportförderung überwiegen.[483] Auch in den deutschen Landesverfassungen sind subjektiv-rechtliche Gewährleistungen nur in einem Fall zu finden.[484] Allerdings wird deutlich, dass die Sportförderung als Verfassungsziel in den mitgliedstaatlichen Verfassungsordnungen bereits gewachsene Akzeptanz genießt. Der gemeineuropäische Rechtsbestand am Verfassungsthema der Sportförderung ist aber vergleichsweise klein und wenig akzentuiert. Dieser Zustand hat seine Ursache darin, dass die Sportförderung als Verfassungsthema in den Mitgliedstaaten erst eine Entwicklung der letzten Jahre ist und sich deshalb noch nicht stärker fortentwickelt hat. Verfassungsvergleichend fällt bisher auf, dass die Staatsziele der Mitgliedstaaten die Sportförderung primär in den sozialen Kontext stellen. Insoweit stimmen sie mit der Zielrichtung der Staatsziele der deutschen Bundesländer überein. Als Leitbild für das Unionsziel der Sportförderung erweist sich teilweise die portugiesische Verfassung, in der das Verfassungsthema Sport besonders ausgeprägt festgelegt ist. Darin wird die Sportförderung in konkreten Zusammenhang mit dem Schutz von Jugendlichen und jungen Sportlern gestellt. Diese Schwerpunktsetzung findet sich nun auch im Unionsziel der Sportförderung wieder. Auch dort wird im Rahmen des Unionsziels der Sportförderung eine verfassungsrechtliche Schutzpflicht festgelegt sind und die Jugendlichen dabei als konkrete Schutzobjekte in Bezug genommen. Allerdings begrenzt sich das Unionsziel der Sportförderung dabei auf die Dopingbekämpfung. Insgesamt ist das Unionsziel der Sportförderung daher in seinem Inhalt weniger von den Verfassungstraditionen der Mitgliedstaaten als von der rechtspolitischen Erkenntnis des Verfassungskonvents geprägt, dass das gesellschaftliche Problem des Dopings im Sport die Problemlösungskompetenz der einzelnen Mitgliedstaaten überfordert. Insofern ist das

---

[482] *Nolte*, Sport und Recht, S. 19.

[483] Hierauf wird noch im Zusammenhang mit der Verankerung des Sports als Verfassungsthema im Verfassungsvertrag zurückzukommen sein. Dort wurde der Sport nämlich nicht in den ausführlichen Grundrechtekatalog integriert, sondern lediglich als Uniosziel objektiv rechtlich festgelegt, vgl. dazu D. II. 4.

[484] Nur in der Landesverfassung von Sachsen ist in Art. 11 Abs. 2 ein subjektiver Anspruch festgelegt, am Sport teilzunehmen.

Unionsziel der Sportförderung eher ein Beispiel rechtspolitischer als rechtsvergleichender Verfassungsgebung des Verfassungskonvents.

2. Normatives Regelungsbedürfnis für ein Unionsziel der Sportförderung als Folge der Rechtsprechung des EuGH

Die Verankerung der Sportförderung im Europäischen Verfassungsrecht ist nicht nur Folge der dialektischen Verfassungsentwicklung im gemeineuropäischen Verfassungsraum, sondern sie war insbesondere auch regelungsnotwendig. Dabei ist der Regelungsinhalt des politikspezifischen Unionsziels der Sportförderung im Europäischen Verfassungsvertrag nur aus den spezifischen Spannungslagen des Sports und der Sportverbände im Primärrecht bewertbar. Für die sozialen Eigenarten des Sports und die Rechtsposition der Sportverbände bestand eine Schutzlücke. Im Mittelpunkt steht hierbei insbesondere die Analyse der Rechtsprechung des EuGH. Denn die Sportförderung fand bis zu seiner ausdrücklichen Berücksichtigung durch den Verfassungsvertrag weder im EG-Vertrag noch im EU-Vertrag Erwähnung. Seine verfassungsrechtliche Relevanz und Akzentuierung auf europäischer Ebene war somit in erster Linie Folge der Rechtsprechung des EuGH.

a) EuGH als Motor der Integration

Zur Bedeutung der Rechtsprechung des EuGH bei der Entwicklung des Unionsziels der Sportförderung im Konkreten ist zunächst die Rolle des EuGH bei der Entwicklung des Europäischen Verfassungsrechts im Allgemeinen kurz darzustellen.

Die Union ist als Rechtsgemeinschaft konstituiert und durch das Recht entwickelt sie sich fort.[485] Innerhalb der Unionsorgane hat der EuGH eine entscheidende Rolle im Integrationsprozess zu erfüllen. Er trägt maßgeblich dazu bei, das Rechtssystem der Union auszubauen.[486] Grundsätzlich muss sich der Gerichtshof zwar an den Zielen und Kompetenzbestimmungen der Union orientieren. Dabei hat er aber mit seiner Rechtsprechung die Möglichkeit, die Weiterentwicklung des europäischen Verfassungsrechts voranzutreiben. Bei der Entwicklung von politikspezifischen Unionszielen kommt dem EuGH dementsprechend eine gewichtige Rolle zu. Art. 220 EGV (Art. 29 EVV) ermächtigt EuGH und EuG dabei zur „Wahrung des Rechts". Diese Formulierung fordert, dass das Recht nicht nur insoweit Gegenstand der Rechtsprechung des EuGH sein soll, als es seinen Niederschlag im Vertrag gefunden hat.[487] Denn Art. 220 EGV spricht nicht vom „Vertrag", weswegen der generelle Hinweis auf das „*Recht*" ein Abwenden vom strengen Normenpositivismus darstellt.[488] Dadurch geht die Funktion des EuGH über die reine Anwendung des primären und sekundären Unionsrechts hinaus.[489] Dem EuGH wird der Weg geebnet, als Motor der europäischen Verfas-

---

485 *Pernice*, EuR 1996, 27 (28).

486 *Everling*, EuR 1987, 214 (235).

487 *Everling*, JZ 2000, 217 (220).

488 *Ukrow*, Richterliche Rechtsfortbildung, S. 91; *Sander*, Der EuGH als Förderer und Hüter der Integration, S. 46.

489 *Sander*, Der EuGH als Förderer und Hüter der Integration, S. 28.

sungsentwicklung der Entwicklung von neuen spezifischen Unionszielen Vorschub zu leisten.[490] Dies umfasst sowohl die richterliche Rechtsbildung, als auch die richterliche Rechtsfortbildung.[491] Funktion, Inhalt und Grenzen seiner Rechtsprechung sind deshalb umstritten, insbesondere weil die an der Funktionsfähigkeit der Union orientierte Auslegung oft schwer von der Richterrecht schaffenden Rechtsfortbildung zu differenzieren ist.[492] Sie gehen in der Praxis ineinander über und werden in der öffentlichen Diskussion kaum unterschieden.[493] Das Bedürfnis zur Rechtsfortbildung bei politikspezifischen Unionszielen ist unabweisbar, wenn die Union ihre Entwicklung von der wirtschaftlichen Zweckvereinigung zum politischen Gemeinwesen fortsetzen will.[494] Der EuGH ist dabei aufgerufen "*die Grundlagen für einen immer engeren Zusammenschluss der europäischen Völker zu schaffen*" (Präambel EGV) und den Integrationsprozess fortzusetzen. Es besteht dementsprechend ein Verfassungsauftrag für den EuGH, vorhandene Kompetenzen der Union im Lichte der allgemeinen Unionsziele auszulegen für die Entwicklung neuer politikspezifische Unionsziele zu konkretisieren.[495] Der Gerichtshof ist daher in seinem Selbstverständnis als Förderer des Einigungsprozesses bemüht, durch extensive Auslegung vorhandener Unionskompetenzen Lücken im europäischen Verfassungsrecht zu schließen, die zum Vorläufer entsprechender Verfassungsergänzungen werden.[496] Dadurch finden Politikbereiche zuerst in der Rechtsprechung des EuGH Berücksichtigung und erzeugen ein Regelungsbedürfnis, um dann als politikspezifische Unionsziele als Folge einer Wechselwirkung zwischen Verfassungsgericht und Verfassungsgeber ausdrücklich festgelegt zu werden. Das Unionsziel der Sportförderung ist hierfür ein Beispiel.[497] Es besteht deshalb keine orginäre Verfassungsgebung des Gerichtshofs, sondern sie ist das Ergebnis eines Prozesses, der als eigenständiges Rechtsbildungsverfahren neben die formale Verfassungsgebung tritt.[498] *Walter Hallstein* hat den Gerichtshof in diesem Sinne als „*Integrationsfaktor erster Ordnung*" bezeichnet.[499]

---

[490] *Huber* in Streinz, Art. 220 EGV, Rn. 12.

[491] Schon das BVerfG 72, 223 (243) hatte gefolgert, dass die „Gemeinschaftsverträge im Lichte gemeineuropäischer Rechtsüberlieferung und Rechtskultur zu verstehen sind. Zu meinen, dem Gerichtshof wäre die Methode der Rechtsfortbildung verwehrt, ist angesichts dessen verfehlt."

[492] Vgl. dazu schon *Everling*, JZ 2000, 217 (218).

[493] Zur Rechtsfortbildung des EuGH gehören u.a. die Anerkennung von Grundrechten und rechtsstaatlichen Grundsätzen im Gemeinschaftsrecht, Vorrang und unmittelbarer Durchgriff des Gemeinschaftsrechts, die Gewährleistung der Grundfreiheiten als Beschränkungsverbote sowie der gemeinschaftsrechtliche Schadensersatzanspruch der Bürger bei Vertragsverletzungen der Mitgliedstaaten.

[494] Dazu bereits A.III

[495] *Everling*, JZ 2000, 217 (220).

[496] *Oppermann*, § 29, Rn. 1901.

[497] Dazu b).

[498] *Pernice*, EuR 1996, 27 (29).

[499] *Hallstein*, Die echten Probleme der europäischen Integration, S. 9.

b) Normatives Regelungsbedürfnis und notwendiger Regelungsgehalt für ein Unionsziel der Sportförderung im europäischen Verfassungsrecht

aa) Normatives Regelungsbedürfnis für Verfassungsänderungen im europäischen Verfassungsrecht

Mit der Normierung eines politikspezifischen Unionsziels durch den europäischen Verfassungsgeber gehen mehrere grundsätzliche Aussagen einher.[500] Zunächst bekräftigt der Verfassungskonvent damit, dass die Verfolgung dieses Ziels auf der höheren Ebene des Gemeinwohlverbunds aufgrund seiner rechtstatsächlichen Bedeutung im besonderen öffentlichen Interesse liegt.[501] Zwar sind im arbeitsteiligen Gemeinwohlverbund auch die Mitgliedstaaten zur Wahrnehmnung von öffentlichen Aufgaben berufen.[502] Der europäische Verfassungsgeber hält das öffentliche Interesse an einer bestimmten Zielbestimmung aber für so gewichtig, dass er die Zielerreichung nicht allein von der mitgliedstaatlichen Ebene oder der Initiative Privater im „*multilevel constitutionalism*" abhängig machen möchte, sondern die Union selbst zu dessen Verfolgung verpflichtet.[503] Die Erfüllung der öffentlichen Aufgabe auf unionaler Verfassungsebene folgt dabei insbesondere aus staatlichen Steuerungsdefiziten, die eine kooperative Wahrnehmung auf supranationaler Ebene gebietet.[504] Neu erkannte oder neu entstandene öffentliche Aufgaben allein genügen jedoch für eine unionale Verfassungsergänzung nicht. Eine Verfassungsergänzung setzt vielmehr ein schützenswertes Gut oder ein für die Allgemeinheit schützenswertes Interesse voraus, das ohne verfassungsrechtliche Regelung zum Nachteil des Gemeininteresses im Gemeinwohlverbund ausschlagen würde.[505] Erforderlich ist daher eine normative Regelungslücke im europäischen Verfassungsrecht. Der spezifische Inhalt eines Unionsziels darf also nicht bereits durch andere Verfassungsnormen geschützt sein.[506] Ein Regelungsbedürfnis ist im europäischen Verfassungsrecht somit nicht schon dann gegeben, wenn die politische Zweckmäßigkeit oder die gesellschaftliche Bedeutung der betroffenen Angelegenheit dargetan ist.[507] Die Entscheidung zur Aufnahme eines Unionsziels lässt dabei erkennen, dass der Verfassungsgeber von dem Vorliegen einer regelungsbedürftigen Schutzlücke ausgeht. Verfassungsergänzungen sind nur für solche Regelungen sinnvoll und angemessen, die notwendig, von grundsätzlicher Bedeutung und von normativen Gehalt sind.[508] Schließlich muss eine Ergänzung konzeptionell mit den anderen Teilen

---

[500] Zum nationalen Recht *Nolte*, Staatliche Verantwortung im Bereich Sport, S. 215.

[501] Steiner, VVDStRL 42 (1983), S. 7 (8).

[502] Zur Konzeption des Gemeinwohlverbunds A. IV.b) aa) (b).

[503] Zum nationalen Recht *Nolte*, Staatliche Verantwortung im Bereich Sport, S. 215.

[504] Dazu bereits ausführlich A. IV. 2. b) aa) (2).

[505] Bericht der Sachverständigenkommission Staatszielbestimmungen/Gesetzgebungsaufträge, Bundesminister des Inneren und der Jusitiz, Rn. 28.

[506] Zum nationalen Recht *Nolte*, Staatliche Verantwortung im Bereich Sport, S. 215.

[507] Zur rechtspolitischen Verfassungsgebung bereits B. I. 1. a) dd) (2). Zum deutschen Recht:*Depenheuer*, DVBl. 1987, 809 (810); Steiner, VVDStRL 42 (1983), S. 7 (8).

[508] Bericht der Sachverständigenkommission Staatszielbestimmungen/Gesetzgebungsaufträge, Bundesminister des Inneren und der Jusitiz, Rn. 28.

der Verfassung stimmig sein.[509] Dabei ist der stetig zunehmende Umfang des europäischen Verfassungsrechts zu berücksichtigen, dem es aufgrund seines ausgeprägten Zielkatalogs an Transparenz gegenüber dem Verfassungsadressaten, dem Unionsbürger, mangelt. Insofern muss jede Verfassungsergänzung auf unionaler Ebene berücksichtigen, dass eine uferlose Ausweitung des europäischen Zielkatalogs als Übernormierung einen Verlust an Normativität und Akzeptanz mit sich bringen kann. Dabei besteht die Gefahr, dass die Inhalte der verfassungsspezifischen Einzelaussagen entleert oder zumindest abgeschwächt werden könnten.[510]

bb) *Normatives Regelungsbedürfnis und notwendiger Regelungsgehalt für ein Unionsziel der Sportförderung*

Der Sport hat sich als besonders problemimmanentes Politikfeld im europäischen Verfassungsrecht erwiesen. Ein Spannungsverhältnis zu europarechtlichen Anforderungen ist dabei vor allem Folge der Rechtsprechung des EuGH. Mit dem ersten Urteil zum Bereich des Sports im Fall *Walrave und Koch/Association Union Cycliste International*[511] begründete der EuGH ein *„seither schwieriges Verhältnis"* zwischen dem Unionsrecht und dem Sport.[512] Über die Auslegung der Grundfreiheiten stieß der EuGH in Bereiche vor, die der Union nicht als Kompetenz übertragen wurden. Gleichzeitig entwickelte sich ein Konflikt zwischen der Autonomie des Sports, den sozialen Funktion des Sports und dem europäischen Binnenmarkt. Für die sozialen Eigenarten des Sports[513] und die Autonomie der Sportverbände[514] bestanden Schutzlücken im europäischen Verfassungsrecht. Auch hierauf reagierte der Verfassungsgeber mit der Regelung und dem spezifischen Inhalt des Unionsziels der Sportförderung. Eine inhaltliche Bewertung des politikspezifischen Unionsziels der Sportförderung ist deshalb nur möglich, wenn die bisherigen Konfliktfelder des Sports im Europäischen Verfassungsrecht aufgezeigt werden. Ein Unionsziel der Sportförderung musste in seinem Regelungsgehalt Antworten auf diese Schutzlücken des Sports geben, um seinem Regelungsbedürfnis gerecht zu werden.

cc) *Normatives Regelungsbedürfnis für soziale Eigenarten des Breiten- und Amateursports*

(1) Sport als Teil des Wirtschaftslebens

Die Entscheidung im Fall *Walrave und Koch/Association Union Cycliste International* ist für die Entwicklung des Unionsziels der Sportförderung im Unionsrecht insofern fundamental, als dass grundsätzlich verdeutlicht wurde, dass der Sport nicht „gemein-

---

509 *Stern*, Verfassungsrechtliche und verfassungspolitische Grundfragen zur Aufnahme des Sports in die Verfassung des Landes Nordrhein-Westfalen, S. 269 (275).
510 Allgemein zu dieser Gefahr auch *Nolte*, Sport und Recht, S. 69.
511 EuGH, Rs. 4/74, Slg. 1974, S. 1405 ff. – *Roquette Frere*.
512 *Röthel*, EuZW 2000, 379 (379).
513 Dazu cc).
514 Dazu dd).

schaftsfest" ist. Der Sport kann in den sachlichen Anwendungsbereich des Vertrages fallen, auch wenn der Tätigkeitsbereich des Sports an sich in der Kompetenz der Mitgliedstaaten verblieben ist.[515] Anknüpfungspunkt ist dabei - unter Bezugnahme auf die wiederkehrende Formel des EuGH - Art. 2 EGV im Hinblick auf das Ziel einer *„harmonischen, ausgewogenen und nachhaltigen Entwicklung des Wirtschaftslebens.*" Der Sport unterfällt danach insofern dem Unionsrecht, als er zum „Wirtschaftsleben" gehört. Eigentlich ist der EuGH wohl der Ansicht, dass der Sport eine entgeltliche Tätigkeit im Sinne der Art. 39, 49 EGV darstellen muss. Ansonsten wäre der Anwendungsbereich der Grundfreiheitsgarantien nicht eröffnet. Eines besonderen Hinweises auf Art. 2 EGV bedarf es dann eigentlich nicht mehr.[516] Die Ausübung des Sports und die damit verbundenen Rückwirkungen auf den Bereich des Sports sind folglich keine dem Europarecht vollständig entzogene Materie. Im Berufssport ist das wirtschaftliche Element dabei eindeutig sichtbar und trifft lediglich mit sportlichen Elementen zusammen.[517] Im Umkehrschluss wäre hieraus ableitbar, dass der reine Amateursport nicht vom Anwendungsbereich des europäischen Verfassungsrechts erfasst ist. Schon 1971 hatte die Kommission auf eine schriftliche Anfrage eines Europaparlamentariers erklärt, nur wenn mit einer sportlichen Freizeitaktivität ein Erwerbszweck verbunden ist, sei der Anwendungsbereich des EGV eröffnet. Auf den Amateur- und Freizeitsport könnten die europäischen Normen hingegen nicht angewandt werden.[518]

(2) Bestimmung des Amateursports

Die vorstehende Aussage der Kommission aus dem Jahre 1971 ist in ihrer Grundsätzlichkeit jedoch nicht haltbar, weil der Berufssport zunächst vom „echten" Amateur- und Freizeitsport abzugrenzen ist. Hierbei ergeben sich zunehmend Schwierigkeiten. Eine einseitig vorgenommene Klassifizierung eines Sportverbands über den jeweiligen Status seiner Mitglieder schließt dabei nicht aus, dass die Tätigkeit dieser Sportler trotzdem zum Wirtschaftsleben im Sinne des Art. 2 EGV gehört.[519] Insofern kann sich der Sportverband auch nicht auf seine gemeinschaftsrechtlich geschützte Verbandsautonomie berufen. Dementsprechend hat auch der EuGH in seinem Urteil im Fall *Deliege*, in der ein belgischer Judoka um eine Teilnahme an internationalen Wettkämpfen gegen den nationalen und internationalen Verband klagte, eine Abgrenzung von Amateur- gengenüber Berufssportlern nach objektiven Kriterien vorgenommen. Ansonsten läge es im Einflussbereich der Sportverbände, die Anwendung der Freizügigkeitsregeln auf ihre Mitglieder durch eine Einordnung als Amateure missbräulich zu verhindern. Zudem musste der Gerichtshof berücksichtigten, dass neuere Entwicklungen im Sport dazu geführt haben, dass auch Sportler, die sich formal im Amateurstatus befin-

---

[515] *Streinz* in Streinz, Art. 2 EGV, Rn. 14.
[516] *Röthel*, Anmerkungen zu EuGH: Freizügigkeit von Basketballspielern, EuZW 2000, 379 (379).
[517] *Hilf*, Die Freizügigkeit des Berufsfußballspielers innerhalb der Europäischen Gemeinschaft, NJW 1984, 517 (520).
[518] Schriftliche Anfrage 379/70, zitiert nach *Klose*, Die Rolle des Sports bei der Europäischen Einigung, S. 83.
[519] EuGH, Rs. C-191/97, Slg. 2000, S. 2549, Rn. 46 – *Deliege*.

den, nicht unerhebliche Einkünfte erzielen können (beispielsweise Vertragsamateure). Sportler können neben direkten Einkünften durch finanzielle Zuwendungen in Form von Sponsoringverträgen und anderen Fördermaßnahmen erhebliche Nebeneinnahmen erzielen, die in indirektem Zusammenhang mit ihren sportlichen Ergebnissen stehen, so dass sie *„Leistungen mit wirtschaftlichem Charakter"* erbringen.[520] Da der Begriff des *„Wirtschaftslebens"* und die Tatbestandsvoraussetzungen der Freizügigkeitsregeln - insbesondere die „Entgeltlichkeit der Tätigkeit" - den Anwendungsbereich der Grundfreiheiten des EG-Vertrags eröffnen, dürfen sie nicht einschränkend ausgelegt werden.[521] Um die Einheitlichkeit des Unionsrechts zu sichern, sind die Begriffe im Unionsrecht autonom zu definieren.[522] Der EuGH präzisierte den Begriff der Entgeltlichkeit weiter *„als Vorteile in irgendeiner finanziellen Form"* für die Tätigkeit des Sportlers. Ob eine sportliche Tätigkeit in den Anwendungsbereich des Vertrages fällt, ist deshalb – unabhängig von der formalen Einordnung als Amateur oder Berufssport – von den Umständen des jeweiligen Einzelfalles abhängig. Gleichzeitig wird damit die Möglichkeit eröffnet, den Anwendungsbereich des europäischen Rechts auf weite Teile des Amateursports zu vergrößern. Denn *„Leistungen mit wirtschaftlichem Charakter"* für sportliche Betätigungen liegen nach der Rechtsprechung des EuGH schon dann vor, wenn es sich um *„tatsächliche und echte Tätigkeiten handelt, die keinen so geringen Umfang haben, dass sie sich als völlig untergeordnet und unwesentlich darstellen"*.[523] Auch sportliche Freizeitmannschaften genießen regelmäßig finanzielle Vorteile im weiteren Sinne (Trikots, Transport etc.). Zuwendungen von Sportverbänden als Prämien oder Aufwandsentschädigungen können somit den Status eines Sportlers und damit den Anwendungsbereich des Europarechts bestimmen. Hierdurch wird die Reichweite verdeutlicht, die die Grundfreiheiten auf den Amateur und Freizeitsport potentiell haben. Zwar wird im Schrifttum entgegen der weiten Rechtsprechung des Gerichtshofes teilweise vertreten, *„Leistungen mit wirtschaftlichen Charakter"* lägen nicht vor, wenn lediglich Entschädigungen für nachgewiesene Aufwendungen ersetzt würden.[524] Diese Ansicht verkennt allerdings den vom EuGH bewusst gewählten weiten Ansatz, der jedweden finanziellen Vorteil berücksichtigt.[525] Daher kam der EuGH im Fall *Deliege* zu dem Ergebnis, dass eine formale Unterscheidung und klare Abgrenzung zwischen Amateuren und Berufssportlern nicht mehr möglich ist. Hierauf verweisen auch die Olympischen Regeln, in denen die Amateureigenschaft als Teilnahmebedingung vollständig gestrichen und durch eine pauschalierte Zulassungsregel (Regel 26 der Olympic Charter) ersetzt wurde.[526]

---

520 EuGH, Rs. C-191/97, Slg. 2000, S. 2549, Rn. 51 – *Deliege*.
521 EuGH, Rs. C-24/123, Slg. 1982, S. 1035, Rn. 13 – *Levin*.
522 *Streinz*, Die Rechtsprechung des EuGH nach dem Bosman-Urteil, S. 27 (37), in Tettinger, Sport im Schnittfeld von europäischem Gemeinschaftsrecht und nationalem Recht , Bosman – Bilanz und Perspektiven.
523 EuGH, Rs. C-24/123, Slg. 1982, S. 1035, Rn. 13 – *Levin*.
524 *Streinz*, Die Rechtsprechung des EuGH nach dem Bosman-Urteil, S. 27 (38), in Tettinger, Sport im Schnittfeld von europäischem Gemeinschaftsrecht und nationalem Recht , Bosman – Bilanz und Perspektiven.
525 In diese Richtung wohl auch *Röthel*, EuZW 2000, 379 (379).
526 *Röthel*, EuZW 2000, 379 (379).

(3) Ausdehnung auf den Amateursport

Inwieweit reine sportliche Freizeitaktivitäten in den Anwendungsbereich des europäischen Verfassungsrechts fallen können, bleibt somit offen. Der Amateursport kann dem europäischen Recht insbesondere dann unterfallen, wenn er im weitesten Sinne als flankierender Faktor bei der Wahrnehmung der Grundfreiheiten dient. So bemerkte die Kommission in einer Antwort auf die Frage eines Europaparlamentariers, dass *„Benachteiligungen von Amateuren aus Gründen der Staatsangehörigkeit durchaus die Freizügigkeit und die freie Wohnortwahl in einem anderen Mitgliedstaat einschränken"* könnten.[527] Auch *Hilf* warf die Frage auf, ob *„nicht gerade dem Amateursport (...) existenzielle Bedeutung für die Integration der ausländischen Arbeitnehmer"* im Sinne einer effektiven Binnenmarktausrichtung zukomme.[528] Hieraus würde sich ein weites Anwendungsfeld für die Grundfreiheiten im Zusammenhang mit der Ausübung sportlicher Freizeitaktivitäten ergeben (Nutzung von Sportanlagen, Spielberechtigung auf jeder Amateurebene etc.). Auch wenn man im Umkehrschluss aus der bisherigen Rechtsprechung des EuGH folgern kann, dass absolut unentgeltliche sportspezifische Tätigkeiten nicht vom Europarecht erfasst werden, tendierten die beiden Generalanwälte in den Fällen *Walrave* und *Dona* nicht zu einer solchen grundsätzlichen Präjudizierung.[529] Als konkrete Anknüpfungspunkte kommen insofern sekundärrechtliche Durchführungsakte zur Ausgestaltung der Grundfreiheitsgarantien in Betracht.[530] Dementsprechend können *„sonstige Arbeitsbedingungen"* oder *„soziale Vergünstigungen"* im Sinne des Art. 39 Abs. 2 EGV, die beispielsweise auch Gleichbehandlungsrechte für die Kinder der Arbeitnehmer in einem Mitgliedstaat begründen, bis in sportliche Freizeitaktivitäten hineinreichen.[531] Daher erscheint es möglich, dass die VO Nr. 1612/68 des Rats über die Freizügigkeit der Arbeitnehmer auf den echten Amateursport Anwendung finden kann, auch wenn dieser ohne jeglichen Erwerbszweck ausgeübt wird.[532] Der EuGH musste die Reichweite des Unionsrechts im Hinblick auf sportliche Freizeitaktivitäten bisher jedoch noch nicht entscheiden, da die vorgelegten Fallfragen sich jeweils ausschließlich auf den Berufssport beschränkten. In der Regel wird dies jedoch eine Frage der Prüfung des Einzelfalls sein. In einer neueren Entscheidung traf der EuGH fast beiläufig weitere Aussagen, die auf eine sehr weite Anwendung der Grundfreiheiten im Freizeitsportbereich hindeuten. Im *Deliege*-Urteil verwies der EuGH im sportspezifischen Kontext zur Reichweite des „Wirtschaftslebens" darauf, dass dieses auch dann eröffnet sei, wenn einzelne Dienstleistungen nicht von denen bezahlt werden, denen sie zu Gute kommen.[533] So biete beispielsweise der Veranstalter eines Wettkampfs dem Sportler die [kostenlose] Gelegenheit, seine sportliche Tätigkeit auszuüben und sich dabei mit anderen Wettkämpfern zu

---

[527] Antwort auf die Anfrage des Abgeordneten des Galle, Amtsblatt 1991, Nr. C 63, S.43.

[528] *Hilf*, NJW 1984, 517 (518).

[529] Vgl. insbesondere den Schlussantrag des Generalanwalts Trabucchi im Fall Dona: Slg. 1976, S. 1343 (1347).

[530] Vgl. dazu *Klose*, Die Rolle des Sports bei der Europäischen Einigung, S. 82.

[531] Auf diese Möglichkeit verweist mit weiteren Ausführungen *Streinz*, SpuRt 1998, 1 (6).

[532] Aktualisierte Fassung in Satorius II., Internationale Verträge, Europarecht, Loseblatt Nr. 180.

[533] EuGH, Rs. C-191/97, Slg. 2000, S. 2549, Rn. 46 – *Deliege*.

messen, während gleichzeitig die Sportler durch ihre Teilnahme am Wettkampf es dem Veranstalter ermöglichten, ein Sportereignis zu veranstalten, an dem das Publikum teilnehmen könne, das Fernsehsender übertragen könnten und das für Werbetreibende und Sponsoren von Interesse sein könnte.[534] Hierdurch wird deutlicht, dass bereits ein mittelbarer wirtschaftlicher Bezug bei sportlichen Freizeitveranstaltungen ausreichen kann, um den Anwendungsbereich der Grundfreiheiten zu eröffnen. Mithin wäre beispielsweise jeder Volkslauf von einer europarechtlichen Dimension betroffen, sofern er auf ein nicht unerhebliches Medien- oder Sponsoreninteresse stößt.[535]

Der Sport sieht sich somit verstärkt der rechtlichen Einflussnahme durch die Grundfreiheiten ausgesetzt. Dabei drohen die Grundfreiheiten im gesamten Bereich des Sports unreflektiert weit ausgelegt zu werden. Der EuGH selbst erkannte ein gewisses Spannungsverhältnis zu sportspezifischen Eigenarten, indem er in seiner neueren Entscheidungen immer wieder die „*beträchtlichen sozialen Funktionen*“ des Sports hervorhob.[536] „*Die Besonderheiten des Amateursports besonders zu berücksichtigen*“ stehe mit der bisherigen Rechtsprechung des EuGH insofern im Einklang, als sich dieser bisher auf „*Situationen bezog, in denen die Ausübung eines Sports zum Wirtschaftsleben*“ gehörte.[537] Davon unabhängig verwies der EuGH in seinen neueren Sporturteilen stets ausdrücklich auf die „*Erklärung zum Sport*“ im Anhang des Amsterdamer Vertrages, der die soziale Dimension des Sports herausstellt.[538]

(4) Sportspezifische Regelungen

Nicht in den Anwendungsbereich des Vertrags fallen sportspezifische Regelungen. Sportspezifisch sind nach der Rechtsprechung des EuGH nicht-wirtschaftliche und ausschließlich sportbezogene Regelungen.[539] Die Grundfreiheiten stehen demnach „einer Regelung oder Praxis nicht entgegen, welche ausländische Spieler von der Mitwirkung bei bestimmten Begegnungen aus nicht wirtschaftlichen Gründen ausschließt, die

---

534 EuGH, Rs. C-191/97, Slg. 2000, S. 2549, Rn. 46 – *Deliege.*

535 Angesichts dieser Spannungslagen für den Sport im europäischen Verfassungsrecht wird auch immer wieder eine Bereichsausnahme für den Sport gefordert. Aus allgemeinen Gründen ist jedoch nicht ersichtlich, wieso gerade der Berufssport aus dem Anwendungsbereich des europäischen Primärrechts und damit den Freizügigkeitsvorschriften des Binnenmarktes ausgenommen sein soll. Auch kulturelle oder soziale Tätigkeiten fallen in europäisches Regelungsgebiet. Wieso der (Berufs)Sport mehr Eigenheiten als eine erzieherische oder kulturelle Betätigung haben soll, ist nicht ersichtlich. Für den Amateursport mag man demgegenüber zu anderen Ergebnissen kommen, da hier individuelle Freiheitsentfaltung in ihrer sozialen Funktion, Identitätsstiftung und kulturell-gesellschaftlichen Aspekten im Vergleich zum kaum greifbaren Binnenmarktbezug von überwiegender Bedeutung sind.

536 Vgl. EuGH, Rs. C-415/93, Slg. 1995, 4921, Rn. 106 – *Bosman*; sowie EuGH, Rs. C-176/96, EuZW 2000, 375 (377) - *Lethonen.*

537 Unter Verweis auf die Erklärung Nr. 29 zum Sport im Anhang der Schlussakte zum Amsterdamer Vertrag (Dazu noch ausführlich unter . B.). Vgl. EuGH, Rs. C-176/96, 375 (377), Rn. 33 - *Lethonen.*

538 Zur Amsterdamer Erklärung ausführlich C. 3. a).

539 EuGH, Rs. C-176/96, EuZW 2000, 375 (377) - *Lethonen.*

mit dem besonderen Charakter und Rahmen dieser Begegnungen zusammenhängen und deshalb ausschließlich den Sport als solchen betreffen, wie dies z.B. bei der Begegnung zwischen Nationalmannschaften verschiedener Länder der Fall" sei.[540] Bei der Bildung dieser Mannschaften gehe es „ausschließlich um sportliche Interessen, die als solches nichts mit der wirtschaftlichen Betätigung" zu tun hätten.[541] Aus diesen „sporttechnischen Erwägungen" sei ein Rückgriff nur auf inländische Spieler objektiv notwendig. Nach der Rechtsprechung des Gerichtshofes dürfen sportspezifischen (Verbands-) Regelungen „jedoch nicht weiter gehen, als ihr [nichtwirtschaftlicher] Zweck es erfordert". Hieraus lässt sich die Notwendigkeit einer restriktiven Auslegung „sportspezifischer Gründe" ableiten. Diese ist deswegen geboten, da Regelungen aus „sportspezifischen Gründen" von vorneherein als grundfreiheitskonform einzustufen sind, ohne sich an einer nachgeordneten Rechtfertigungsprüfung messen lassen zu müssen. Insoweit könnte man eine dogmatische Parallele zwischen sportspezifischen Regelungen und „Verkaufsmodalitäten" im Sinne der Keck-Rechtsprechung zur Warenverkehrfreiheit ziehen. „Verkaufsmodalitäten" sind unterschiedslose (nicht diskriminierende) Regelungen, die nur dann einen Eingriff in die Warenverkehrsfreiheit darstellen, wenn sie den Marktzutritt erheblich beeinträchtigen.[542] Damit wird die Regelungsautonomie der Mitgliedstaaten für Regelungen gewährleistet, die nicht auf eine Beinträchtigung des zwischenstaatlichen Handels gerichtet sind. Sportspezifische Regelungen der Sportverbände würden analog dieser Rechtssprechung nur dann die Grundfreiheiten verletzen, wenn sie den Marktzugang erheblich beeinträchtigen.[543] Fraglich ist allerdings, wann überhaupt von „ausschließlich" sportspezifischen Regelungen ausgegangen werden kann, d.h. wie diese zu definieren sind. Sportspezifische Regelungen dürften in ihrer „sportechnischen" Ausschließlichkeit – und nichtwirtschaftlichen Dimension - wohl in den wenigsten Fällen vorliegen. Anhaltspunkte für weitere sportspezifische Regelungen liefert ein EuGH-Urteil. Im Fall *Lethonen* verwies der EuGH darauf, dass die Festsetzung von Fristen für Spielertransfers „tatsächlich dem Zweck dienen, den geordneten Ablauf sportlicher Wettkämpfe sicherzustellen."[544] Daher ordnete er sie grundsätzlich als sportspezifische Regelungen ein. Aus dieser Formulierung lässt sich ein ungefährer Maßstab für weitere sportspezifische Regelungen ableiten. Sie müssen demnach dem Zweck dienen, den geordneten Ablauf

---

[540] EuGH, Slg. 1976, 1341 (1342) – *Dona.*

[541] EuGH, Slg. 1976, 1341 (1342) – *Dona.*

[542] Streinz, Das Verbot des Apothekenversandhandels – Eine Verkaufsmodalität im Sinne der Keck-Rechtssprechung, EuZW 2003, S.37 ff; *Möschel*, Kehrtwende des EuGH in der Rechtssprechung zur Warenverkehrsfreiheit, NJW 1994, S. 429 ff. Wenn der EuGH im Fall Deliege zunächst herausstellt, dass die streitigen Verbandsauswahlregelungen weder eine Diskriminierung noch ein Zugangshindernis bedeuten, so klingt der darin mit dem Keck-Urteil ursprünglich für die Warenverkehrsfreiheit entwickelte Ansatz an, EuGH, Rs. C-191/97, Slg. 2000, S. 2549, Rn. 46 – *Deliege*.

[543] Erforderlich ist somit eine Art de-minimis Test. Zum Kriterium der erheblichen Beinträchtigung („substantially hindering") der Freizügigkeit, EuGH, Rs. C-19 / 92, Slg. 1993, 1663 – Kraus; Rs. C-60/00, Slg. 2002, I-6279 – Carpenter. Zu dem hier zugrundeliegenden Gedanken auch *Röthel*, Anmerkungen zu EuGH: Freizügigkeit von Basketballspielern, EuZW 2000, S. 379 (379); sowie ansatzweise *Franzen* in Streinz, Art. 39 EGV, Rn. 93.

[544] EuGH, Rs. C-176/96, EuZW 2000, 375 (377) - *Lethonen.*

sportlicher Wettkämpfe sicherzustellen. Hinzukommend müssen sie objektive Gründe darstellen, die nur den Sport als solchen betreffen. Im Fall *Lethonen* gingen die verbandlichen Regelungen über den Maßstab des EuGH hinaus, da sie mehr regelten, als zur Erreichung des sportspezifischen (nichtwirtschaftlichen) Zwecks notwendig war, so dass die Rechtfertigungsebene eröffnet wurde.[545] Im Fall *Deliege* ließ der EuGH im Ergebnis offen, ob er die Auswahlregeln des nationalen Judoverbandes zur Teilnahme an internationalen Meisterschaften schon nicht als Eingriff in die Dienstleistungsfreiheit ansieht, da er in der relevanten Urteilspassage Verhältnismäßigkeitserwägungen nachschiebt.[546] Zwar können im Ergebnis daher keine endgültigen Schlussfolgerungen zu einer gesonderten Dogmatik des EuGH für unterschiedslose, sportverbandliche Ausübungsregeln, die der Keck-Rechtsprechung gleichkommen, getroffen werden. Aber die Formulierung des EuGH in *Deliege* deutet in diese Richtung, indem dieser darlegt, dass „derartige Regeln daher für sich genommen nicht (...) als verbotene Beschränkungen" der Freizügigkeitsgarantien „angesehen werden".[547] Somit kann vermutet werden, dass sportliche Verbandsregeln, die lediglich die sportspezifisch-organisatorischen Modalitäten des Sports betreffen und dabei weder nach der Staatsangehörigkeit differenzieren, noch in irgendeiner Form den Zugang zur Sportausübung behindern, ohne Binnenmarktbezug sind und deshalb den Grundfreiheiten nicht unterfallen.[548] Sie müssen sich mangels Eingriffsqualität nicht an den Grundfreiheiten messen lassen. In diesem Sinne stellen unterschiedslose Dopingregelungen internationaler oder nationaler Sportverbände und daraus resultierende Sanktionen keinen Eingriff in die Grundfreiheiten dar. Denn gerade Dopingkontrollen gewährleisten den geordneten Ablauf sportlicher Wettkämpfe im Sinne des EuGH. Gleiches muss für Qualifikationskriterien internationale Sportverbände für internationale Meisterschaften gelten. Dementsprechend entschied der EuG erster Instanz kürzlich, dass das unterschiedslose Anti-Doping Regelwerk des IOC nicht von den Grundfreiheiten erfasst werde.[549]

(5) Schlussfolgerungen für die Regelungsnotwendigkeit und den Regelungsgehalt eines Unionsziels der Sportförderung

Als *„Privatsache von staatserheblicher Bedeutung"* soll sich sich der Staat einerseits dem Sport annehmen, andererseits aber ohne sich seiner zu bemächtigen.[550] Gleiches muss sinngemäß auch für die Union gegenüber dem Sport im europäischen Verfassungsrecht gelten. In diesem Sinne bedarf der Sport grundsätzlich nicht der Reglementierung, sondern der Förderung.[551] Als Erwerbstätigkeit ergeben sich zwar für den Bereich des Sports keine Besonderheiten zu anderen wirtschaftlichen Tätigkeiten - der

---

[545] EuGH, Rs. C-176/96, EuZW 2000, 375 (377) - *Lethonen.*
[546] EuGH, Rs. C-191/97, Slg. 2000, S. 2549, Rn. 46 - *Deliege.*
[547] EuGH, Rs. C-176/96, EuZW 2000, 375 (377) - *Lethonen.*
[548] Siehe auch nun Weißbuch Sport der Kommission, KOM(2007) 391, S. 15. Dort wird als weiteres Kriterium noch die Verhältnismäßigkeit der sportspezifischen Regelung genannt.
[549] EuG, Rs. C-519/04P, Slg. 2006, S. 6991 – *Meca-Medina.*
[550] *Kirchhof,* Sport und Umwelt, S. 41.
[551] *Scholz/Aulehner,* SpuRt 1996, 44 (44).

EuGH musste im Zuge seiner Rechtsprechung zu den Grundfreiheiten irgendwann zwangsläufig auf diesen Bereich des Erwerbslebens treffen. Aber auch der EuGH hat ein vorhandenes Spannungsverhältnis der konsequenten Binnenmarktorientierung zur sozialen Bedeutung und gesellschaftlichen Funktion des Sports erkannt. Es gibt offensichtliche Unterschiede sportbezogener wirtschaftlicher Betätigung gegenüber klassischen Wirtschaftsbereichen. Gleichzeitig deutet der EuGH damit an, dass differenzierte verfassungsrechtliche Lösungsansätze gefordert sind. Insbesondere die Öffnung des Amateur- und Freizeitsports für das Europarecht durch die Rechtsprechung des EuGH kann für die Fortentwicklung des europäischen Verfassungsrechts nicht ohne Folgen bleiben. Denn hier ist der Sport nicht primär in seinem wirtschaftlichen Kontext, sondern nahezu ausschließlich in seiner sozialen und erzieherischen Funktion, seiner gesundheitlichen Vorsorge und seiner kulturellen und integrationsstiftenden Wirkung betroffen. Individuelle Freiheitsentfaltung steht dabei im Vergleich zum kaum greifbaren Binnenmarktbezug im Vordergrund. Insbesondere aufgrund dieser sozialen Eigenarten bedarf der Sport des Schutzes und der Förderung im europäischen Verfassungsrecht. Das ohnehin schon bestehende Spannungsverhältnis zwischen den sozialen Funktionen des Sports und den Anforderungen an die Liberalisierung des Binnenmarkts eröffnet die verfassungsrechtliche Regelungsnotwendigkeit, den Sport primärrechtlich „*besonders zu berücksichtigen*".[552]. Insofern bestand bisher eine normative Schutzlücke, die die Festlegung eines Unionsziel der Sportförderung als Leitprinzip der unionalen Rechtsordnung teilweise schließen könnte.[553]

dd) *Normatives Regelungsbedürfnis für die Autonomie der Sportverbände im Verhältnis zu Grundfreiheiten und europäischem Wettbewerbsrecht*

Nicht nur die Ausweitung der Grundfreiheiten auf den Amateur– und Freizeitsport, sondern auch die schwache Rechtsposition der Sportverbände in der Rechtsprechung des EuGH begründet ein qualifiziertes Regelungsbedürfnis für ein Unionsziel der Sportförderung im europäischen Verfassungsrecht. Im Gegensatz zur grundrechtlich geschützten, autonomem Stellung der Sportorganisationen im Grundgesetz (Art. 9 Abs. 1 GG) ist ihre Rechtsposition im Europäischen Verfassungsrecht noch weitgehend ungeklärt. In der auf wirtschaftsorientierte Freizügigkeits- und Wettbewerbspostulate ausgerichteten Union musste sich das Sportverbandsrecht regelmäßig an den Anforderungen der Binnenmarktausrichtung ergeben. Im Mittelpunkt steht hierbei die Anwendung der Grundfreiheiten auf Sportverbände. Als wesentliches Problem in der Sportrechtsprechung des EuGH stellt sich insbesondere die Frage, welche Rechtfertigungsgründe den Sportverbänden zur Verfügung stehen, um Verbandsregeln gegenüber dem Geltungsanspruch der Grundfreiheiten zu verteidigen und wie hierbei der Verbandsautonomie angemessen Rechnung getragen werden kann. Der Inhalt des poli-

---

[552] EuGH im Fall Lethonen unter Verweis auf die Erklärung Nr. 29 zum Sport im Anhang der Schlussakte zum Amsterdamer Vertrag (Dazu noch ausführlich unter B. I. 3.), Rs. C-176/96, EuZW 2000, 375 (377), Rn. 33 - *Lethonen.*

[553] Hierzu D.

tikspezifischen Unionsziels der Sportförderung könnte auf diese Schutzlücke Antworten geben und ist nur unter Berücksichtigung dieser Konfliktlage bewertbar. Dies erfordert eine genaue Analsyse der bisherigen Rechtsprechung des EuGH zur Drittwirkung der Grundfreiheiten und zur wettbewerbsrechtlichen Beurteilung von sportverbandlichen Regelungen.

(1) Anwendung der Grundfreiheiten auf Sportverbände

Durch die Eröffnung des Anwendungsbereiches des europäischen Verfassungsrechts werden die Grundfreiheiten, insbesondere die Personenverkehrsfreiheiten, auch für den Sport bzw. die Regelungsgewalt der Sportverbände relevant. Das Regelwerk von Sportverbänden enthält zugleich freiheitseröffnende, freiheitsordnende und freiheitsbeschränkende Regulative, indem es dem Sportler überhaupt erst die Möglichkeit zur Wettbewerbsteilnahme und damit zur Berufsausübung bietet, zugleich aber auch die Modalitäten dieser Teilnahme einschließlich verbandsrechtlich ausgeformter Kontrollinstrumentarien festlegt.[554] Fälle aus dem Bereich des Sports veranlassten den EuGH, seine Rechtsprechung zur Drittwirkung der Grundfreiheiten zu entwickeln.[555] Die Freizügigkeitsgarantien gelten danach nicht nur für behördliche Maßnahmen, sondern erstrecken sich auch auf Vorschriften anderer Art, die zur kollektiven Regelung unselbstständiger Arbeit und der Erbringung von Dienstleistungen dienen.[556] Nach dem *Bosman*-Urteil wurde klar, dass dies nicht nur für Diskriminierungs-, sondern auch für privatrechtliche Beschränkungsverbote gilt. Die Beseitigung der Hindernisse für die Freizügigkeit zwischen den Mitgliedstaaten wäre gefährdet, wenn die Abschaffung der Schranken staatlichen Ursprungs durch Hindernisse ersetzt werden könnte, die nicht dem öffentlichen Recht unterliegende Vereinigungen zur kollektiven Interessenwahrnehmung im Rahmen ihrer Autonomie festlegen.[557] Die Drittwirkung ist erforderlich, um zu verhindern, dass Private die praktische Wirksamkeit des Unionsrechts in Ausnutzung ihrer Vertragsfreiheit dadurch umgehen, dass sie sich solcher Regelungen bedienen, die den Mitgliedstaaten untersagt sind. Nur durch eine Drittwirkung kann die einheitliche Anwendung des Unionsrechts gewährleistet werden. Eine unmittelbare Drittwirkung der Grundfreiheiten setzt Regelungen von Institutionen voraus, denen

---

[554] *Tettinger*, JZ 2000, 1069 (1075); *Tettinger*, S. 525 (544), in FS Heymanns.

[555] Vgl. EuGH, Slg. 1974, 1405 (1419), Rn. 16 – *Walrave und Koch*; EuGH, Slg. 1976, 1341 (1342) – *Dona*; EuGH, Rs. C-415/93, Slg. 1995, 4921 (4937), Rn. 82 und 83 – *Bosman*.

[556] Zu einer anderen Ansicht gelangt man, wenn man auf Art. 86 II EGV verweist, der die Vorschriften des Vertrages ausdrücklich auf private Unternehmen, die mit Dienstleistungen von allgemeinem wirtschaftlichen Interesse betraut sind oder den Charakter eines Finanzmonopols haben, anwendbar erklärt. Daraus lässt sich im Umkehrschluss folgern, dass außer in diesen Fällen eine Erstreckung der Vorschriften des EG-Vertrags einschließlich der Grundfreiheiten auf privatautonomes Handeln gerade nicht beabsichtigt ist. Das mache auch Sinn, da die von Art. 86 II EG erfassten privaten Unternehmen kraft eines Hoheitsakts der öffentlichen Gewalt mit einer besonderen Aufgabe betraut worden und von daher staatsnah sind. In diesem Sinn spricht der Grundsatz aus vertragssystemmatischer Sicht gegen eine Anwendbarkeit der Grundfreiheiten auf privatautonomes Verhalten; vgl. *Roth* in Dauses, Kap. E. I., Rdnr. 17.

[557] EuGH, Slg. 1974, 1405, Rn. 16 – *Walrave und Koch*.

quasi-staatliche Gewaltbefugnisse (sog. „intermediäre Gewalten") zukommen.[558] Danach ist eine kollektive Rechtsetzung erforderlich, die normähnlichen Charakter hat und der der Einzelne nicht ausweichen kann.[559] Demnach unterfallen sportverbandliche Satzungsregelungen als Kollektivregelungen dem Anwendungsbereich der Grundfreiheiten. Dies gilt für den Zugang zur Beschäftigung, die Entlohnung oder sonstige Arbeitsbedingungen.[560] Teilweise wird in der neueren Literatur danach differenziert, ob der einzelne Sportler der Satzungsgewalt des Sportverbandes unentrinnbar ausgeliefert ist, so dass von einer *„rechtlichen Zwangsläufigkeit"* der Anwendung der Grundfreiheiten auszugehen ist, oder lediglich *„faktische Zwangsläufigkeit"* im Verhältnis Sportler-Verband vorliegt.[561] Nach dieser Ansicht müsste eine unmittelbare Drittwirkung der Grundfreiheiten im Verhältnis des Sportlers zu seinem Verband abgelehnt werden, wenn dieser für die Ausübung des Berufs des Sportlers keine zwingende Voraussetzung darstellt.[562] In der Regel ist jedoch die Teilnahme am nationalen und internationalen Sportbetrieb an die Mitgliedschaft in Verbänden gebunden.[563] Neuerdings hat der EuGH seine Rechtsprechung weiterentwickelt, indem er nun eine Drittwirkung auch für Bereiche annimmt, in denen kein Ungleichgewicht von (Sport-)Verbandsmacht auf der einen und dem Einzelnen auf der anderen Seite festzustellen ist.[564] Dieser Umstand verdeutlicht die anhaltende, expansive Sichtweise des EuGH im Hinblick auf die Drittwirkung der Grundfreiheiten. Aus der Drittwirkung der Grundfreiheiten entsteht ein Spannungsverhältnis zur Regelungsautonomie der Sportverbände.[565]

(2) Autonomie der Sportverbände

Seitdem der EuGH judiziert, dass auch Sportverbände an die Grundfreiheiten gebunden sind, stellt sich für die Sportverbände die Frage, welcher Spielraum für ihre Regelungsgewalt verbleibt. Die Problematik drittwirkender Grundfreiheiten ist eng verbunden mit dem Konflikt zur unionsrechtlich geschützten Verbandsautonomie.[566] Alle bisherigen Urteile des EuGH lassen weitgehend offen, inwieweit Sportverbandsregeln

---

[558] So etwa *Jarass*, in FS Everling, S. 593 (594); *Müller-Graff*, in *Groeben/Thiesing/Ehlermann*, Art. 30 EGV Rn. 305 und 307; *Roth* in FS Everling, S. 1231 (1247).

[559] *Vieweg*, Normsetzung und –anwendung dt. und internationaler Verbände, S. 1 ff; *Roth*, in FS Everling, S. 1231 (1247).

[560] Im Ergebnis mittlerweile wohl unstreitig; EuGH, Slg. 1974, 1404 – *Walrave*; Slg. 1976, 1333 – *Dona*; Rs. C-415/93, Slg. 1995, 4921, Rn. 82 und 83 – *Bosman*. Vgl. auch *Streinz*, JUS 2005, 737 (737).

[561] *Streinz/Leible*, EuZW 2000, 468 (469) - *Anagonese*.

[562] Dann besteht eine mittelbare Drittwirkung der Grundfreiheiten, die eine Schutzpflicht des Staates auslösen soll, näher dazu *Streinz/Leible*, Die unmittelbare Drittwirkung der Grundfreiheiten - Überlegungen aus Anlass von EuGH, EuZW 2000, 468 (469) – *Angonese*; *Reichold*, ZeuP 1998, 434 (449); *Burgi*, EWS 1999, 327 (328).

[563] *Steiner*, NJW 1991, 2729 (2730).

[564] Vgl. dazu ausführlich EuGH, Slg. 2000, 4139 – *Angonese*.

[565] Dazu sogleich unter cc).

[566] *Streinz*, JUS 2000, 1015 (1016).

gerechtfertigt werden können. Gemeinschaftsgrundrechtliche Gewährleistungen der Sportverbände finden in EuGH-Urteilen bisher kaum Erwähnung. Zwar rechtfertigt das strukturelle Ungleichgewicht von Sportverbandsmacht und Sportler Beschränkungen der Verbandsautonomie. Jedoch entfällt damit nicht die grundsätzliche Notwendigkeit, die Verbandsautonomie im Rahmen einer sorgfältigen Abwägung zu beachten.[567] Hierbei muss auch die besondere soziale Funktion der Sportverbände berücksichtigt werden. Für die Rechtsposition der Sportverbände im europäischen Verfassungsrecht besteht somit eine normative Schutzlücke. Diese wird im Vergleich mit ihrer Rechtsposition im Grundgesetz besonders deutlich. Daraus ergibt sich die Notwendigkeit, im Rahmen eines Unionsziel der Sportförderung ausdrücklich auf die Autonomie der Sportverbände hinzuweisen.

(a) Im deutschen Verfassungsrecht

Im deutschen Verfassungsrecht basiert die (Verbands-)Autonomie der Sportverbände auf Art. 9 Abs. 1 GG. Darin findet auch ihre spezifische gesellschaftliche und soziale Funktion ihre verfassungsrechtliche Abstützung. Die weitgehende Regelungsautonomie ist das Ergebnis der Normsetzungskompetenz privatautonomer Personenvereinigungen.[568] Gesellschaftliche Selbstregulierung durch Vereine und Verbände führt zu einer Optimierung rechtlicher Steuerung.[569] Fachkompetenz und persönlicher Kontakt lassen sach- und interessengerechte Regelungen und Entscheidungen erwarten und tragen zur Staatsentlastung bei.[570] Art. 9 GG gewährt Vereinigungen dabei das Recht zur autonomen Gestaltung ihrer internen Verfassung und gibt ihnen einen verfassungskräftigen Anspruch auf Wahrnehmung selbstbestimmter Aufgaben und auf deren Ordnung in Statuten und Regeln.[571] Umfasst wird damit das Recht und die Aufgabe der Sportverbände, Regeln bezüglich der Organisation und Ausübung des Sports aufzustellen. Auf diese Weise wird insbesondere die im Verein betriebene sportliche Betätigung weitgehend vor dem staatlichen Zugriff geschützt.[572] Auch wenn mittlerweile davon ausgegangen wird, dass die Werteordnung des Grundgesetzes als verfassungsrechtliche Grundentscheidung (Rechtstaatsprinzip, Verhältnismäßigkeitsprinzip) auch

---

[567] *Streinz*, Europarecht, Rn. 708.

[568] *Nolte*, Sport und Recht; *Steiner*, BayVbl 1995, 417 (417); BVerfGE 80, 244 (253).

[569] *F. Kirchhof*, Private Rechtssetzung, S. 35; *Leßmann*, Die öffentlichen Aufgaben und Funktionen privatrechtlicher Wirtschaftsverbände, S. 2; *Vieweg*, Normsetzung und Normanwendung deutscher und internationaler Verbände, S. 7.

[570] *Nolte*, Staatliche Verantwortung im Bereich Sport; *Röthel/Vieweg*, ZHR 2002, 1 (11).

[571] BVerfGE 80, 244 (253); *Pfister*, Autonomie des Sports, sporttypisches Verhalten und staatliches Recht, S. 171 (171), in FS Lorenz; *Steiner*, Aktuelle Entwicklungen des Verhältnisses von Sport und Recht, BayVbl 1995, 417 (417). Verbandsnormen sind abstrakt-generelle Verhaltens- oder Beschaffenheitsfestsetzungen, mit denen der Verband einseitig mögliche Interessen- und Wertungskonflikte mit Anspruch auf Verbindlichkeit in demjenigen Bereich regelt, den er kompetenziell für sich in Anspruch nimmt, *Röthel/Vieweg*, ZHR 2002, 1 (11).

[572] *Nolte*, Staatliche Verantwortung im Bereich Sport; *Stern*, Verfassungsrechtliche und verfassungspolitische Grundfragen zur Aufnahme des Sports in die Verfassung des Landes Nordrhein-Westfalen, S. 269 (271), in FS Thieme; *Steiner*, NJW 1991, 2729 (2730).

in privatautonome Bereiche des Rechts hineinwirkt, so sichert die grundrechtliche Freiheitsgewährleistung den Sportverbänden grundsätzlich das Recht zur Bildung eigener sportbezogener Wertvorstellungen, Maßstäbe und Rechtsätze.[573] Dabei erfüllen die Sportverbände als Mittler für die grundrechtliche Freiheitsausübung der sporttreibenden Bürger eine freiheitserweiternde Funktion. Sie stellen ihm den diesbezüglichen rechtlichen Rahmen in Form von Regelwerken zur Verfügung, in dem er seine Freiheitsgarantien ausüben kann. Wie auch vom Bundesverfassungsgericht bestätigt, wird damit ein erheblicher Teil gemeinschaftlicher sportlicher Betätigung zu einer staatsfreien, also der gesellschaftlichen Eigenverantwortung zugehörigen Angelegenheit, die es zu bewahren gilt.[574] Für das Sportwesen ist Eigenständigkeit bei der organisatorischen Gestaltung sowie Autonomie bei der Statuierung sportlicher Verhaltensnormen durch die Verbände somit ein *„unabdingbares Element"*.[575] Der Staat agiert dabei auf seinen Ebenen Bund, Land und kommunale Gebietskörperschaft in der Rolle eines Förderers und nicht in der einer Ordnungsmacht.[576] Seine Aktivitäten beschränken sich auf Unterstützungsfunktionen im Geiste partnerschaftlicher Kooperation sowie auf die Wahrnehmung eines Wächters über die ordnungsgemäße Ausübung des Selbstorganisations- und Selbstregulierungsrechts gemäß Art. 9 Abs. 1 GG.[577] In der so umrissenen freiheitlichen Konzeption des Sportwesens ist die Befugnis zur Formulierung eines eigenen Regelwerkes mit eigenen sportverbandsrechtlich kreierten Entscheidungs- und Kontrollorganismen eine Angelegenheit staatsfreier Selbstverwaltung.

(b) Im Europäischen Verfassungsrecht

(i) Ausgangspunkt

Im Gegensatz zum deutschen Verfassungsrecht steht im europäischen Verfassungsrecht eine Ausdifferenzierung des Verhältnisses zwischen Unions- und (Sport)Verbandsrecht erst am Anfang seiner Entwicklung. In der auf wirtschaftsorientierte Freizügigkeits- und Wettbewerbspostulate ausgerichteten Union musste sich das Verbandsrecht regelmäßig den unreflektierten Anforderungen der Binnenmarktausrichtung ausliefern und anpassen. Die Entwicklung der Union zum umfassenden politisch-sozialen Gemeinwesen mit dem Europäischen Verfassungsvertrag erfordert jedoch eine Neuorientierung. Diese muss sich zukünftig in einer verstärkten Respektierung der Verbandsautonomie der Sportverbände ausdrücken. Denn ein funktionierendes und umfassendes Gemeinwesen erfordert die Beachtung gesellschaftlicher Selbstregulierung. Die Union hat ihre Rolle der wirtschaftsorientierten Ordnungsmacht im Sportwesen in eine freiheitlichere Konzeption umzudefinieren. In diesem Sinne muss auch

---

[573] Unter Umständen kann den Staat eine staatliche Schutzpflicht treffen; dazu Steiner, DÖV 1983, 173 (175); *Stern*, Verfassungsrechtliche und verfassungspolitische Grundfragen zur Aufnahme des Sports in die Verfassung des Landes Nordrhein-Westfalen, S. 269 (271), in FS Thieme.

[574] BVerfGE 80, 244 (253).

[575] *Tettinger*, JZ 2000, 1069 (1070).

[576] Siebenter Sportbericht der Bundesregierung, BT-Drs. 11/8459, S. 12.

[577] *Tettinger*, JZ 2000, 1069 (1071).

der Gedanke des effet-utile bei der Drittwirkung der Grundfreiheiten im sportspezifischen Kontext relativiert werden. Genau wie auf nationaler Ebene können die Sportverbände ihre soziale (Integrations-)Funktion auf unionaler Ebene nur erfüllen, wenn man ihnen weitreichende rechtliche Eigenständigkeit zuerkennt. Aufgeworfen ist damit die Frage nach der sachgerechten Integration des Sportverbandsrechts in die Europäische Verfassungsordnung.

(ii) Bisherige Rechtsprechung

Schon im *Bosman*-Verfahren hatte die Bundesregierung darauf hingewiesen, dass sich aus der nationalen Vereinigungsfreiheit eine substantielle rechtliche Eigenständigkeit der Sportverbände ergibt. Daher müsse auch die Union ihre Eingriffe in die Verbandsautonomie auf das unbedingt erforderliche Maß beschränken.[578] Die nationalen Grundrechte und die Europäische Menschenrechtskonvention (EMRK) fungieren dabei als Rechtserkenntnisquelle für die Grundrechte der Union. Deshalb gehört der Grundsatz der Vereinigungsfreiheit, der in Art. 11 EMRK verankert ist und sich aus den gemeinsamen Verfassungsüberlieferungen der Mitgliedstaaten ergibt, zu den Grundrechten, die in der Gemeinschaftsrechtsordnung geschützt werden.[579] Zwar hat der EuGH ein Gemeinschaftsgrundrecht auf Vereinigungsfreiheit im *Bosman*-Urteil anerkannt. Unionsrechtlich ist die Ausprägung und Reichweite dieses Grundrechts für die Sportverbände aber weiterhin unkonturiert. Im Verfassungsvertrag ist es im Grundrechteteil in Art. II – 72 Abs. 1 EVV zwar nunmehr ausdrücklich festgeschrieben. Es ist bisher aber keine ausdifferenzierte, mit Art. 9 GG vergleichbare Dogmatik entwickelt worden. Denn der EuGH musste sich bisher fast ausschließlich mit der Koalitionsfreiheit befassen.[580] In den wenigen bisherigen sportverbandlichen Urteilen berücksichtigte er die Verbandsautonomie kaum und sprach sie teilweise überhaupt nicht an. Für die Reichweite der Autonomie der Sportverbände im Europäischen Verfassungsrecht fehlt es somit an Rechtsprechung. Die Sportverbände finden sich daher im europäischen Verfassungsrecht in einer unsicheren Rechtsposition. Mangels oftmaliger Berücksichtigung durch die EuGH-Rechtsprechung sind ihre grundrechtlichen Garantien undeutlich.

Die Generalanwälte unternahmen in den Verfahren *Lethonen* und *Deliege* deshalb Versuche zur Konkretisierung der Autonomie der Sportverbände. Danach hätten die Verbände das Recht und die Aufgabe, Regeln bezüglich der Organisation und der Ausübung des Sports aufzustellen. Dabei seien im Rahmen ihres Schutzes durch die Vereinigungsfreiheit bestimmte Gestaltungsmotive von Sportverbänden durch das Unionsrecht anzuerkennen, da der Sport sich von den meisten übrigen Anwendungsbereichen der Grundfreiheiten insofern unterscheidet, als er grundsätzlich nicht ohne ausgestaltende Regelungen existieren kann.[581] Als zu respektierendes Gestaltungsmo-

578 EuGH, Rs. C-415/93, Slg. 1995, 4921 (5063), Rn. 72 - *Bosman.*

579 EuGH, Rs. C-415/93, Slg. 1995, 4921 (4925) - *Bosman.*

580 EuGH, Slg. 1974, 917 (924) – *Gewerkschaftsbund*, EuGH Slg. 1990, 95 (118) – *Maurissen und Gewerkschaftsbund/Rechnungshof.*

581 EuGH, Slg. 2000, Schlussantrag des Generalanwalts Alber, 2665 (2701).

tiv führte der Generalanwalt im Fall *Lethonen* das Verbot der Veränderung der Zusammensetzung von Mannschaften während laufender Spielzeiten an, damit der sportliche Erfolg die Leistungen der Mannschaften über die gesamte Dauer reflektiert. Ähnlich wie der unionsrechtlich anerkannte Dialog der Sozialpartner nach Art. 118 b EGV sei diese auf der Organisationshoheit basierende Selbstregulierung grundsätzlich sachgerecht und notwendig.[582] Jede Regelung der Sportverbände sei daher grundsätzlich geeignet, die Ausübung ihrer Organisationshoheit zu verwirklichen. In diesem Sinne stelle die Organisationshoheit der Sportverbände ein gewichtiges Abwägungskriterium in der Verhältnismäßigkeitsprüfung dar. Trotz dieser Andeutungen des Generalanwaltes äußerte sich der EuGH in seinem Urteil nicht zu spezifischen grundrechtlichen Gewähleistungen von Sportverbänden. Somit bleibt die Reichweite und Bedeutung ihrer Autonomie im Unionsrecht weiterhin unklar. Dazu gehört die Frage, welche Rechtfertigungsgründe sich aus der Autonomie der Sportverbände ergeben. Im *Bosman*-Urteil finden sich dazu Ansätze, indem der EuGH „berechtigte Zwecke" der Sportverbände formulierte. Hierzu zählte er die Erhaltung des finanziellen und sportlichen Gleichgewichts zwischen den Vereinen.[583] Schon der Generalanwalt im Fall *Bosman* hatte dafür plädiert, dass nur ein „überragend wichtiges Verbandsinteresse" die Freizügigkeitsgarantien einschränken könne.[584] Weitere sportverbandsspezifische Aspekte fanden in der bisherigen Sportrechtsjudikatur des EuGH jedoch keine Berücksichtigung. Auch die besondere soziale Funktion der Sportverbände wurde bisher nicht miteinbezogen.[585]

Im neueren Fall *Deliege*, der bereits von der vorbereitenden Tätigkeit des Verfassungskonvents und der Forderung nach einem Unionsziel der Sportförderung beeinflusst war,[586] sprach der EuGH erstmals ausführlicher die Autonomie der Sportverbände im Rahmen der nachgeschobenen Verhältnismäßigkeitserwägungen an.[587] Dabei verwies er auf *„die natürliche Aufgabe der betroffenen Stellen, der Veranstalter von Turnieren, der Sportverbände oder auch der Vereinigungen von Berufssportlern, geeignete Regeln aufzustellen und in Anwendung dieser Regeln eine Auswahl zu treffen."*[588] Dass mit dieser Aufgabe die nationalen Verbände betraut werden, die in der Regel über die erforderlichen Kenntnisse und Erfahrungen verfügen, entspreche der Organisationsstruktur der meisten Sportarten, die im Grundsatz auf Landesverbänden beruhen. *„Die Wahl eines bestimmten Systems der Auswahl der Teilnehmer für ein internationales Sportturnier beruht auf einer großen Zahl von Erwägungen - etwa der Art, der Organisation und der Finanzierung des betreffenden Sports -, die nichts mit der persönlichen Lage irgendeines Sportlers zu tun haben. Wenn sich ein* [sportverbandliches] *Auswahlsystem für eine bestimmte Gruppe von Sportlern als vorteilhafter erweist als ein anderes, so kann allein daraus nicht geschlossen werden, daß die Ent-*

---

582 EuGH, Slg. 2000, Schlussantrag des Generalanwalts Alber, 2665 (2701).
583 EuGH, Rs. C-415/93, Slg. 1995, 4921 (4927) - *Bosman.*
584 EuGH, Schlussantrag Generalanwalt Lenz, Rs. C-415/93, Slg. 1995, 4921 (4943) - *Bosman.*
585 *Streinz*, JUS 2000, 1015 (1016).
586 Zu Vorwirkungen des Unionsziels der Sportförderung ausführlich D. I. 1. c).
587 EuGH, Rs. C-191/97, Slg. 2000, S. 2549, Rn. 46 – *Deliege.*
588 EuGH, Rs. C-191/97, Slg. 2000, S. 2549, Rn. 67 – *Deliege.*

scheidung für dieses System eine Beschränkung des freien Dienstleistungsverkehrs darstellt.“

Auch wenn der EuGH im *Bosman*-Urteil Ausweitungen der Grundfreiheiten im Zuge der Drittwirkungsjudikatur durch korrespondierende Rechtfertigungsgründe (öffentliche Ordnung, Sicherheit, Gesundheit, zwingende Gründe des Allgemeinwohls) für die Sportverbände ergänzte,[589] steht die sportverbandliche Regelungsautonomie gegenüber dem Geltungsanspruch der Grundfreiheiten bisher in den Verhältnismäßigkeitsprüfungen des EuGH im Hintergrund. Daraus erweist sich die Notwendigkeit, dass der *EuGH* den Sportverbänden Beurteilungs- und Bewertungsspielräume zugesteht.[590]

(3) Schlussfolgerungen für die Regelungsnotwendigkeit und den Regelungsgehalt eines Unionsziels der Sportförderung

Die Folgewirkungen der funktionalen Gleichsetzung staatlicher Restriktionen und privatautonomer sportfachlicher Regulative von Sportverbänden bedürfen einer verfassungsrechtlichen Wertung zugunsten der Sportverbände. Angesichts der oftmals einseitig auf die Effektivierung der Grundfreiheiten orientierten Judikatur des EuGH besteht für die Rechtsposition der Sportverbände eine normative Schutzlücke im europäischen Verfassungsrecht.[591] Als wesentliches Problem in der bisherigen Sportrechtsprechung des EuGH hat sich dabei erwiesen, dass den Sportverbänden unzureichende Rechtfertigunsgründe zur Verfügung stehen, um ihre Verbandsregeln gegenüber dem Geltungsanspruch der Grundfreiheiten zu verteidigen. Es reicht zudem nicht aus, den Sportverbänden überhaupt Rechtfertigungsgründe zur Verfügung zu stellen. Diese müssen auch dafür geöffnet werden, den Sportverbandsinteressen und ihrer spezifischen gesellschaftlichen und sozialen Funktion zur Geltung zu verhelfen, so dass die Autonomie der Sportverbände ein schutzwürdiges Allgemeininteresse darstellt. Daher würde das Gewicht der sportverbandlichen Autonomie deutlich gestärkt, wenn sie nicht nur private, sondern vielmehr primärrechtlich anerkannte öffentliche Interessen verfolgten. Die verfassungsrechtliche Verankerung als Unionsziel würde die Sportförderung zu einem Leitprinzip machen, dessen Berücksichtigung sich auch unmittelbar auf das Gewicht der Autonomie der Sportverbände auswirken würde.[592] Ein Unionsziel der Sportförderung kann hierbei eine Maßstabsfunktion erfüllen und die Sportförderung als Gemeinwohlfaktor hervorheben. Es würde damit einen Beitrag zu einer freiheitlichen Konzeption des Sportwesens leisten und die hieran orientierten eigenen Wertvorstellungen unterstreichen. Das Unionsziel der Sportförderung müsste dabei die soziale und gesellschaftliche Bedeutung von Sportverbänden inhaltlich unterstreichen. Durch einen Hinweis auf ihre Autonomie würde ihre unionsgrundrechtlich geschützte Regelungsgewalt und soziale Funtion ausdrücklich abgesichert. Damit würde der Wei-

---

[589] EuGH, Rs. C-415/93, Slg. 1995, 4921 (4926) - *Bosman.*
[590] *Streinz/Leible*, EuZW 2000, 468 (469).
[591] *Tettinger*, JZ 2000, 1069 (1074).
[592] Zu den tatsächlichen Auswirkungen des Unionsziels der Sportförderung auf die sportverbandliche Regelungsautonomie D. II.

terentwicklung des europäischen Verfassungsrechts von der wirtschaftlichen Zweckgemeinschaft zum politisch-sozialen Gemeinwesen Rechnung getragen, in der gesellschaftliche Institutionen in der Absicherung ihrer selbstverwalteten Tätigkeit eine dafür geeignete und gesicherte Rechtsposition zugewiesen bekommen.

(4) Sportverbände im europäischen Wettbewerbsrecht

Die primärrechtliche Festlegung der Sportförderung als Unionsziel wäre für die Konkretisierung und das Gewicht der Autonomie der Sportverbände darüberhinaus von Bedeutung, da zu einem gewissen Zeitpunkt auch mit einer wettbewerbsrechtlichen Überprüfung von Sportverbandsregelungen zu rechnen ist. Während der EuGH im *Bosman*-Urteil zur wettbewerblichen Überprüfbarkeit sportverbandlicher Regelungen nicht Stellung nahm - obwohl Generalanwalt *Lenz* die verbandlichen Transferregelungen im Schlussantrag an Art. 81 EGV maß - wies er im *Lethonen*-Urteil die wettbewerbsrechtliche Beurteilung nur mangels ausreichender Unterrichtung durch die vorlegenden Gerichte ab.[593] Das Gericht erster Instanz hat jüngst zum ersten Mal europäisches Wettbewerbsrecht auf sportverbandsrechtliche Vorschriften für anwendbar erklärt.[594] Dabei ist fraglich, inwieweit einerseits dem Grundrecht der Verbandsautonomie und andererseits den besonderen gesellschaftlichen Funktionen der Sportverbände bei der Anwendung des Wettbewerbsrechts Rechnung zu tragen ist. Das Verhältnis europäischen Wettbewerbsrechts zur Autonomie der Sportverbände ist noch weitgehend ungeklärt. Sportvereine werden im europäischen Kartellrecht auch ohne Gewinnerzielungsabsicht, als Unternehmen im Sinne des Art. 81 EGV angesehen, wenn sie öffentlich Wettkämpfe veranstalten und Zuschauer nur gegen Entgelt zulassen.[595] Das Gleiche gilt für Sportverbände, wenn sie Hörfunk- oder Fernsehrechte an solchen Veranstaltungen vermarkten.[596] Die Zugehörigkeit von Amateurvereinen zum Verband hat für diese Einordnung keine Auswirkungen.[597] Diese Ansicht wird zwar von Teilen der Literatur nach den Grundsätzen der sog. Immanenztheorie abgelehnt, wonach sich Wettbewerbsbeschränkungen durch Sportverbände notwendig aus dem ansonsten kartellrechtsneutralen Rechtsverhältnis des Sports ergeben[598] und darüber hinaus die Einnahmen der Sportverbände den sozialen- und gesellschaftlichen Funktionen des Sports

---

593 EuGH, Rs. C-176/96, EuZW 2000, 375, Rn. 28 - Lethonen.

594 EuG, Rs. T-193/02 – Piau (noch nicht in der amtlichen Slg.).

595 *Fleischer*, WuW 1996, 473 (474); *Schroeter* in von der Groeben/Schwarze, Vorbem. Art.81 EGV, Rn. 26.

596 Kommissionsentscheidung, ABl. 1993 L 173/23 – *EBU/Eurovision.*

597 Schlußantrag Generalanwalt Lenz, Rs. C-415/93, Slg. 1995, S. 4930 (5026) – *Bosman.*

598 *Wertenbach*, ZIP 1996, 1417 (1424). Zur Immanenztheorie EuGH, Rs. C-45/13, Slg. 1985, 3545, Rn. 19 – *Remia.* Danach wären sportverbandliche Regelungen „notwendige Wettbewerbsbeschränkungen“, die einen legitimen Zweck verfolgen, kartellrechtsneutral. In diesem Zusammenhang wird vorgeschlagen, Vereinbarungen zwischen Proficlubs oder Entscheidungen ihrer Verbände, die die „legitimem Ziele“ der Chancengleichheit der Vereine und der Ausbildung junger Spieler verfolgen, von den Wettbewerbsregeln auszunehmen. Helsinki-Bericht zum Sport, Kom(1999) 644, S.7.

zu Gute kämen[599]. Erforderlich sei daher eine teleologische Reduktion des Kartellverbots.[600] Jedoch hat der EuGH in anderem Zusammenhang bereits entschieden, dass primär sozial verfolgte Zwecke der Anwendung des europäischen Wettbewerbsrechts nicht entgegenstehen.[601] Eine generelle Einstufung sportverbandlicher Regelungen als Wettbewerbsbeschränkungen nach Art. 81 Abs. 1 EGV - unabhängig von ihrem Ziel und Zweck - ist deshalb auch weiterhin zu erwarten.[602] Ein Unionsziel der Sportförderung kann hierbei eine Maßstabsfunktion erfüllen; insbesondere dabei, inwieweit sportverbandliche Regelungen mit unternehmerischen Wettbewerbsbschränkungen gleichgesetzt werden können. Ein Unionsziel der Sportförderung kann hierbei klarstellend wirken. Im deutschen Kartellrecht galt bis zur 7. GWB-Novelle 2005 die Regelung des § 31 GWB a. F., der eine spezifische Sonderstellung von Sportverbänden rechtfertigte. Das Kartellverbot galt danach *„nicht für Sportverbände, die in Wahrnehmung ihrer gesellschaftlichen und sozialen Aufgaben in besonderer Weise auch dem Amateur- und Jugendsport verpflichtet sind, im Hinblick auf die von ihnen satzungsgemäß veranstalteten oder in ihrem Bereich durchgeführten Wettbewerbe"*.[603] Diese Ausnahmeregelung für den Sport fand dann keine Anwendung, wenn sich der Sportverband ausschließlich dem Berufssport widmet.[604] Die Regelung musste im Zuge der Anpassung des deutschen an das europäische Kartellrecht gestrichen werden. Deshalb wird in der Literatur gefordert, dass *„bei Anwendung der Wettbewerbsregeln die Kompetenz der Sportorganisationen zur Aufstellung eigener Regelwerke nicht in Frage gestellt werden [darf], (...) solange diese objektiv, transparent und nicht diskriminierend*" sind.[605]

3. Normatives Regelungsbedürfnis für ein Unionsziel der Sportförderung als Folge der Tätigkeit der Unionsorgane

a) Normatives Regelungsbedürfnis für die Kompetenz der Union im Bereich der Sportförderung

Im Zuge der stetigen Ausweitung des Anwendungsfeldes der Grundfreiheiten auf den Bereich Sport durch die EuGH-Rechtsprechung nahmen sich auch die übrigen Organe der Union der Sportförderung an, ohne dafür über eine ausdrückliche Kompetenzgrundlage zu verfügen. Einerseits festigten die Unionsorgane dadurch den rechtlichen Stellenwert der Sportförderung in der Union, andererseits zwangen sie den Verfas-

---

[599] *Körber/Zagouras*, WuW 2004, 1144 (1149).

[600] *Deselaers*, WuW 1998, 946 (947), *Buch*, WuW 2000, 266 (267).

[601] EuGH, Rs. C-101/23, Slg. 1980, S. 3125 – Ambulanz Glöckner.

[602] *Tettinger*, JZ 2000, 1069 (1074), befürchtet, dass „kartellrechtliche Postulate und beihilferechtliche Restriktionen Volkssportarten unter die Räder" kommen lassen könnte.

[603] Vgl. auch die Regierungsbegründung zur 6. GWB-Novelle, BT-Drucksache 13/9720, S. 75.

[604] Zusätzlich war erforderlich, dass die Einnahmen aus der zentralen Vermarktung „angemessen" dem Jugend-und Amateursport zugute kommt; BT-Drucksache 13/9720, S. 81.

[605] *Nolte*, Sport und Recht, S. 37. Eine ausführliche Darstellung zur Problematik des Sports im Lichte des europäischen Wettbewerbsrechts *Nolte*, Staatliche Verantwortung im Bereich Sport, S. 151 ff.

sungsgeber damit, diese Tätigkeitsdynamik durch die Verankerung des Sports im Verfassungsvertrag zu legitimieren oder künftig zu unterbinden. Gleichzeitig leisteten die Unionsorgane die entscheidende Vorarbeit für die inhaltliche Akzentuierung des Unionsziels der Sportförderung.

aa) Förderprogramm Eurathlon

Die Europäische Kommission legte 1995 erstmals ein Programm zur Förderung des Sports auf.[606] Das Programm förderte jährlich auf Antrag Sportprojekte von europäischer Dimension.[607] Die Kommission stellte das Förderprogramm in den Rahmen ihrer Informationspolitik, die ihrerseits kulturspezifische Züge aufweist, nimmt jedoch nicht ausdrücklich auf Art. 151 EGV Bezug.[608] Daher fehlte es an einer Rechtsgrundlage. Es wurde durch eine zweifelhafte Fondskompetenz aus dem Unionshaushalt finanziert. Aufgrund der mangelnden Ermächtigungsgrundlage musste das Programm jedoch nach einigen Jahren eingestellt werden, nachdem es in einem anderen Kontext rechtlich überprüft worden war.[609] Bei der Festlegung seiner Prioritäten für die Regierungskonferenz sprach sich das Europäische Parlament im März 1996 erstmals dafür aus, den Sport über die Bildungs-, Beschäftigungs- und Kulturpolitik in den EU-Vertrag aufzunehmen.[610]

bb) Amsterdamer Erklärung zum Sport

1998 fügte der Europäischen Rat dem Amsterdamer Vertrag die Erklärung Nr. 29 zum Sport bei. *„Die Konferenz unterstreicht die gesellschaftliche Bedeutung des Sports, insbesondere die Rolle, die dem Sport bei der Identitätsfindung und der Begegnung*

---

[606] Zum ersten Mal findet sich der Sport im Kontext der Arbeit auf unionaler Ebene im sog. *Adonnino*-Bericht des Mailänder EU-Gipfels 1985, wo der Sport als „hervorragendes Mittel" erkannt wird, „um das Zugehörigkeitsgefühl der Europäer zur Union zu festigen"Zweiter Abschlussbericht in BullEG, Beilage 7/85, S. 28. Hier treffen sich Vertreter der einzelstaatlichen Ministerien und der Nichtregierungsorganisationen sowie Repräsentanten internationaler und europäischer Sportverbände. Diese multilateralen Kontakte werden vertieft im Rahmen bilateraler Gespräche zwischen der Kommission und europäischen bzw. nationalen Sportorganisationen. Auch das Europäische Parlament spielt eine wichtige Rolle als Mittler zwischen der Sportwelt und der Union. Die entsprechenden Kontakte werden vor allem vom Parlamentsausschuß für Kultur, Jugend, Bildung und Medien gefördert. Den Rahmen für diesen Dialog bildet seit 1991 in erster Linie das jährliche Europäische Sportforum, das eine bessere Koordinierung zwischen der Sportwelt und der Kommission ermöglicht.

[607] ABl. 1994, C 297/7.

[608] *Oppermann*, Europarecht, § 29, Rn. 1979.

[609] Großbritannien hatte 1996 eine Klage beim EuGH gegen ein Förderprogramm zur Bekämpfung von Armut eingereicht, da es keine rechtliche Grundlage besaß. Die Kommission musste daraufhin auf Anordnung des EuGH alle ihre Fördermaßnahmen überprüfen.

[610] Angenommener Text der Sitzung v. 18.11.1999, Nr.44, TA 40. Beeinflusst von den Wirkungen der *Bosman*-Entscheidung auf den Sport folgte 1997 eine Entschließung des Europäischen Rates zur „Rolle der Europäischen Union im Bereich des Sports", ABl. C 200 vom 30.6.1997, S. 252.

der Menschen zukommt. Die Konferenz appelliert daher an die Gremien der Europäischen Union, bei wichtigen, den Sport betreffenden Fragen die Sportverbände anzuhören. In diesem Zusammenhang sollen die Besonderheiten des Amateursports besonders berücksichtigt werden".[611] Dieser Erklärung kommt jedoch keine rechtliche Bindungswirkung zu. Denn es handelt sich weder um eine völkerrechtliche Vertragsergänzung des europäischen Primärrechts, noch - was im vorliegenden Fall näher liegen würde - um eine mit eingeschränkter Bindungswirkung ausgestattete Protokollnotiz.[612] Vielmehr stellt sie entsprechend der Auslegungsgrundsätze des Art. 31 der Wiener Vertragsrechtkonvention eine politische Absichtserklärung dar, der jede völkerrechtliche Verbindlichkeit fehlt und die lediglich einen Indikator für eine (stets reversible) politische Richtungentscheidung begründet.[613] Hervorzuheben ist inhaltlich der Verweis auf die soziale und gesellschaftspolitische Funktion des Sports, worauf der EuGH in seinen letzten Sportrechtsurteilen *Lethonen* und *Deliege* auch stets Bezug genommen hat. Allerdings findet sich in dieser Erklärung weder ein Verweis auf die Autonomie der Sportverbände im Verhältnis zu den Grundfreiheiten oder zum europäischen Wettbewerbsrecht, noch wird der Amateurbereich besonders gestärkt. Immerhin soll ein Anhörungsrecht für Sportverbände eingeführt werden. Als einer der Schlussakte des Amsterdamer Vertrages beigefügten Erklärung kommt der Amsterdamer Erklärung jedoch eine große rechtspolitische Bedeutung zu. Denn hierdurch werden erstmals die Eigenarten und Funktionen des Sports im Rahmen der europäischen Integration anerkannt. Gleichzeitig wurde der Erklärung jedoch keine verfassungsändernde Wirkung zugedacht. Auch wenn die Erklärung inhaltlich nicht die den Sport betreffenden wesentlichen Fragen anspricht, so ist sie doch ein deutlicher Entwicklungsfaktor für das „Ob" der Verankerung des Sports im europäischen Verfassungsrecht, der allerdings keine näheren Aufschlüsse über das „Wie" der Festlegung vorzeichnet. Unzweifelhaft beschleunigte die Erklärung die Entwicklungsdynamik der Verankerung des Sports, in dem sie die Notwendigkeit zur Positivierung verdeutlicht. In den Jahren 1998-2000 war der Sport deshalb regelmäßig Thema auf den halbjährlichen Ratsgipfeltreffen, die den Sport wiederholt in ihren politischen Schlusserklärungen würdigten.

cc) Erste Europäische Sportkonferenz

Unter Hinweis auf seine Erklärung Nr. 29 zum Sport ersuchte der Europäische Rat die Kommission ihm *„in Helsinki im Hinblick auf die Erhaltung der derzeitigen Sportstrukturen und die Wahrung der sozialen Funktion des Sports im Gemeinschaftsrahmen einen Bericht vorzulegen."* Infolge des Ersuchens des Europäischen Rates der Staats- und Regierungschefs und der *„zunehmenden Probleme im Bereich Sport"*[614] veranstaltete die Kommission 1999 die *„Erste Europäische Sportkonferenz"* und versammelte die *„Hauptakteure des Europäischen Sports"*: Sportverbände, Regierungsvertreter, Mitglieder des Europäischen Parlaments und Kommissionsvertreter. Mit die-

---

[611] ABl. C 340 vom 18.12.1998.
[612] *Ipsen*, Völkerrecht, § 10, Rn. 6.
[613] *Ipsen*, Völkerrecht, § 10, Rn. 15.
[614] Europäische Kommission, Das Europäische Sportmodell, S. 2.

ser Konferenz beabsichtigte die Kommission offensichtlich, den Sport in seiner Gesamtheit primär in den wirtschaftlichen Kontext zu stellen. Denn in ihrem Vorbereitungsdokument „*Das europäische Sportmodell- Diskussionsgrundlage*“ sprach die Kommission zwar die Besonderheiten des Sports an, die in einer erzieherischen, gesundheitsfördernden, sozialen, kulturellen und spielerischen Aufgabe bestünden.[615] Aber im Folgenden thematisierte sie die Sportverbände nicht im Hinblick auf ihre unionsrechtliche geschützte Autonomie, sondern vielmehr in Anlehnung an ihre Rolle als wirtschaftliche Akteure. Sportverbände würden sich „*nicht mehr ausschließlich um Organisation und Förderung des Sports kümmern, sondern [seien] zu Dienstleistungsgesellschaften und Veranstaltern sportlicher Großereignisse*“[616] geworden. Insofern zeigte sich hierin die anhaltende Tendenz, die Autonomie der Sportverbände weitgehend unberücksichtigt zu lassen, sondern sie unreflektiert in die Binnenmarkt orientierten Normen des Europäischen Verfassungsrechtes einzuordnen. Daher kam die Kommission zu der Erkenntnis, dass „*die bestehenden Europäischen Verträge der Entwicklung der gesellschaftlichen Dimension des Sports nicht im Wege*“ stehen.[617] „*Vielmehr kommen die Politiken und Maßnahmen auf Gemeinschaftsebene auch sportlichen Tätigkeiten zugute*“.[618]

dd) Kommission: Helsinki Bericht 1999

Auf der Basis der durch die Europäische Sportkonferenz[619] gewonnen Erkenntnisse verfasste die Kommission den sog. Helsinki Bericht zum Sport an den Europäischen Rat im Hinblick auf „*die Erhaltung der derzeitigen Sportstrukturen und die Wahrung der sozialen Funktion des Sports im Gemeinschaftsrahmen*“.[620] Darin wurden als zentrale Herausforderungen ein mit der wirtschaftlichen Entwicklung korrespondierendes Übermaß an Sportveranstaltungen und ein damit verbundener Zuwachs an Doping, eine Zunahme gewinnorientierter Veranstaltungen unter Zurückdrängung der sportli-

---

[615] Europäische Kommission, Das Europäische Sportmodell, S. 3.

[616] Europäische Kommission, Das Europäische Sportmodell, S. 4.

[617] Europäische Kommission, Das Europäische Sportmodell, S. 5.

[618] Ganz anders liest sich demgegenüber das verabschiedete Schlussdokument der Konferenz: Danach ist der Sport, „*insbesondere der Breitensport*“, in der Union von hoher gesellschaftlicher Bedeutung, die “*über den reinen wirtschaftlichen Aspekt hinausgeht*“. Eine „*harmonische und ganzheitliche Entwicklung des Sports in der Union*“ sei zu gewährleisten. Zum ersten Mal ist auch von der „*Autonomie des Sports*“, wenn auch nicht der Sportverbände, die Rede. Danach müsse der Sport in der Lage sein, seine Autonomie zu erhalten. Die Sportvereine bildeten die „*Basis des europäischen Sports*“. Es sei sinnvoll, „*diese Struktur zu bewahren und zu stärken, da sie ein wesentliches Element des gesellschaftlichen Zusammenhalts*“ sei. Dabei wird für die Sportverbände erstmals ein verfassungsrechtlicher Bedeutungsgewinn in Anbetracht ihrer Funktion gefordert; „*die Europäische Union muss die Bedeutung der Sportorganisationen für die Förderung demokratischer Werte und aktiver Bürgerrechte bei jungen Menschen anerkennen.*“

[619] Unberücksichtigt bleibt an dieser Stelle die Stellungnahme des Ausschusses der Regionen zum Europäischen Sportmodell, in dem er sich 1999 dafür aussprach, die Verankerung des Sports im Gemeinschaftsrecht anlässlich der Weiterentwicklung des europäischen Vertragsrechtes zu prüfen. ABl. C 374/56.

[620] Helsinki-Bericht zum Sport, Kom(1999) 644.

chen und sozialen Funktion des Sports, eine Gefährdung der finanziellen Solidarität von Profi- und Amateursport und die Gefährdung von Jugendlichen durch körperliche und seelische Ausbeutung im Sportbereich identifiziert. Zwar wurde im Helsinki-Bericht ausdrücklich keine Verankerung des Sports im europäischen Primärrecht gefordert. Da die Union aber darüber wachen müsse, dass Aktivitäten der nationalen Behörden und der Sportorganisationen den Anforderungen des Binnenmarkts und des europäischen Wettbewerbsrecht entsprächen, könnten sich *„flankierende Maßnahmen, Koordinierungs- und Interpretationsmaßnahmen in dieser Hinsicht als sinnvoll erweisen.“* [621] Dabei müssten Maßnahmen der Union darauf abzielen, *„die Rechtssicherheit sportlicher Aktivitäten und ihre Funktion im Gemeinschaftsrahmen zu stärken.“*.[622] Angesichts der zunehmenden Internationalisierung des Sports sei zudem ein eigener Beitrag der Union unverzichtbar.[623]

ee) *Entschließung des Europäisches Parlament*

Als Reaktion auf eine parlamentarische Anfrage an die Kommission und deren Helsinki-Bericht verabschiedete das Europäische Parlament 2000 eine Entschließung *„im Hinblick auf die Erhaltung der derzeitigen Sportstrukturen und die Wahrung der sozialen Funktion des Sports im Gemeinschaftsrahmen“*.[624] In der parlamentarischen Anfrage hatte der Abgeordnete *Mennea* die Anerkennung des (Amateur-)Sports und seiner spezifischen Besonderheiten im Primärrecht gefordert.[625] Die Kommission hatte demgegenüber auf die schwierige Unterscheidbarkeit von Profi- und Amateursport verwiesen und die Verankerung in einer *„unzufriedenstellenden Antwort“*[626] abge-

[621] Helsinki-Bericht zum Sport, Kom(1999) 644, S. 6. Diese Notwendigkeit sei angesichts der seit der binnenmarktorientierten EuGH-Rechtsprechung festzustellenden Konfliktlage zur Erhaltung der derzeitigen Sportstrukturen und der Wahrung der sozialen Funktion besonders gegeben. Der Bericht betonte besonders die Auswirkungen der Freizügigkeitsgarantien, die Auswirkungen auf das wirtschaftliche Gleichgewicht zwischen Vereinen und Spielern und Probleme der für die Ausbildung von Jugendlichen in Vereinen mit sich gebracht hat

[622] In diesem Zusammenhang wird sogar vorgeschlagen, Vereinbarungen zwischen Proficlubs oder Entscheidungen ihrer Verbände, die die „legitimen Ziele“ der Chancengleichheit der Vereine und der Ausbildung junger Spieler verfolgen, von den Wettbewerbsregeln auszunehmen. Helsinki-Bericht zum Sport, Kom(1999) 644, S. 7.

[623] „Auf die Frage, ob die Kommission garantieren kann, dass die derzeitige Entwicklung im Sportbereich die sozialen Funktionen des Sports nicht gefährdet, lautet die Antwort eindeutig: Nein. Es soll daran erinnert werden, dass der Vertrag hinsichtlich des Sports der Kommission keine unmittelbaren Kompetenzen zuweist.“ Helsinki-Bericht zum Sport, Kom(1999) 644, S. 7. Angesichts dieser Herausforderungen sei eine Koordinierung der Aktivitäten nationaler Behörden zur Stärkung des Sports im Zusammenhang mit den Problemen des Unionsrechts erforderlich, da sich andernfalls die Unterschiede zwischen den Mitgliedstaaten vergrößern

[624] Entschließung des EP, Amtsblatt der Europäischen Gemeinschaften, C 135/274.

[625] Parlamentarische Anfrage P-0102/2000.

[626] Entschließung des EP, Amtsblatt der Europäischen Gemeinschaften, C 135/274, S. 2.

lehnt.[627] Die Entschließung des Europäischen Parlaments enthielt die Folgerung, dass der Sport, der ein ideales Forum für die soziale Eingliederung und Kohäsion darstelle, integraler Bestandteil der Gemeinschaftsprogramme sein sollte. Sie betonte zugleich die Notwendigkeit, dass die Union der Autonomie und Kompetenz autonomer Sportverbände im Hinblick auf Leitung und Organisation Rechnung trägt.[628] Letztendlich kam das Parlament zu dem Schluss, dass diese Ziele nur *„durch eine ausdrückliche Bezugnahme auf den Sport in Art. 151 EGV*“ angestrebt werden könnten, “*damit die Union in ihrem Vorgehen die kulturelle, wirtschaftliche und soziale Dimension des Sports anerkennt.*“[629] Damit sprach sich das europäische Parlament für eine Verankerung des Sports im Kulturartikel (Art. 151 EGV) aus.

ff) Europäischer Rat von Nizza

Der Europäische Rat von Nizza verabschiedete als Reaktion auf die zunehmende Dynamik der Aktivitäten der Unionsorgane im Jahr 2000 die *„Erklärung über die im Rahmen gemeinsamer Politiken zu berücksichtigenden besonderen Merkmale des Sports*“.[630] Hierin versuchten die Staats- und Regierungschefs einer Kompetenzzuweisung für die Sportförderung an die Union entgegenzuwirken. Nachdem der EuGH die Autonomie der Sportverbände nicht ausreichend gewürdigt hatte, betonten die Staats- und Regierungschefs zugleich ihr *„Eintreten für die Autonomie der Sportorganisationen und ihr Recht auf Selbstorganisation*“. Die Sportorganisationen hätten die Aufgabe, über Organisation und Weiterentwicklung ihrer jeweiligen Sportart so zu entscheiden, wie sie es zur Erreichung ihrer Ziele für richtig hielten.[631] Zudem hätten die Sportverbände eine zentrale gesellschaftliche Aufgabe, da sie den Erhalt der Solidarität zwischen den Ebenen des Amateur- und Spitzensports sicherten.[632]

---

[627] „Daher hält es die Kommission zum jetzigen Zeitpunkt nicht für notwendig, die Verträge dahingehend zu reformieren, daß die Besonderheiten des Amateursportes anerkannt werden.“ Antwort von Reding im Namen der Kommission auf die schriftliche Anfrage P-0102/2000.

[628] Entschließung des EP, Amtsblatt der Europäischen Gemeinschaften, C 135/274, S. 3.

[629] Entschließung des EP, Amtsblatt der Europäischen Gemeinschaften, C 135/274, S. 3. Gleichzeitig wurde die Kommission aufgefordert „eine Mitteilung über die Einbeziehung des Sports in die verschiedenen Gemeinschaftspolitiken“ vorzulegen.

[630] Der Europäische Rat ist kein Organ der Union, da die EU selbst keine Rechtspersönlichkeit besitzt und damit kein Organ für sie handeln kann. Sie bedient sich deshalb der Organe der EG im Wege der Organleihe.

[631] Europ. Rat von Nizza, Anlage IV – Erklärung über die im Rahmen gemeinsamer Politiken zu berücksichtigenden besonderen Merkmale des Sports, Rn. 7.

[632] Die Verantwortung für die sportlichen Belange liege *„in erster Linie bei den Sportorganisationen und den Mitgliedstaaten.*“ Zugleich setzen auch sie Schwerpunkte im Hinblick auf die Stärkung des Sports im Unionsrecht. So betonten sie insbesondere das Gewicht und die gesellschaftliche Funktion des Amateur- und Breitensports, die Rolle der Sportverbände, die Erhaltung der Ausbildungsfunktion des Sports und den Schutz junger Sportler.

gg) Förderprogramm „Jahr des Sports"

Anfang 2003 verabschiedeten der Rat und das Parlament auf Vorschlag der Kommission schließlich einen Beschluss zur Errichtung eines *„Europäischen Jahres der Erziehung durch Sport*".[633] Gestützt war dieser sekundärrechtliche Beschluss mangels einer sportförderungsspezifischen Ermächtigungsgrundlage auf "*den Vertrag zur EG, insbesondere Art. 149.*"[634] Dieser regelt zwar die Politikfelder Bildung und Jugend; die Errichtung des Sportjahres solle aber die bestehenden Gemeinschaftsmaßnahmen in diesen Politikbereichen *„ergänzen*".[635] Ausdrücklich wurde im Zusammenhang mit der Beschlussfassung auf die bisherigen Ergebnisse und Tätigkeiten der Unionsorgane im Bereich des Sports Bezug genommen und der Beschluss in diesen Zusammenhang gestellt. Somit bleibt die Einordnung des Sports in die Unionstätigkeit weiterhin undeutlich. Einerseits weist er Bildungsaspekte auf, daneben bestehen nach *Oppermann „infolge der agonal-leistungsorientierten Ausrichtung des Sports*" darüber hinaus auch Verbindungen zur Kultur.[636] Insgesamt entwickelte sich durch die mosaikförmige Anwendung verschiedener Unionspolitiken eine europäische Sportpolitik ohne Primärkompetenz.[637]

b) Schlussfolgerung für die Regelungsnotwendigkeit und den Regelungsgehalt eines Unionsziels der Sportförderung

Die dargestellte Tätigkeitsdynamik der Unionsorgane unterstreicht die Notwendigkeit, die Sportförderung im Verfassungsvertrag zu verankern. Denn die fortschreitende Teilintegration in den Bereich des Sports macht eine klarstellende Kompetenz zur Sportförderung notwendig. In Bezug auf Ausweitungen der Unionstätigkeit auf neue Politikfelder hat die bisherige Erfahrung bei Verfassungsänderungsprozessen stets gezeigt, dass in Fällen eines anerkannten sachnotwendigen Bedürfnisses an Feldern der Europäisierung regelmäßig Wege gefunden wurden, solchen Sachzwängen verfassungsrechtlich Rechnung zu tragen (vgl. beispielsweise die immer stärkere Notwendigkeit der Berücksichtigung von Umweltaspekten im Binnenmarkt, die zur Verankerung des Umweltschutzes im Primärrecht führte). Ein verfassungsrechtlicher Handlungsbedarf ist dabei stets auch Ergebnis des Zusammenwachsens schon verfassungsrechtlich festgeschriebener Tätigkeitsfelder. Bei der bisherigen unionalen Sportförderung strahlt die sektoral fortschreitende Integration in Teilbereichen wie der Bildung und Jugend, Kultur und Gesundheit auf die mit ihnen verbundenen Funktionen im Sports aus. Über die mosaikförmige Anwendung dieser verschiedenen Politiken entwickelte sich eine partielle Sportförderungspolitik ohne verfassungsrechtliche Kompetenzzuweisung.[638] Die Sportförderung als Zwischenzone zwischen diesen Teilberei-

---

633 ABl. L-43/1.

634 ABl. L-43/1, 1. Erwägungsgrund.

635 ABl. L-43/1, Rn. 15.

636 *Oppermann*, Europarecht, § 28, Rn. 63.

637 *Nolte*, Sport und Recht, S. 38. Dazu auch *Nolte*, Staatliche Verantwortung im Bereich Sport, S. 151 ff.

638 *Nolte*, Sport und Recht, S. 37.

chen hat auch dadurch an Kontur und verfassungsrechtlicher Relevanz gewonnen. Insofern stellt der Bereich der Sportförderung ein weiteres Beispiel funktioneller Integration im prozesshaften Ausbau des Integrationsverbunds dar.[639] Andererseits hat die Union mittlerweile einen Reifegrad im Gemeinwohlverbund erreicht, bei dem es stets sorgfältig abzuwägen gilt, inwieweit die Übertragung neuer Zuständigkeiten für das gute Funktionieren zwischen den Gemeinwohlebenen im Verbund sachdienlich ist. Die Berücksichtigung der Sportförderung ergibt sich im sozialen Gemeinwesen der Union nach der umfassenden Konzeption des Verfassungsvertrags auch aus der notwendigen verfassungsrechtlichen Gleichstellung mit den übrigen bereits verankerten Politikbereichen. Dabei ist jede Kompetenzübertragung vom politischen Willen der Mitgliedstaaten abhängig.

II. Zusammenfassende Gesamtbetrachtung für den notwendigen Regelungsgehalt eines politikspezifischen Unionsziels der Sportförderung

Aufgrund der Vorarbeit der Unionsorgane und der Auswirkungen der EuGH-Rechtsprechung musste das Unionsziel der Sportförderung zusammenfassend drei wesentliche Regelungsinhalte aufweisen, um den konkreten Regelungsbedürfnissen im Europäischen Verfassungsrecht Rechnung zu tragen:[640]

Erforderlich war eine Klärung von Art und Umfang der Kompetenz der Union zur Sportförderung, so dass der Aktivität der Unionsorgane zuküntig notwendige Rechtssicherheit zukommt. Dementsprechend formulierte der konstitutionelle Ausschuß des Europäischen Parlaments in seinen Beitrag für den Europäischen Verfassungskonvent, es sei „*zwar sinnvoll, dass die Union bei einigen sehr konkreten Problemen im Bereich des Sports, z.B. bei der Dopingbekämpfung eingreift, jedoch ist es absurd, ihre Intervention [auch zukünftig] mit der Zuständigkeit für den Binnenmarkt zu begründen.*“[641] Notwendig war des weiteren eine primärrechtliche Verankerung der Rolle des Amateur- und Breitensports in Anbetracht seiner besonderen sozialen Funktionen. Dabei musste die Berücksichtigung besonderer sportspezifischer Belange bei der Verfolgung anderer Politiken gewährleistet und die ausschließliche Binnenmarktorientierung zurückgedrängt werden. Schließlich erforderte die expansive Rechtsprechung des EuGH eine ausdrückliche Stärkung der Autonomie der Sportverbände unter Berücksichtigung ihrer besonderen gesellschaftlichen Funktion. Dazu musste die Autonomie der Sportverbände im Unionsziel der Sportförderung ausdrücklich Erwähnung finden.

Ein Unionsziel der Sportförderung könnte in seinem Regelungsgehalt Antworten auf diese Schutzlücken des Sports geben. Es bleibt zu untersuchen, mit welcher Art und Weise der Verankerung diesen spezifischen Regelungsbedürfnissen der Sportförderung im europäischen Verfassungsrecht am Besten „Rechnung getragen werden“

---

639 Zu den Integrationstheorien bereits B. III. 1. b).

640 Vgl. in anderer Form auch „Entschließung des deutschen Bundesrates zu den Themen des Konvents zur Zukunft der Europäischen Union“, Bundesrat Drucksache 586/02, S. 17.

641 Europäisches Parlament, Ausschuß für konstitutionelle Fragen, Bericht vom 24. April 2002, A5-0133/2002, S. 19.

kann.[642] Für eine Aufnahme der Sportförderung waren mehrere Modelle denkbar.[643] Einigkeit erzielte man schließlich über den nachstehend dargestellten Entwurf. Vor dem Hintergrund der vorstehend dargestellten Spannungslagen des Sports wird im Folgenden der schlussendlich eingeschlagene Weg der Verankerung der Sportförderung im Verfassungsvertrag untersucht und bewertet.[644]

---

[642] Dementsprechend schon die Frage bei der informellen Zusammenkunft der EU-Sportminister in Paderborn 1999, Dokument 3.4.

[643] Vgl. dazu in rudimentären Ansätzen *Schneider*, SpuRt 2002, 138 (140). Dazu auch *Nolte*, Sport und Recht, S. 38.

[644] Den Diskussionsstand zum politikspezifischen Unionsziel der Sportförderung wurde von der *Landesregierung NRW* am 21.3.2000 in einer Antwort auf eine *Große Anfrage in LT-Dr. 12/4806, S. 2 ff.* wie folgt dargestellt: *„Die gegenwärtige deutsche Position wird am präzisesten in einem Beschluß der Sportminister der Länder (Dezember 1998) beschrieben:„Die Sportministerkonferenz weist unter nachdrücklicher Bestätigung der nicht in Frage zu stellenden Grundfreiheiten darauf hin, dass Sachverhalte und Probleme und Entwicklungen im Sport nicht ausschließlich nach Gesichtspnkten supranationalen staatlichen Rechts (z.B. Arbeitsrecht, Wettbewerbsrecht, Kartellrecht etc.) beurteilt werden dürfte. Sie anerkennt die erkennbar wachsenden Bemühungen der Europäischen Kommission, bei ihren Entscheidungen die besonderen Merkmale und Bedingungen des Sports zu berücksichtigen und insbesondere auch – auf der Basis des Subsidiaritätsprinzips – verbandsrechtliche Regelungen zu respektieren. Die Sportministerkonferenz hält es für erforderlich, dass die Amsterdamer Erklärung zum Sport insofern ergänzt und umgesetzt wird, dass die Entscheidungsinstanzen verpflichtet werden, den spezifischen Belangen und besonderen Merkmalen des Sports Rechnung zu tragen."* Der Landtag von NRW ist dem in einem Entschließungsantrag vom 11.4.2000 in LT-Dr. 12/4893, S. 2 ff. gefolgt: *„Es ist erforderlich, dass die Amsterdamer Erklärung zum Sport so ergänzt und umgesetzt wird, dass die europäischen Entscheidungsinstanzen verpflichtet werden, den spezifischen Merkmalen des Sports, besonders den sozialen Belangen, Rechnung zu tragen. Die Berücksichtigung des Sports in rechtlich gesicherten Förderungsprogrammen ist zu gewährleisten. Der Landtag unterstützt den Vorschlag eine Arbeitsgruppe einzurichten die Vorschläge ausarbeiten soll, wie der Sport im EU-Vertragswerk berücksichtigt werden kann."*

C. Sportförderung als politikspezifisches Unionsziel im Europäischen Verfassungsvertrag

Das Unionsziel der Sportförderung wird über die Verweisung des Art. 3 Abs. 5 EVV, wonach die „*Union ihre Ziele mit geeigneten Mitteln entsprechend den Zuständigkeiten, die ihr in dieser Verfassung übertragen sind*“ verfolgt, an den ersten Teil des Verfassugsvertrags angebunden. Gemäß Art. 12 Abs. 6 EVV ergeben sich „*der Umfang der Zuständigkeiten und die Einzelheiten ihrer Ausübung aus den Bestimmungen des Teils III zu den einzelnen Bereichen*“. In Teil III der Verfassung „*Die Politikbereiche und die Arbeitsweise der Union*“ findet sich in Art. III-282 EVV das politikspezifische Unionsziel der Sportförderung:

ABSCHNITT 5 - ALLGEMEINE BILDUNG, JUGEND, SPORT UND BERUFLICHE BILDUNG
Art. III-282

(1) (.....) Die Union trägt unter Berücksichtigung der besonderen Merkmale des Sports, seiner auf freiwilligem Engagement basierenden Strukturen und seiner sozialen und pädagogischen Funktion zur Förderung der europäischen Aspekte des Sports bei.
Die Tätigkeit der Union hat folgende Ziele:
(.....)
g) Entwicklung der europäischen Dimension des Sports durch Förderung der Fairness und der Offenheit von Sportwettkämpfen und der Zusammenarbeit zwischen den für den Sport verantwortlichen Organisationen sowie durch den Schutz der körperlichen und seelischen Unversehrtheit der Sportler, insbesondere junger Sportler.
(.....)
(3) Als Beitrag zur Verwirklichung der Ziele dieses Artikels
a) werden durch Europäisches Gesetz oder Rahmengesetz unter Ausschluss jeglicher Harmonisierung der Rechtsvorschriften der Mitgliedstaaten Fördermaßnahmen festgelegt. Es wird nach Anhörung des Ausschusses der Regionen und des Wirtschafts- und Sozialausschusses erlassen;
b) gibt der Rat auf Vorschlag der Kommission Empfehlungen ab.

I. Überblick

Entsprechend der dem Sport durch Rechtsprechung und Unionsorgane zugedachten Funktionen und als Folge der funktionellen Integration wurde der Politikbereich der Sportförderung im Verfassungsvertrag in unmittelbarer systematischer Nähe zu den Politikfeldern Bildung und Jugend, Kultur und Gesundheit festgelegt. Diese wurden entgegen der bisherigen Regelung im EGV aus ihrer systematischen Verbindung zur Sozialpolitik herausgelöst, um ihnen im Verfassungsvertrag mehr normative Eigenständigkeit zu verleihen. Das grundsätzliche Konzept dieser Politikbereiche besteht darin, die Verantwortung für die Ausgestaltung der betreffenden Politikfelder im

Grundsatz bei den Mitgliedstaaten zu belassen und die Union auf eine Förderung, Unterstützung und Ergänzung zu beschränken.[645] Dies verdeutlicht sich auch im Artikel über die Spörtforderung, indem die Tätigkeit der Union darauf begrenzt wird, zur Förderung der europäischen Aspekte des Sports „beizutragen". Formal und strukturell weist der Sportförderungsartikel eine weitgehende Parallelität zum Kultur- und Gesundheitsartikel auf. Die Sportförderung ist zusammen mit der allgemeinen und beruflichen Bildung und der Jugend normiert (III-282 EVV). Strukturiert ist der Sportförderungsartikel in der Weise, dass sich die Ermächtigungsgrundlage zum Erlaß von Sekundärrecht der Unionsorgane in Absatz 4 befindet. Diese wird hinsichtlich des Ziels durch Absatz 2 und im Hinblick auf die Inhalte durch Absatz 1 ausgefüllt.

II. Allgemeiner Regelngsinhalt und Struktur

Art. III-282 des Verfassungsvertrages erteilt der Union einen begrenzten Auftrag zur Sportförderung. Er gibt nicht nur vor, was unter den Begriff der Sportförderung in der Unionstätigkeit fallen soll, sondern er bestimmt auch, was dazu getan werden muss. Allerdings definiert Art. III-282 den Begriff „Sport" selbst nicht. Der Europarat hat ihn wie folgt definiert: „jegliche Form körperlicher Ertüchtigung, die innerhalb oder außerhalb von Vereinen betrieben wird,um die körperliche und seelische Verfassung zu verbessern, zwischenmenschliche Beziehungen zu entwickeln oder ergebnisorientierte Wettkämpfe auf allen Ebenen zu bestreiten".[646] Auch differenziert der Artikel nicht zwischen Amateur- und Berufssport, sondern erfasst damit die gesamte sportliche Betätigung in der Union. Die primärrechtliche Regelung der Sportförderung im Unionsrecht unterteilt sich in eine programmatische Aussage in Abs. 1 und in die damit korrespondierende Zielfestlegung in Abs. 2. Unklar ist, ob das inhaltlich wesentlich konkretere Ziel in Abs. 2 von der programmatischen Aussage in Abs. 1 ergänzend ausgefüllt wird. Im Hinblick auf den Aufbau des Art. III-282 EVV spricht systematisch viel für die Auslegung, dass Abs. 1 als grundlegende Wertenscheidung den zu berücksichtigenden Rahmen bei der Zielverwirklichung der Sportförderung in Abs. 2 festlegt. Abs. 1 ist somit kein unverbindlicher Programmsatz. Das politikspezifische Unionsziel ist vielmehr im Lichte des Abs. 1 auszulegen und in engem Zusammenhang mit ihm zu lesen. Beide zusammen ergeben den sportförderungsspezifischen Inhalt des Unionsziels.

III. Förderung, Berücksichtigung und Schutz

Art. III-282 ist äußerst schwerfällig formuliert. Sein genauer Regelungsinhalt ergibt sich erst bei genauer Betrachtung. Die Union soll gemäß Abs. 1 *„unter Berücksichtigung der besonderen Merkmale des Sports, seiner auf freiwilligem Engagement basierenden Strukturen und seiner sozialen und pädagogischen Funktion zur Förderung der*

---

[645] *Krebber* in Calliess/Ruffert, Art. 149 EGV, Rn. 2.
[646] Definiert nach dem Weißbuch Sport der Kommission, KOM(2007) 391, S. 2.

europäischen Aspekte des Sports" beitragen.[647] Hierbei handelt es sich um die grundsätzliche programmatische Aussage für die Tätigkeit der Union im Bereich der Sportförderung. Die Vorschrift verdeutlicht, dass die Union im Bereich der „*europäischen Aspekte*" der Sportförderung tätig werden soll, dabei aber gleichzeitig bestimmte Eigenarten des Sports beachten soll („*unter Berücksichtigung*"). Was den Begriff der „*Förderung*" der europäischen Aspekte genau umfasst, wird in Art. II-282 EVV nicht definiert. Nach allgemeinem Verständnis beinhaltet die Förderung Maßnahmen zur Bewahrung, Fortentwicklung und Verbesserung des status quo. Dafür muss für ein entwicklungsfähiges Umfeld Sorge getragen werden, indem sich der Sport entfalten kann. Insofern wird klar, dass die „*Berücksichtigung*" der besonderen Merkmale und Strukturen des Sports letztlich ein Teilsaspekt der „*Förderung*" des Sports ist. Gleichzeitig ist die „*Förderung*" des Sports als Leitgrundsatz von Art. III-282 anzusehen. Der Umfang der „*Förderung*" des Sports ist dabei in Abs. 1 zunächst reichlich offen. Weg und Ziel der Sportförderung werden daher auf Grundlage der Ziele der Förderungs-„Tätigkeit" der Union in Abs. 2 konkretisiert. Danach zielt die Förderung auf die „*Entwicklung der europäischen Dimension*" des Sports. Auffällig ist dabei, dass aus der „*Förderung der europäischen Aspekte*" in Abs. 1 nun die „*Enwticklung der europäischen Dimension*" geworden ist. Die Begriffe *europäische Aspekte/europäische Dimension* dürften synonym verwendet sein; der Wechsel von „*Förderung*" zu „*Entwicklung*" macht aber deutlich, dass es sich bei der Förderungstätigkeit der Union im Bereich der Sports nicht um eine bewahrende, sondern vielmhr um eine neu gestaltende Tätigkeit handelt. Das Unionsziel der Sportförderung enthält daher einen konkreten Gestaltungsauftrag an die Union. Wie sich im Umkehrschluss zur Bedeutung des Wortes der „*Entwicklung*" ergibt, geht der Verfassungsgeber davon aus, dass es diese europäische Dimension des Sports bisher noch nicht gibt, sondern vielmehr mit Hilfe von Fördermaßnahmen der Union erst geschaffen werden muss. Der Gestaltungsauftrag ist jedoch inhaltlich eng begrenzt, indem der Weg dahin vorgegeben ist – „*durch Förderung der Fairness und der Offenheit von Sportwettkämpfen und der Zusammenarbeit zwischen den für den Sport verantwortlichen Organisationen sowie durch den Schutz der körperlichen und seelischen Unversehrtheit der Sportler, insbesondere junger Sportler*". Neben den Förderungs"-auftrag tritt somit auch ein „Schutz"-auftrag. Dieser Schutz- oder Fürsorgeauftrag weist der Union eine aktive Rolle als Garant gesundheitsfördernder Rahmenbedingungen für Sportler zu. Der Schutzauftrag ist dabei stark auf Aspekte der Gefahrenabwehr ausgerichtet. Daneben erfasst er aber auch Maßnahmen zur Wiederherstellung der körperlichen und seelischen Unversehrtheit der Sportler. Insgesamt legt das Unionsziel der Sportförderung seinen inhaltlichen Schwerpunkt auf den Schutzsspekt, was nicht nur sprachlich durch genaue Konkretisisierungen verdeutlicht wird („*körperlichen und seelischen* Schutz von Sportlern, *insbesondere junger* Sportler"), sondern auch aus der aktuellen Dopingproblematik resultiert. Der Bezug auf „junge Sportler" erklärt dann auch die sys-

---

[647] Klarer wäre die Formulierung gewesen: *Die Union trägt zur Förderung der euopäischen Aspekte des Sports bei und berücksichtigt dabei die besonderen Merkmale des Sports, seiner auf freiwilligem Engagement basierenden Strukturen und seiner sozialen und pädagogischen Funktion.*

tematische Verortung der Sportförderung im Zusammenhang mit Jugend und Bildung. Gleichzeitig hat die Union bei der Sportförderung bestimmte Merkmale *„zu berücksichtigen"*.[648] Dabei handelt sich um einen einschränkenden Hinweis der Verfassungsgeber zur Tätigkeit der Union im Bereich der Sportförderung, der darauf verweist, dass es im Sport bestimmte Grenzen der unionalen Einflussnahme gibt, die es zu respektieren gilt. Insofern ist hier bewusst eine die Autonomie des Sports unterstützende und schützende Formulierung eingefügt worden. Der Hinweis, diese *„besonderen Merkmale zu berücksichtigen"*, ist über die konkrete der Tätigkeit der Union zur Sportförderung hinaus zudem nicht unbedeutend, hat er doch als Verfassungsaussage Ausstrahlungswirkung für die Tätigkeit aller Unionsorgane, insbesondere für den EuGH bei der Auslegung und Anwendung europäischen Rechts.[649] Allerdings bleibt offen, was konkret „unter *„berücksichtigen"* zu verstehen ist. Hierauf wird nachstehend noch gesondert eingegangen.[650]

Schutz- und Förderungsauftrag stehen im Rahmen des Art. III-282 somit in engem Zusammenhang. Wahrend allerdings Abs. 2 *„Schutz"* und *„Förderung"* gleichberechtigt nebeneinander aufführt, spricht Abs. 1 nur von der *„Förderung der europäischen Aspekte"*. Insofern ist auffällig, dass der programmatische Aussagegehalt in Abs. 1 wesentlich allgemeiner formuliert ist als in Abs. 2, der die konkreten Ziele der Union darlegt. Insofern ist die *„Förderung"* des Sports als Oberbegriff der unionalen Tätigkeit anzusehen, der als Teilsapekt auch den *„Schutz"* der Sportler umfasst.

IV. Normadressaten und Wirkung

1. Allgemein

Bei politikspezifischen Unionszielen bzw. Staatszielen handelt es sich – wie bereits im allgemeinen Teil herausgearbeitet wurde - um keine Programmsätze, sondern um verbindliches Verfassungsrecht.[651] Dies gilt auch für das Unionsziel der Sportförderung. Wegens seines Charakters als Handlungspflicht steht es - wie bei allen Staats-/Unionszielen - nicht im Belieben der Union, das Unionsziel der Sportförderung anzuvisieren. Hierfür gibt es die Mittel („Fördermaßnahmen", Abs. 4) und den Weg („Entwicklung einer europäischen Dimension *durch…*", Abs.2) vor. Ein ausdrücklicher Normadressat für die Zielbestimmung der Sportförderung wird allerdings nicht genannt. Vielmehr ist generell von der „Union" die Rede. Die Union umfasst alle ihre Organe (Rat, Komission, EuGH, Parlament). Daher ist von der grundsätzlichen Verbindlichkeit – sowohl von Abs.1 als auch von Abs. 2 - für alle rechtssprechenden und rechtsetzenden Organe der Union auszugehen. Hierfür spricht auch, dass sich Unions-

---

[648] *„....unter Berücksichtigung der besonderen Merkmale des Sports, seiner auf freiwilligem Engagement basierenden Strukturen und seiner sozialen und pädagogischen Funktion...." (Abs. 282 Abs. 1).*

[649] Dazu noch ausführlich unter V. 1.

[650] Siehe dazu IV. 2. b).

[651] Dazu ausführlich bereits unter I.

bzw. Staatsziele als Verfassungsprinzipien – im Unterschied zum Gesetzgebungsauftrag – an alle (Staats-)Organe richten.[652] Als Gestaltungsauftrag wendet sich die Zielbestimmung der Sportförderung jedoch insbesondere an den unionalen Gesetzgeber. Dieser hat geeignete Maßnahmen zu erlassen, die auf die Förderung der Fairness und der Offenheit von Sportwettkämpfen und der Zusammenarbeit zwischen den für den Sport verantwortlichen Organisationen sowie auf den Schutz der körperlichen und seelischen Unversehrtheit der Sportler hinwirken. Darüber hinaus haben die rechtsetzenden Unionsorgane das spezifische Anliegen der Sportförderungszielbestimmung auch in allen anderen Rechtsbereichen zu beachten.[653] Die Kommission als unionale Exekutive ist verpflichtet, den Gehalt des Sportförderungsziels bei Auslegung und Anwendung von Sekundärrecht (Verordnungen, Richtlinien, Entscheidungen, Beschlüsse) sowie in ihrer allgemeinen Verwaltungstätigkeit als Abwägungsbelang zu beachten. Gleiches gilt für den EuGH bzw. den EuG. Beide Gerichte haben das politikspezifische Unionsziel als Teil der objetiven Werteordnung des europäischen Verfassungsrechts bei wertungsausfüllungsbedürftigen Begriffen sowie im Bereich des Ermessens zu berücksichtigen. Art. III-282 gewährt – wie alle Verfassungsprinzipien der Staats- und Unionsziele - keine einklagbaren subjektiven Rechte.[654] Es handelt sich vielmehr um objektiv geltendes Verfassungsrecht. *„Der Schutz der körperlichen und seelischen Unversehrtheit der Sportler, insbesondere junger Sportler"* ist daher kein subjetiv-rechtliches Schutzziel, hat aber dennoch eine mittelbar subjektiv-rechtliche Dimesion. [655] Dies folgt daraus, dass Unionsgrundrechte im Lichte des Unionsziels der Sportförderung auszulegen sind. Das Unionsziel der Sportförderung gewinnt auf diese Weise subjektiv-rechtliche Relevanz. Im Folgenden werden die einzelnen inhaltlichen Aspekte des Unionsziels der Sportförderung beleuchtet und ihre rechtliche Wirkung detaillierter untersucht.

2. „Die Union trägt unter Berücksichtigung der besonderen Merkmale des Sports, seiner auf freiwilligem Engagement basierenden Strukturen und seiner sozialen und pädagogischen Funktion zur Förderung der europäischen Aspekte des Sports bei" (Abs. 1)

a) Zugrundeliegendes öffentliches Interesse

Das Unionsrecht anerkennt die *„besonderen Merkmale des Sports, seiner auf freiwilligem Engagement basierenden Strukturen und seiner sozialen und pädagogischen Funktion"* (Abs. 1). Hierin kommen die wesentlichen Aspekte des öffentlichen Interesses zum Ausdruck, die Grundlage des unionalen Sportförderengagements sind: die Vermittlung sozialer Grunderfahrung, Hilfe zu aktiver Freizeitgestaltung, ein Beitrag zur Erziehung und Bildung sowie schließlich Wegbereiter der sozialen Integration der unterschiedlichen Bevölkerungsgruppe in der Union - insbesondere vor dem Hinter-

---

[652] Dazu ausführlich bereits unter I.
[653] Dazu noch ausführlich unter IV.
[654] Dazu ausführlich bereits unter I.
[655] Dazu noch ausführlich unter 6.

grund der Migration im liberalisierten Binnenmarkt.[656] Der Sport fördert die aktive Beteiligung der EU-Bürger an der Gesellschaft und damit die aktive Bürgerschaft.[657] Das kürzlich erschienene Weißbuch Sport der Kommission spricht vom Sport als „ein wachsendes gesellschaftliches Phänomen, das einen wichtigen Beitrag zu den strategischen Zielen Solidarität und Wohlstand der Europäischen Union leistet".[658] Die gesellschaftliche Rolle des Sports kann auch zur Stärkung der Außenbeziehungen der Union beitragen.[659] In diesem Sinne fasst die Zielbestimmung den status quo der bisherigen programmatischen Tätigkeit der Unionsorgane im Bereich der Sportförderung zusammen.

b) Reichweite und Wirkung der Formulierung „berücksichtigen"

Der Europäische Konvent hat als Verfassungsgeber festgelegt, dass die Union diese *„besonderen Merkmale des Sports (...) berücksichtigt"*. Diese Aussage ist der eigentlichen Zielbestimmung in Abs. 2 vorangestellt und hat damit grundsätzliche Bedeutung. Ihr Regelungsinhalt ist für sich genommen nicht unerheblich. Es ist bemerkenswert, dass der europäische Verfassungsgeber dem Sport überhaupt besondere Merkmale und Eigenheiten zuerkennt. Insbesondere der Verweis auf die Berücksichtigung der *„auf freiwilligem Engagement basierenden Strukturen"* ist bedeutsam. Hiermit – und durch die Aussage allgemein - wird ausdrücklich die Autonomie des Sports hervorgehoben. Die Verfassungsaussage bezieht sich dabei nicht nur auf die Tätigkeit der Union aufgrund der Zielbestimmung zur Sportförderung in Abs. 2 bzw. auf die darauf beruhenden Rechtsakte, sondern hat als Wertentscheidung des Verfassungsrechts allgemeine Bedeutung. Der Hinweis auf die *„besonderen Merkmale"* des Sports hat Verfassungsrang und damit bindende Ausstrahlungswirkung für alle Unionsorgane – auch für den EuGH bei der Auslegung und Anwendung europäischen Rechts. Ihre Bedeutung erlangt sie aus systematischer Sicht auch dadurch, dass der Verfassungsgeber *„besondere Merkmale"* bei anderen problemimmanenten Politikfeldern wie der Kultur oder der Umwelt nicht zuerkannt hat. Insofern ist diese Verfassungsaussage für den Sport besonders bedeutsam. Jedoch ist sie äußerst schwerfällig ausgefallen. Weder wird deutlich, was genau unter *„berücksichtigen"* der *„besonderen Merkmale"* zu verstehen ist, noch wie weit diese Berücksichtigung reichen soll. *„Berücksichtigen"* kann sowohl weit als auch eng ausgelegt werden. So könnte *„berücksichtigen"* mit „rücksichtnehmen" gleichzusetzen sein. In diese Richtung ging auch die Forderung der deutschen Sportministerkonferenz, dass *„die europäischen Entscheidungsinstanzen verpflichtet werden* [sollen], *den spezifischen Belangen des Sports Rechnung zu tragen"*.[660] Auch könnte mit *„berücksichtigen"* lediglich die Einbeziehung als Abwägungsbelang gemeint sein, den die Unionsorgane bei der Anwendung und Auslegung europäischen

---

656 Vgl. allgemein zu Verfassungsfragen der staatlichen Sportförderung *Steiner*, DÖV 1983, 173 (176).
657 Weißbuch Sport der Kommission, KOM(2007) 391, S. 2.
658 Weißbuch Sport der Kommission, KOM(2007) 391, S. 2.
659 Weißbuch Sport der Kommission, KOM(2007) 391, S. 3.

660 Beschluß der Konferenz der Sportminister der Länder vom Dezember 1998.

Rechts zu beachten haben. Bei der letzteren Auslegung käme der Formulierung „berücksichtigen“ somit eine geringere rechtliche Wirkung zu als bei der ersteren („rücksichtnehmen“) - auch wenn der letztere Auslegungsweg (Abwägungsbelang) auch nicht ohne Gewicht wäre. Für die Auslegung ist hier bedeutsam, dass die Aussage über die *„Berücksichtigung der besonderen Merkmale“* systematisch wie inhaltlich hinter der Grundaussage nach der Leistung eines Beitrags zur *„Förderung (...) des Sports“* unterzugehen droht. Es liegt dadruch keine eigenständige - und damit klare - Aufforderung an die Unionsorgane vor, auf die besonderen Merkmale des Sports Rücksicht zu nehmen. Für eine enge Auslegung im Sinne eines Gebots der Rücksichtnahme ist die Aussage deswegen zu unbestimmt und undeutlich formuliert. Hierfür spricht auch, dass es dafür ein besonderes verfassungsrechtliches Instrument gibt - die Querschnittsklausel.[661] Hätte der europäische Verfassungsgeber eine entsprechende Wirkung dieser Verfassungsaussage für die Unionsorgane zugunsten des Sport bzw. der Rechtsprosition der Sportverbände im Rahmen der Grundfreiheiten oder des europäischen Wettbewerbsrechts intendiert, wäre sie von ihm systematisch in die Querschnittsklauseln eingereiht worden.

Im Wesentlichen ist der Hinweis, die *„besonderen Merkmale des Sports (...) zu berücksichtigen“*, somit ein verbindlicher Hinweis der Verfassungsgeber mit programmatischem Aussagegehalt. Als objektiv-rechtliche Grundaussage hat sie Verfassungsrang. Insofern weist der Hinweis auf die *„Berücksichtigung der besonderen Merkmale“* die Unionsorgane darauf hin, dass die Eigenarten des Sports als Abwägungsbelang bei ihrer Auslegung und Anwendung des Europäischen Rechts positiv einbezogen werden müssen. Dies ist insbesondere deswegen von Bedeutung, da der EuGH dadurch die *„besonderen Merkmale“* in Verhältnismäßigkeitsprüfungen zukünftig zur Kenntnis zu nehmen hat, wenn er Regelungen der Sportverbände oder Maßnahmen der Mitgliedstaaten mit sportspezifischem Zusammenhang nach ihrer Vereinbarkeit mit den Grundfreiheiten überprüft. Dabei hat dem EuGH die Wertentscheidung der Verfassung als Maßstab bewusst zu sein, dass der Sport besondere Merkmale hat, die berücksichtigt werden müssen. Insofern ist die Aussage bedeutsam, auch wenn ihr Gewicht angesichts der schwerfälligen und unbestimmten Formulierung gegenüber den Anforderungen des Binnenmarktes nicht allzu hoch ist. Neben dem EuGH ist der Hinweis auf die „Berückischtigung der besonderen Merkmale“ auch für den unionalen Gesetzgeber von Relevanz, der ihn bei bei seiner konkretisierenden Normsetzung einzubeziehen hat.

Hervorzuheben ist darüber hinaus die primärrechtliche Erwähnung der *„freiwilligen Strukturen der für den Sport verantwortlichen Organisationen“*, die auf die Bedeutung der Sportvereine und der Sportverbände verweist. Insbesondere kann aus dem Verweis auf die *„Freiwilligkeit“* der durch autonomes Satzungsrecht ausgeprägten Strukturen eine indirekte verfassungsrechtliche Stärkung der grundrechtlichen Gewährleistungen der Sportverbände abgeleitet werden. Zumindest sind Ansätze hierzu sicher nicht von der Hand zu weisen. Hierzu trägt der Verweis auf die Sportverbände als *„verantwortliche Organisation“* für den Sport in Abs. 2 g) bei. Aus dieser Klarstellung ist eine

---

[661] Dazu ausführlich unter D. VII.

grundsätzliche Respektierung ihrer Rolle als Akteur in der Sportpolitik ableitbar, auch wenn die betreffende Formulierung reichlich offen ist und zudem nicht unmittelbar darauf abzielen will. Allerdings fand sich diese Formulierung in der ursprünglichen Fassung von Art. III-282 des Verfassungskonvents nicht, sondern wurde erst im Zuge der anschließenden Verhandlungen der Staats- und Regierungschefs nachträglich eingefügt.[662] Aus dieser Entstehungsgeschichte ist daher eine bewusste und gewollte Entscheidung des europäischen Verfassungsgebers ableitbar. Auch wenn die Formulierung inhaltlich wenig akzentuiert festgelegt wurde, kann ihr in ihren verfassungsrechtlichen Auswirkungen zukünftig Relevanz zukommen. Sie kann als Verfassungsaussage zur Stärkubng der sportverbandlichen Rechtsposition als *„der für den Sport verantwortlichen Organisationen“* im Spannungsverhältnis zu den Grundfreiheiten sowie zu den Anforderungen des europäischen Wettbewerbsrechts beitragen.[663] Für unionsgrundrechtliche Gewährleistungen der Sportverbände – insbesondere im Hinblick auf die Reichweite ihrer Regelungsautonomie - kann die Formulierung bzw. ihre daraus ableitbare Wertung künftig in Abwägungsfällen mit dem Geltungsanspruch der Grundfreiheiten berücksichtigt werden.[664] In Inhalt und Zielsetzung ähnelt die Formulierung im Übrigen der Amsterdamer Erklärung und verschafft ihrer Aussage als Vertragsänderung nun Verfassungsrang.

3. Die Tätigkeit der Union zielt auf die „Entwicklung der europäischen Dimension des Sports durch Förderung der Fairness und der Offenheit von Sportwettkämpfen und der Zusammenarbeit zwischen den für den Sport verantwortlichen Organisationen sowie durch den Schutz der körperlichen und seelischen Unversehrtheit der Sportler, insbesondere junger Sportler“ (Abs. 2)

a) „Entwicklung einer europäische Dimension des Sports“ als Hauptziel

Die Entwicklung der *„europäischen Dimension“* ist das Ziel der Tätigkeit der Union bei der Sportförderung (Abs.2). Auffällig ist zunächst, dass Abs.1 und Abs. 2 wörtlich diesbezüglich nicht übereinstimmen. Während in Abs. 1 von der Förderung der *„europäischen Aspekte“* die Rede ist, spricht Abs. 2 von der Entwicklung der *„europäischen Dimension“*. Ein rechtlich erheblicher Bedeutungsunterschied zwischen beiden Begriffen kann jedoch nicht festgestellt werden. Die Begriffe *europäische Aspekte/europäische Dimension* dürften daher gleichzusetzen sein. Unter dem inhaltlich schwer ausdeutbaren Begriff der *„europäischen Dimension“* des Sports kann eine Leitvorstellung verstanden werden. Diese Leitvorstellung beinhaltet, in der Sportpolitik der Mitgliedstaaten ein europäisches Bewusstsein und eine Überzeugung von der Notwendigkeit der Europäisierung dieses Politikbereichs zu begründen. Diese Europäisierung soll jedoch keineswegs alle Bereiche der Sportförderung erfassen. Das sehr

---

[662] Nr. CIG 87/04. Die ursprüngliche Formulierung des Verfassungskonvents lautete: *„Die Union trägt in Anbetracht der sozialen und pädagogischen Funktion des Sports zur Förderung seiner europäischen Aspekte bei“*, Art. I-182.

[663] Dazu E. II. 2.

[664] Dazu ausführlich E. II. 2.

weit gefasste Ziel der „Entwicklung einer europäischen Dimension" des Sports wird inhaltlich auf die Fairness, Transparenz und den Schutz der Sportler konkretisiert. Die europäischen Dimension des Sports wird damit aus systematischer Sicht abschließend erfasst, was sich im Umkehrschluss zur Zielbestimmung der *„Entwicklung der europäischen Dimension des Bildungswesens"* (Abs. 2 a)) innerhalb desselben Zielkatalogs des Artikels III-282 ergibt. Denn die *„europäische Dimension des Bildungswesens"* wird dort durch das Modaladverb *„insbesondere"* fortgesetzt, was den offenen Charakter der europäischen Dimension diesbezüglich verdeutlicht. Die europäischen Aspekte innerhalb des Sportförderungsziels haben demgegenüber aufgrund des anderslautenden Wortlauts (*„durch"*) keinen lediglich beispielhaften Charakter. Die Notwendigkeit der Begrenzung der europäischen Dimension ergibt sich im Lichte des grundlegenden Prinzips der begrenzten Einzelermächtigung aus dem Umstand, dass der Anwendungsbereich der sekundärrechtlichen Ermächtigungsgrundlage von der Reichweite des in Abs. 2 genannten Ziels abhängig ist. Einer entgegenstehenden Meinung des Europäischen Parlaments, das in Zusammenhang mit Art. 149 EGV (als Vorgängernorm des III-282 EVV), von einem *„Beispielcharakter"* der genannten Ziele spricht, kann nicht zugestimmt werden.[665] Der sportspezifischen Förderungsaktivität der Union werden damit klare inhaltliche Grenzen gesetzt, so dass die abschließende Aufzählung der sportspezifischen „europäischen Dimension" nicht unterlaufen werden darf. Die Tätigkeit der Union wird sich damit auf die *„Förderung der Fairness und der Offenheit von Sportwettkämpfen und der Zusammenarbeit zwischen den für den Sport verantwortlichen Organisationen sowie auf den Schutz der körperlichen und seelischen Unversehrtheit der Sportler, insbesondere junger Sportler"* begrenzen. Angesichst der Tatsache, dass sich im Zusammenhang mit der Dopingproblematik die Förderung der Fairness und der Offenheit von Sportwettkämpfen und der Schutz der körperlichen und seelischen Unversehrtheit der Sportler inhaltlich überschneiden, werden sich unionale Sportförderungsaktivitäten daher maßgeblich auf den Bereich der Dopingbekämpfung konzentrieren.

Der EuGH hat - in einem anderen Zusammenhang - entschieden, dass eine Fördermaßnahme das normierte Ziel als Primärzweck verfolgen muss.[666] Nicht ausreichend ist es demnach, wenn eine Fördermaßnahme der Union im Bereich des Sports andere inhaltliche Schwerpunkte zur Entwicklung einer „europäischen Dimension" als in der Zielbestimmung fördert und die dort genannten Aspekte (*„durch Förderung der Fairness und der Offenheit von Sportwettkämpfen und der Zusammenarbeit zwischen den für den Sport verantwortlichen Organisationen sowie durch den Schutz der körperlichen und seelischen Unversehrtheit der Sportler, insbesondere junger Sportler"*) allenfalls nebenbei beinhaltet. Deshalb ist der Zielkatalog im Bereich des Sports sehr restriktiv im Hinblick auf die thematische Vorarbeit der Unionsorgane ausgefallen. Lediglich der Schutzaspekt für die Sportler im Zuge der Dopingbekämpfung gewinnt eigenständiges Gewicht. Dieser konkretisiert den allgemeinen Aspekt der Fairness um eine individualschützende Dimension.

---

[665] Beschluss des Europäisches Parlaments, ABl. 1992 C 150/366.
[666] Im Zusammenhang mit der Bildung: EuGH, Rs. C-278/96, Slg. 1988, S. 3161 (3195) – Brown.

b) Dopingproblematik und mögliche Dopingbekämpfung durch die Union

aa) Dopingbekämpfung

In Anbetracht der besonderen Merkmale des Sports soll die Union einen *„Beitrag"* zur *„Förderung"* der *„europäischen Dimesion"* des Sports leisten. Hieran wird deutlich, dass sich die Union im Verhältnis zum Sport zuerst und vor allem auf dessen Förderung beschränken soll. Worin die europäische Dimesion des Sports besteht, wird abschließend in der Zielbestimmung festgelegt (Abs. 2 g). Zur *„europäische Dimension"* gehören danach - neben der Förderung *„der Zusammenarbeit zwischen den für den Sport verantwortlichen Organisationen"* - die *„Förderung der Fairness und der Offenheit von Sportwettkämpfen (...) sowie der Schutz der körperlichen und seelischen Unversehrtheit der Sportler, insbesondere junger Sportler"*. Die Formulierung verdeutlicht, dass das gesamte politikspezifische Unionsziel der Sportförderung im Wesentlichen im Lichte der Dopingbekämpfung steht, sofern man *„die Förderung der Fairness von Sportwettkämpfen"* und den gesundheitlichen *„Schutz der Sportler"* als komplementäre Teile einer öffentlichen Aufgabe betrachtet. Auch die Förderung *„Zusammenarbeit zwischen den für den Sport verantwortlichen Organisationen* ist im wesentlichen vor dem Hintergrund der Dopingbekämpfung einzuordnen.[667] Bereits der *konstitutionelle Ausschuß des Europäischen Parlaments* hatte in seinem Beitrag für den Europäischen Verfassungskonvent die Dopingbekämpfung *„als eines der sehr konkreten Probleme im Bereich des Sports"* hervorgehoben und den Schwerpunkt der europäischen Zielfestlegung damit vorgegeben.[668] Hinter diesem normativen Regelungsbedürfnis steht das offensichtliche Bemühen der Union, die Dopingbekämpfung auf europäischer Ebene zu fördern und zu gewährleisten, um so der Gesundheit der Sportler Rechnung zu tragen.[669] Gleichzeitig bringt die Festlegung als politikspezifisches Unionsziel eine grundlegende unionale Wertentscheidung zur Übernahme unionaler Verantwortung in diesem Problemfeld zum Ausdruck.[670] Das Unionsziel der Sportförderung stellt damit ein weiteres Beispiel öffentlicher Aufgaben dar, die zur effektiven Aufgabenerfüllung auf die europäische Verfassungsebene verlagert werden, um Defizite staatlicher Steuerungsmöglichkeiten in diesem gesellschaftlichen Problembereich zu beheben. Dass ein offensichtliches Regelungsbedürfnis angesichts der zunehmenden Dopingproblematik im Jugend- und Profisport besteht, ist nicht zu bezweifeln. Systematisches Doping findet sich zunehmend im Bereich der Jugendsportausbildung, in der junge Sportler vor den Leistungsanforderungen ihrer Trainer geschützt werden müssen, da sie die gesundheitlichen Auswirkungen der Einwilligung in die Einnahme leistungssteigernder Substanzen noch nicht zu übersehen vermögen.[671] Fairplay, Chancengleichheit und Glaubwürdigkeit des Leistungssports als zentrale

---

[667] Das Weißbuch Sport der Kommission sieht als potenzielle Fördermaßnahme der Zusammenarbeit der Sportverbände insbesondere die Organisation des EU-Sportforums vor, KOM(2007) 391.

[668] Europäisches Parlament, Ausschuß für konstitutionelle Fragen, Bericht vom 24. April 2002, A5-0133/2002, S. 19.

[669] *Nolte*, Sport und Recht, S. 38.

[670] Vgl. dazu schon die Ausführungen unter A. IV. 2. b)(2) (c) (i).

[671] Eigenverantwortliche Selbstgefährdung muss insbesondere bei Kindern außer Betracht bleiben.

sportethische Begriffe begründen somit einen wesentlichen Teil des öffentlichen Interesses als Gemeinwohlbelang auf unionaler Ebene. Dabei werden die Transferwirkungen zwischen Leistungs- und Breitensport berücksichtigt, die Vorbildfunktionen mit sich bringen. Im verfassungsrechtlichen Schutzauftrag für die Gesundheit der Sportler findet sich unter dem Gesichtspunkt der Humanität des Sports die zentrale Wertentscheidung des Schutzes der Menschenwürde wieder, die als Kern beider Verfassungsebenen im Verfassungsverbund als übergeordnete Werteordnung in alle Bereiche ausstrahlt.[672]

bb) Mögliche Maßnahmen

Die Union will mit dem Unionsziel der Sportförderung einen koordinierten Ansatz zur Dopingbekämpfung gewährleisten. Die Dopingbekämpfung auf europäischer Ebene soll dabei einerseits die Strafverfolgung, andererseits die Aspekte Gesundheit und Verhütung berücksichtigen.[673] Mit dem *„Schutz der Sportler“* wird die Dopingproblematik auf Unionsebene dementsprechend – stärker noch als bisher in der öffentlichen Diskussion – zunächst unter dem Gesichtspunkt der Vermeidung von Gesundheitsschädigungen eingeordnet. Die Union verpflichtet sich im Zuge der Dopingbekämpfung mit der Festlegung als Unionsziel, (finanzielle) Beiträge zur Unterbindung von Dopingmethoden und Dopingwirkstoffen zu leisten. Durch das Unionsziel der Sportförderung sind zukünftig zudem Aufklärungs- und Informationskampagnen der Union zu erwarten. Neben solchen instrumentalen Möglichkeiten kann eine dopingbekämpfende Sportförderung auch institutionell durch die Schaffung besonderer Einrichtungen gewährleistet werden, die die Sportpolitik der Mitgliedstaaten in Sachen Doping unterstützt und koordiniert. Die Kommission kann dabei eine „Vermittlerfunktion“ übernehmen z.B. durch die Unterstützung eines Netzwerks nationaler Dopingbekämpfungsstellen der Mitgliedstaaten.[674] Hierzu kann auch die Errichtung einer europäischen Dopingbekämpfungsagentur gehören, was die Dopingbekämpfung mitgliedstaatlich übergreifend effektivieren würde. Daneben umfassen die Förderungsmöglichkeiten u. a. die (finanzielle) Förderung nationaler Dopingbekämpfungsagenturen, die Hilfe beim Aufbau von Dopingbekämpfungslaboratorien und von länderübergreifenden, spezialisierten Dopingbekämpfungspersonal (Ausbildung der Ärzte, Gewährleistung der Mittel etc.) auf mitgliedstaatlicher Ebene. Neben der Gesundheitsförderung sind durch das Unionsziel auch Maßnahmen der Union zur Unterstützung bei der Strafverfolgung im Zuge der Dopingbekämpfung möglich. Zwischen den Strafverfolgungsbehörden (Grenzschutz,nationale lokale Polizei etc.) der Mitgliedstaaten, den von der Welt-Anti-Doping-Agentur (WADA) akkreditierten Labors und Interpol können Partnerschaften entwickelt werden, um Informationen über neue Dopingsubstanzen und –verfahren austauschen zu können. Die Union kann diese Bemühungen durch Schulungen und Vernetzung von Ausbildungseinrichtungen für Strafverfolgungsbeam-

---

672 Allgemein hierzu *Häberle* in Isensee/Kirchhof, Handbuch des Staatsrechts I, § 20, Rn. 8.
673 Weißbuch Sport der Kommission, KOM(2007) 391, S. 5.
674 Weißbuch Sport der Kommission, KOM(2007) 391, S. 5.

te unterstützen.[675] Die nationale Verantwortungsebene hat sich bei der Dopingbekämpfung zum Schutz der Sportler mit der europäischen Ebene zu vernetzen und effektiv anzupassen.[676] Denn die staatenübergreifende Verbreitung des Dopingproblems zeigt sich im systematischen Einsatz und Handel von Dopingmitteln, der zunehmend von globalen Netzwerken organisiert wird. Hieraus gebietet sich eine kooperative Bekämpfung des Dopingproblems auf europäischer Ebene. Dazu gehört die Festlegung gemeinsamer Positionen der Mitgliedstaaten im Rahmen des Europarats, der WADA und der UNESCO sowie der Austausch von Informationen zwischen den Regierungen und den nationalen Dopingbekämpfungsstellen.[677] Die Union trägt dazu bei, den Sport wie auch die Mitgliedstaaten bei der Bewältigung dieser Aufgabe in die Pflicht zu nehmen. Hierbei erfüllt sie über die Zuwendung von finanziellen Mitteln an die Mitgliedstaaten, die sie an die Sportorganisationen weiterleiten, eine Steuerungsfunktion. Zur koordinierten und effektiven Dopingbekämpfung in der Union ist zudem eine konsequente Anwendung der UNESCO-Konvention über Doping im Sport von Bedeutung.[678] Diese ist aber erst von wenigen Mitgliedstaaten ratifiziert worden.

Die Förderung der Zusammenarbeit der *„für den Sport verantwortlichen Organisationen“* ist daher auch primär in den dopingspezifischen Bekämpfungszusammenhang einzuordnen. Gleichzeitig verdeutlicht der dopingspezifische Förderungsaspekt, dass das für den Bereich des Sports geltende „Subsidiaritätsprinzip“ zwischen Hoheitsträgern und Sportverbänden auch auf europäischer Ebene gilt. Danach kommt die Union dem Sport zu Hilfe, wenn und soweit dessen Kräfte und Mittel im Hinblick auf ein gesellschaftliches Problem in Anbetracht der Komplexität der Aufgabe nicht ausreichen.[679] Die Union ist mit dem politikspezifischen Unionsziel der Sportförderung bereit, Verantwortung in der Dopingbekämpfung unter gesundheitlichen und sportethischen Gesichtspunkten zu übernehmen und aus dieser Verantwortung heraus gesetzgeberische Schritte in Form von Fördermaßnahmen zu unternehmen.[680]

c) Schutzauftrag und seine mittelbar subjektiv-rechtliche Dimension

Bei dem politikspezifischen Unionsziel der Sportförderung handelt es sich um ein inhaltlich qualifiziertes Unionsziel, dass nicht den sonst bei verfassungsrechtlichen Zielbestimmungen üblichen hohen Abstraktionsgrad aufweist, sondern die Zielverwirklichung ihrem Inhalt nach materiell konkretisiert. Als qualifizierte Unionsziele können solche Ziele bezeichnet werden, die einen dichten Regelungsgehalt aufweisen. Sie stellen daher eine Kombination aus final- und kausalprogrammierten Normelementen

---

675 Weißbuch Sport der Kommission, KOM(2007) 391, S. 5.

676 Zur Konzeption des Verantwortungsverbund A. IV. 2. b)(2) (c) (ii).

677 Weißbuch Sport der Kommission, KOM(2007) 391, S. 5.

678 Weißbuch Sport der Kommission, KOM(2007) 391, S. 5. Die UNESCO-Konvention über Doping im Sport trat am 1.2.2007 in Kraft.

679 *Steiner*, NJW 1991, 2729 (2730).

680 Auf staatenübergreifender Ebene wurde zudem zuvor das Übereinkommen gegen Doping mit einer Europäischen Anti-Doping-Charta im Rahmen des Europarats am 16.11.1989 beschlossen.

dar.[681] Art. III-282 EVV ist tätigkeitsbezogen formuliert. Er fordert den „*Schutz der körperlichen und seelischen Unversehrtheit der Sportler, insbesondere junger Sportler*" ein. Damit wird eine verfassungsrechtliche Schutzpflicht aufgestellt.[682] Auch wenn die Verantwortung für die eigene leiblich-seelische Integrität grundsätzlich beim einzelnen Unionsbürger liegt, gibt die konkrete Schutzpflicht der Union damit eine öffentliche Aufgabe, den massenhafte Missbrauch von gesundheitsschädlichen Dopingmitteln in allen Bereichen des Sports zu bekämpfen, um so die Sportler zu schützen. Die geforderte Tätigkeit lässt sich dabei nur im Hinblick auf das Ziel verstehen – die Gewährleistung der gesundheitsfördernden Aspekte des Breiten- und Spitzensports. Zum Schutz der Sportler gehören sportspezifische Fördermaßnahmen zur Abwehr ihrer Schädigung durch Dritte. Daneben erfasst der Schutzauftrag auch die Unterlassung von unionalen Maßnahmen, die für Sportler unmittelbar oder mittelbar eine Gefahr mit sich bringen könnten. Insweit ist die Gefahrenabwehr angesprochen. "*Schutz*" umfasst aber auch positives Handeln zur Beseitigung bereits eingetretener Schädigungen bei (jungen) Sportlern. Der europäische Verfassungsgeber begreift die Dopingfrage somit primär als Anwendungsfall seiner Verantwortung für die Gesundheit der sporttreibenden Unionsbürger. Hierzu gehört auch der Aufruf an die Sportorganisationen einen Verhaltenskodex zur besseren Aufklärung der Sportler zu entwickeln.[683]

Der Schutz der Gesundheit (junger) Sportler stellt dabei ein konkretes Schutzobjekt dar. Die Verpflichtung der Union besteht in erster Linie darin, Beeinträchtigungen dieses Schutzobjektes zu unterlassen oder abzuwehren. Insofern gleicht die Struktur der Norm eher den Grundrechten als den anderen im Katalog des Europäischen Verfassungsrechts normierten politikspezifischen Unionszielen. In dieser Form und Struktur der verfassungsrechtlichen Normierung begründet die individual ausgerichtete Schutzpflicht des Sportförderungsziels einen verfassungsrechtlichen Präzendenzfall innerhalb der Gemeinwohlziele der Union. Jedoch gehen von Art. III-282 EVV keine unmittelbaren subjektiven Rechte aus. Dies ergibt sich schon im systematischen Umkehrschluss daraus, dass der Sport bei im Grundrechtskatalog von Teil II des Verfassungsvertrages keine Erwähnung gefunden hat. Darüberhinaus verleihen Unionsziele grundsätzlich keine subjektiv einklagbaren Rechte. Das Unionsziel der Sportförderung kann allerdings Grundrechte anreichern, indem es grundrechtliche Gewährleistungen verstärkt. Es geht also um eine indirekte Geltendmachung der Zielbestimmung innerhalb anderer Rechte. Insbesondere die grundrechtliche Pflicht der Union, Leben und körperliche Unversehrtheit zu schützen, wird als subjektiver Anspruch der Unionsbürger durch die besondere inhaltliche Ausrichtung des Unionsziels der Sportförderung um eine verfassungsrechtliche (sportspezifische) Komponente akzentuiert. Der abwehrrechtliche Gehalt dieser Grundrechte wird dabei vom sportspezifischen, objektivrechtlichen Schutzauftrag des Unionsziels der Sportförderung flankiert. Insofern wird

---

681 Vgl. auch *Sommermann*, Staatsziele und Staatszielbestimmungen, S. 382.

682 Dazu bereits allgemein unter A. IV. 2. b) bb) (2) (ii) – Justiziabilität und Untermaßverbot. Konkret im Hinblick auf das Unionsziel der Sportförderung D. I. 3 - Justiziabilität.

683 Weißbuch Sport der Kommission, KOM(2007) 391, S. 5.

eine Brücke zwischen unionaler Schutzpflicht im Sport und privater Schutzgewähr im Rahmen subjektiver Rechte geschlagen. Hierun besteht die mittelbare subjektive-rechtliche Dimension des *„Schutzes der körperlichen und seelischen Unversehrtheit der Sportler“*. Es handelt sich um einen Verfassungsauftrag zum dynamischen Grundrechtsschutz.

Der Schutzgutauftrag für die Gesundheit junger Sportler regelungssystematisch umso notwendiger, als im Grundrechtekatalog alle weiteren Politikfelder der mit der Sportförderung identischen Kompetenzkategorie zusätzlich als subjektiv-öffentliches Recht festgelegt wurden. Ein Recht auf Sport fand dabei jedoch keine Berücksichtigung. Auch findet er im Rahmen der „Gesundheitsvorsorge“ keine Erwähnung. Innerhalb des Grundrechtekatalogs, der in die einzelnen Unterabschnitte *„Würde des Menschen“*, *„Freiheiten“*, *„Gleichheit“*, *„Solidarität“*, *„Bürgerrechte“* und *„Justizielle Rechte“* unterteilt ist, findet sich zwar ein umfassender Katalog von fast 50 subjektiven Rechten analog zum expansiven Zielkatalog der Union. Wieso der Sport hier systemwidrig keine Erwähnung fand, ist vor dem Hintergrund dessen gleichzeitiger Anerkennung als primärrechtlicher Gemeinwohlbelang im Katalog der Politikziele erstaunlich. Der Sport hätte regelungssystematisch seinen Standort innerhalb des Grundrechtekatalogs im Unterabschnitt *„Solidarität“* finden können. Dort findet sich eine große Anzahl von Grundrechten der sog. zweiten Generation als Ausdruck der Wertigkeit von sozialen und wirtschaftlichen Rechten in der Union (Vielfalt der Kulturen, Art. II-22, Recht auf Bildung, Art. II-14 EVV; Recht auf Gesundheitsvorsorge, Art. II-35 EVV, Umweltschutz, Art. II-37 EVV; Verbraucherschutz, Art. II-38 EVV). Mit der Festsetzung des europäischen Grundrechts auf Sport in diesem Regelungszusammenhang hätte auch seinen sozialen Funktionen Rechnung getragen werden können. Verfassungsvergleichend liegt der Grund für seine Nichtberücksichtigung in der Grundrechtecharta in erster Linie darin, dass im Bereich des Sports die Verankerung objektiv-rechtlicher Gewährleistungen in den Verfassungsordnungen der Mitgliedstaaten die Gewährung subjektiver Rechte überwiegt.[684] Insofern drückt die Verankerung des Sports die Essenz gemeineuropäischer, sportspezifischer Verfassungsinhalte aus, über die die europäischen Verfassungsgeber nicht hinausgehen wollten. Verfassungskonzeptionell stimmig ist die Nichtberücksichtigung des Sports im Grundrechtekatalog nicht.

V. Die Unionszuständigkeit für die Sportförderung: Unterstützung und Ergänzung nationaler Zuständigkeiten

1. Kompetenz oder Maßnahme?

a) Grundsätze

Im Zuge der fortschreitenden Integrationsdynamik wurden in den letzten Jahrzenhnten ständig die Kompetenzen der Union erweitert, ohne dass dabei ein klares Konzept der

---

684 Vgl. dazu schon die Ausführungen unter C. I. 1. c) bb) – Sportförderung als Staatsziel in anderen Mitgliedstaaten.

Zuständigkeitsverteilung zwischen Union und Mitgliedstaaten erkennbar gewesen ist.[685] Mit dem Verfassungsvertrag wurde aufgrund der vorherigen Unübersichtlichkeit im EGV ein Kompetenzverteilungskatalog zwischen der Union und den Mitgliedstaaten nach dem Vorbild des Grundgesetzes verankert, der zwischen ausschließlicher, geteilter und ergänzender Zuständigkeit differenziert.[686] Die ergänzende Zuständigkeit findet keine Entsprechung im Kompetenzkatalog des Grundgesetzes und wurde bisher auch nicht in der Rechtsprechung des EuGH als eigene Kategorie eingeführt. Im Spannungsverhältnis zwischen der Stärkung europäischer Integration („Finalität") und der Abwehr fortgesetzten nationalstaatlichen Souveränitätsverlusts bezweckten der Verfassungskonvent sowie. die Staats- und Regierungschefs eine Kompetenzverdeutlichung und eine damit korrespondierende verbesserte Kontrolle der Einhaltung des Subsidiaritätsprinzips. Dazu führt der Verfassungsvertrag die Möglichkeit der gerichtlichen Überprüfung der Einhaltung des Subsidiaritätsprinzips durch den EuGH.[687] Klagebefugt sind die mitgliedstaatlichen Parlamente. Im Innenverhältnis Union-Mitgliedstaaten wurde das vormals komplizierte Kompetenzgeflecht somit systematisiert und mit unionseigenen Begriffen kategorisiert, wo sich die Europarechtslehre bislang mit analogen Begriffen aus dem nationalen Verfassungsrecht behelfen musste.[688]

b) Kompetenz zur Sportförderung

Die Sportförderung findet sich als neu eingeführter Politikbereich im Katalog für „*die Durchführung von Unterstützungs-, Koordinierungs- und Ergänzungsmaßnahmen*"(Art. 17 EVV), die im Teil 3 der Verfassung einzeln dargelegt werden.[689] Er gehört neben der Energiepolitik, dem Schutz des geistigen Eigentums, der öffentlichen Gesundheit, dem Katastrophenschutz und der Raumfahrt zu den neuen Politikfeldern im Europäischen Verfassungsrecht.[690]

Die Zuständigkeitskategorie der Unterstützungs-, Koordinierungs- und Ergänzungsmaßnahmen war im Verlaufe des Verfassungskonvents besonders umstritten, da sie sowohl im nationalen Recht wie in der Rechtsprechung des EuGH bisher keine

---

685 *Nettesheim*, EuR 2004, 511 (514).

686 *Ruffert*, Schlüsselfragen der Europäischen Verfassung der Zukunft, EuR 2004, 185 (189), spricht im Hinblick auf die Kompetenzverteilung vor dem Hintergrund der Breite der Diskussion und der Vielfalt der Vorschläge von einer „Minimallösung", aber von einem „Schritt nach vorn".

687 *Rossi*, Die Kompetenzverteilung zwischen der EG und ihren Mitgliedstaaten, S. 196 (201) in Scholz, Europa als Union des Rechts.

688 Vgl. nur *Jarass*, AöR 121 (1996), 173 (185); *Trüe*, Das System der Kompetenzverteilung zwischen der Europäischen Gemeinschaft und der EU, S. 358 ff.

689 Schon der Europäische Rat von Edinburgh hatte dem Konzept komplementärer Unionsmaßnahmen vor dem Hintergrund des Subsidiaritätsprinzips eine besondere Bedeutung beigemessen, indem er erklärte, dass „bei der Wahl der Gemeinschaftsmaßnahmen solche Maßnahmen bevorzugt werden sollten, (...) die die Maßnahmen der Mitgliedstaaten lediglich ergänzen, unterstützen, vervollständigen oder koordinieren." EA 1993, S. D 10.

690 *Nettesheim*, EuR 2004, 511 (518).

Entsprechung findet und daher vollständig der Definition bedarf.[691] Deshalb sahen viele Mitglieder des Konvents in diesen Politikbereichen eine weitere Kompetenzverlagerung an die Union. Insbesondere die Vertreter des deutschen Föderalismus äußerten massive Kritik an der drohenden Verlagerung zentraler Bestandteile der Länderkompetenzen – gerade im Hinblick auf die Sportförderung.[692] Dementsprechend zurückhaltend wurde die Kompetenzkategorie im Verfassungsvertrag ausgestaltet. Gegen viele Widerstände der Vertreter der Unionsorgane im Verfassungskonvent setzten die Regierungsvertreter der Mitgliedstaaten durch, dass die Kategorie formal nicht als *„Kompetenz"*, sondern nur als *„Maßnahme"* im Verfassungsvertrag verankert wird, so dass dadurch nicht *„die Zuständigkeit der Union an die Stelle der Zuständigkeit der Mitgliedstaaten tritt"* (Art. 12 Abs. 5 EVV).[693] Zugleich müssen diese *„Maßnahmen"* mit „europäischer Zielsetzung" getroffen werden (Art. 17 Satz 2 EVV). Mit dieser formalen, terminologischen Differenzierung kann jedoch keine andere Bewertung der Kategorie verbunden sein.[694] So verzichtete man auf eine ursprünglich weit schärfere Formulierung in Form der *„uneingeschränkten Zuständigkeit"* der Mitgliedstaaten und selbst die Einleitung im Abschlußbericht der Arbeitsgruppe *„ergänzende Zuständigkeit"* des Konvents stellte klar, das *„die ergänzende Zuständigkeit Bestandteil der allgemeinen Regelung der Unionszuständigkeit"* ist.[695] Hierauf verweist auch die Überschrift *„Arten der Zuständigkeit"* im einführenden, allgemeinen Kompetenzteil des Art. 12 EVV, der in Abs. 5 auch die *„Ergänzungs- und Unterstützungsmaßnahmen"* aufführt. Auch heißt es dort, in diesen Bereichen sei die *„Union dafür zuständig"*. Substantiell liegen somit auch dort, wo der Verfassungsvertrag der Union lediglich Ergänzungs- und Unterstützungsmaßnahmen zuweist, Kompetenzen der Union vor.[696] Dementsprechend äußerte sich auch der *Ausschuss für konstitutionelle Fragen des Europäischen Parlaments* in seinem Abschlussbericht: *„Von den geteilten Zuständigkeiten haben einige ergänzenden Charakter: Dazu gehört (...) der Sport"*.[697] Für den Bereich der ergänzenden Zuständigkeit gilt eine Harmonisierungsperre (Art. 12 Abs. 5 EVV).

---

[691] So „vermittele diese Formulierung nicht, um welche Art der Beziehung es in diesem Bereich zwischen der Union und den Mitgliedstaaten wirklich geht." Zusammenfassende Äußerung der Kritiker im Verfassungskonvent, CONV 375/1/02. Zustimmend gegenüber beispw. Mr Edmund Wittbrodt, Representative of the Polish Parliament, member of the Convention, at the third plenary session of the European Convention, held on the 15-16 April 2002.

[692] Beitrag des Mitglieds des Konvents Erwin Teufel (Ministerpräsident Baden-Württemberg) in Form einer „Entschließung des deutschen Bundesrates zu den Themen des Konvents zur Zukunft der Europäischen Union": „Die Sportpolitik fällt nicht in den Zuständigkeit der EU. Auch in Zukunft sollte der EU keine entsprechende Zuständigkeit übertragen werden." Bundesrat Drucksache 586/02, S. 17.

[693] Abschlußbericht der Arbeitsgruppe „Ergänzende Zuständigkeiten" im Verfassungskonvent, CONV 375/1/02. Vgl. dazu auch die Ausführungen des Mitglieds des Europ. Parlaments *Wuermeling*, Kalamität Kompetenz, EuR 2004, S. 216 (223).

[694] CONV 375/1/02 - Einleitung.

[695] CONV 375/1/02, S. 1.

[696] *Nettesheim*, EuR 2004, 511 (530).

[697] Europäisches Parlament, Ausschuß für konstitutionelle Fragen, Bericht vom 24. April 2002, A5-0133/2002, S. 23.

Aufgrund des den Mitgliedstaaten (bzw. deren nationalen Parlamenten) durch den Verfassungsvertrag neu eingeräumten Klagerechts im modifizierten Subsidiaritätsprotokoll soll die Einhaltung des Subsidiaritätsprinzip in diesem Kompetenzbereich effektiver zur Anwendung kommen.[698]

2. Koordinierung, Unterstützung und Ergänzung der Sportförderung durch die Union

Artikel III-282 des Verfassungsvertrages begrenzt die Tätigkeit der Union auf einen Beitrag zur Sportförderung der mitgliedstaatlichen Sportpolitik im Hinblick auf die abschließenden Aspekte der *„europäischen Dimension des Sports“*. Die Tatbestandsmerkmale *„fördern“*, *„unterstützen“* und *„ergänzen“* verweisen auf die kooperativen Verfassungsstrukturen im Bereich der Sportpolitik.[699] Sie konkretisieren unter dem Oberbegriff der *„Förderung“* die Beitragsleistung der Union, die eine eigenverantwortliche Sportpolitik der Mitgliedstaaten voraussetzt. Der Begriff der Förderung weist dabei eine Nähe zum Begriff der finanziellen Zuwendung („Subventionierung“) und damit zu einer Verwaltungskompetenz auf. Indes geht es hier zunächst um eine Kompetenz zur Rechtsetzung, auf deren Grundlage Förderungsmöglichkeiten finanzieller und ideeller Art eröffnet werden. Eine rechtliche Definition der Kooperationsformen *„fördern“*, *„unterstützen“* und *„ergänzen“* enthält der Verfassungsvertrag, entgegen der Forderung des *konstitutionellen Ausschusses des Europäischen Parlaments* im Verfassungskonvent, nicht.[700] Zu den in Frage kommenden Maßnahmen zählte der Verfassungskonvent *„finanzielle Hilfe, die Zusammenarbeit der Verwaltungen, Pilotprojekte und alle möglichen anderen Maßnahmen.“*[701] Bei der Spezifik der Kompetenzkategorie fällt ihr akzessorischer Charakter ins Auge. Eine Förderung durch die Union kann aus der Natur der ergänzenden bzw. unterstützenden Zuständigkeit nur dann einsetzen, wenn die Mitgliedstaaten in dem Bereich, wie ihn das Unionsziel der Sportförderung vorgibt, schon tätig geworden sind. Denn eine unterstützende Wirkung kann erst dann vorliegen, wenn die Fördermaßnahmen zur Verwirklichung bereits angelaufener oder zumindest bereits geplanter Tätigkeiten der Mitgliedstaaten beitragen können. Die Arbeitsgruppe *„Ergänzende Zuständigkeiten“* im Europäischen Verfassungskonvent forderte darüber hinaus *„Vorschriften von geringer Intensität“*, die die Union im Sportbereich setzen darf, so dass die Union das Ergebnis der sportpolitischen Tätigkeit der Mitgliedstaaten weder in Form politischer Leitlinien noch Koordi-

---

[698] In der Diskussion im Konevnt waren in diesem Zusammenhang auch ein aus Parlamentariern der Mitgliedstaaten zusammengesetzter Subsidiaritätsausschuß oder ein paritätisch besetzter Kompetenzgerichtshof. Vgl. dazu *Goll/Kenntner*, EuZW 2002, 101; *Koenig/Lorz*, JZ 2003, 167 (172); *Pernice* Die Europäische Verfassung, in FS Steinberger, S. 1319 (1331); *Pache*, EuR 2002, 767 ff.

[699] *Blanke* in Calliess/Ruffert, Art. 151 EGV, Rn. 4.

[700] „Auch hier (...) müsste die Tragweite der Gemeinschaftsmaßnahmen präzisiert werden“ Europäisches Parlament, Ausschuß für konstitutionelle Fragen, Bericht vom 24. April 2002, A5-0133/2002, S. 23.

[701] Arbeitspapier Verfassungskonvent, CONV 375/1/02, S. 4.

nierungsfunktionen mitbestimmen darf.[702] Unionale Fördermaßnahmen im Sport müssen somit an eigenverantwortliche Tätigkeiten der Mitgliedstaaten anknüpfen bzw. setzen diese gerade voraus. Sie können nur unter dieser Voraussetzung – wenn auch im begrenzten Rahmen – eigenständige Aktivitäten im Rahmen der in der Zielbestimmung eng umrissenen Aspekte verfolgen.[703] Diesbezüglich besteht eine besondere Rücksichtnahmepflicht der Union. Die mitgliedstaatliche Sportförderungspolitik ist als „*Dreh und Angelpunkt*“ aller Unionsmaßnahmen zu verstehen („*Primat der mitgliedstaatlichen Politik*“).[704] Im Grundsatz muss den Mitgliedstaaten demnach die inhaltliche Steuerungsgewalt verbleiben. Nach einer Ansicht in der Literatur ist der Union dabei jede eigenständige Vervollständigung nationaler Politik innerhalb der ergänzenden und unterstützenden Tätigkeiten versagt.[705] Indessen wird man der Union die Verfolgung eigenständiger Ziele im Rahmen ihrer eng umrissenen, ergänzenden Sportförderungspolitik zubilligen müssen. Dies ergibt sich für die sportspezifischen Aspekte innerhalb des Art. III-282 aus systematischer Betrachtung auch aus einem Gegenschluss. Im Gegensatz zum Bereich der Bildung, wo der europäische Verfassungsgeber ergänzend hinzugefügt hat, dass die Union „*strikt die Verantwortung der Mitgliedstaaten*“ für Inhalt und Gestaltung des Bildungssystems zu beachten hat (Abs. 1), sah er von einer derartigen Pflicht für die Union im Bereich der Sportförderung ab. Die Union kann im Bereich der europäischen Dimension der Sportpolitik somit zu einem geringem Maße auch eigenständige Akzente setzen. Dabei muss es sich aber zumindest „*um Fälle handeln, in denen die Union und Mitgliedstaaten ein gemeinsames Interesse haben*“ - wie es im Abschlußbericht der Arbeitsgruppe „*Ergänzende Zuständigkeiten*“ im Verfassungskonvent dargelegt ist.[706] Ein gemeinsames Interesse kann bereits vorliegen, wenn die Fördermaßnahmen in sachlichem Zusammenhang mit den Aktionen der Mitgliedstaaten stehen.[707] Darüberhinaus ist auch eine Anregung von Aktivitäten der Mitgliedstaaten bei noch nicht bestehenden nationalen Programmen im Bereich der Sportförderung (bspw. Dopingbekämpfungsprogramme) denkbar, die Wege und Lösungen aufzeigt, solange die Union dabei keine selbstständige Gestaltung verfolgt. Dementsprechend formuliert der konstitutionelle Ausschuss des Europäischen Parlaments in seinem Beitrag zum Verfassungskonvent relativierend, dass die Initiative „in erster Linie“ bei den Mitgliedstaaten verbleiben muss.[708]

---

[702] Arbeitspapier Verfassungskonvent, CONV 375/1/02, S. 3.

[703] *Schweitzer/Hummer*, Europarecht, Rn. 1654.

[704] *Basedow*, S. 49 (61), in FS Everling.

[705] Zur Kultur diesbezüglich *Hochbaum*, BayVBl. 1997, 681 ff.

[706] Abschlußbericht der Arbeitsgruppe „Ergänzende Zuständigkeiten“ im Verfassungskonvent, CONV 375/1/02, S. 3.

[707] Zutreffend *Ress/Ukrow* in Grabitz/Hilf, Art. 151 EGV, Rn. 43.

[708] Europäisches Parlament, Ausschuß für konstitutionelle Fragen, Bericht vom 24. April 2002, A5-0133/2002, S. 23.

VI. Fördermaßnahmen

1. Charakter von Fördermaßnahmen

Zur Verwirklichung der unionalen Sportzielbestimmung kann die Union „*Fördermaßnahmen*“ erlassen. Art. 282 EVV legt somit nicht nur das „Was“ der Sportförderung verbindlich fest, sondern er regelt gleichzeitig das „Wie“ der Zielverwirklichung. Der Begriff der „*Fördermaßnahme*“ wird – wie bereits im EGV - im Verfassungsvertrag nicht definiert, so dass sie zu den formal nicht gekennzeichneten Rechtshandlungen der Union im Verfassungsvertrag gehören.[709] Dadurch bilden Fördermaßnahmen eine eigenständige Kategorie im Katalog der unionalen Handlungsformen.[710] Nach nationalem Verfassungsverständnis sind Fördermaßnahmen auf die Entfaltung von Bestehendem und die Entwicklung von Neuem ausgerichtet. Sie haben auf die Tätigkeit der Mitgliedstaaten im Bereich der Sportförderung eine stimulierende Wirkung auszuüben.[711] Um rechtliche Wirkungen zu entfalten, werden Fördermaßnahmen oft als Beschluss des unionalen Gesetzgebers verabschiedet. Nach den Schlussfolgerungen des Europäischen Rates von Edinburgh 1993 bezeichnet der Begriff Fördermaßnahmen „*Gemeinschaftsmaßnahmen zur Stärkung der Zusammenarbeit zwischen den Mitgliedstaaten oder zur Unterstützung oder Ergänzung ihres Handelns in den betreffenden Bereichen, gegebenenfalls die finanzielle Unterstützung von Gemeinschaftsmaßnahmen oder einzelstaatlicher Maßnahmen zur Erreichung der Ziele*“ dieses Artikels.[712] Auch wenn sich die Rolle der Union durch Fördermaßnahmen somit nicht von vorne herein auf finanzielle Anreize beschränkt, wird die Sportförderung in Form finanzwirksamer Aktionsprogramme im Mittelpunkt stehen. Ausgeschlossen sind dabei zwingend zu erfüllende Vorgaben inhaltlicher Art durch die Mitgliedstaaten.[713] Fördermaßnahmen sind nur unter Ausschluss jeglicher Harmonisierung der Rechts und Verwaltungsvorschriften der Mitgliedstaaten zulässig. Daher darf die Union die Gewährung finanzieller Hilfe an Private nicht zum Anlass nehmen, ihre Vorstellungen über Modalitäten der zu fördernden Tätigkeit oder des zu fördernden Vorhabens durch Auflagen oder Bedingungen durchzusetzen.[714] Mittelbar betreffen diese rechtlichen Rahmenbedingungen unionaler Fördermaßnahmen auch die Sportvereine und Sportverbände, deren Haushalte ein steigender Subventionsanteil kennzeichnet. Die Union hat auf dem Gebiet der Sportförderung damit keine Möglichkeit, die Politik der Mitgliedstaaten gegen deren Willen in eine bestimmte Richtung zu lenken. Sie kann ihnen dazu allenfalls Anreize vermitteln; dies kommt in der englischen Fassung („*incentive measures*“) und in der französischen Fassung („*actions d`encouragement*“) besser zum Ausdruck als im deutschen Begriff der „Fördermaßnahme“. Der Begriff der „Anschub- oder Anreizmaßnahme/finanzierung“ wäre daher passender. Damit wird im Übrigen die Zweckbestimmung der Förderung deutlich, die sich nicht auf eine dauer-

---

[709] *Hans-Peter Ipsen*, Europäisches Gemeinschaftsrecht, S. 462.
[710] *Oppermann*, Europarecht, Rn. 577.
[711] Zur Bildung: *Fischer* in Lenz, Art. 149 EGV, Rn 18.
[712] Europäischer Rat, EA 1993, S.D. 2 (9).
[713] Zur Bildung: *Krebber* in Calliess/Ruffert, Art. 149 EGV, Rn. 15.
[714] Vgl. dazu allgemein: *Steiner*, NJW 1991, 2729 (2730).

hafte finanzielle Unterstützung, sondern auf einen zeitlich bestimmbaren Raum richtet, bis zu dessen Ablauf das Ziel, Anreize zu setzen, erreicht sein soll.

Inwieweit das Unionsziel der Sportförderung eine Konzentration der mitgliedstaatlichen Sportförderung auf die Dopingbekämpfung zur Folge haben wird, bleibt abzuwarten. So werden nationale Behörden in diesem Bereich verstärkt tätig werden, um von der unionalen Ebene finanziell zur Entlastung der eigenen nationalen Haushalte unterstützt zu werden. Hieraus folgt dann letztlich doch eine indirekte Harmonisierung der nationalen Sportförderungspolitik. Die nationale Sportpolitik wird sich zudem für die Inanspruchnahme von unionalen Fördermaßnahmen eng mit der Kommission abstimmen. Insofern besteht jenseits der sehr begrenzten Kompetenz der Union im Politikfeld der Sportförderung ein erhebliches, mittelbares Einwirkungs- und Steuerungspotential der europäischen Ebene für die inhaltliche Ausrichtung nationaler Sportförderungspolitik.

2. Mitwirkungspflichten der Mitgliedstaaten

Die Mitgliedstaaten müssen der Union bei Fördermaßnahmen behilflich sein. Den Mitgliedstaaten obliegen ungeachtet ihrer primären sportpolitischen Verantwortlichkeit bei Fördermaßnahmen Mitwirkungspflichten - insbesondere im Hinblick auf Verfahrensfragen bei der Verteilung von Fördergeldern.[715] So hat der EuGH zumindest zur unionalen Bildungspolitik entschieden. Er sprach sich dabei für ein kooperatives Zusammenwirken aus, was er aber nicht im Sinne einer dementsprechenden Kompetenzaufteilung zwischen Union und Mitgliedstaaten definierte.[716] Aus dem Prinzip der Gemeinschaftstreue gemäß Art. 10 EG folgt danach die Kooperationsverpflichtung der Mitgliedstaaten, die Fördermaßnahmen der Union zu unterstützen und umzusetzen.[717] Dies erfordert auch das Gebot, für die praktische Wirksamkeit des Unionsrechts Sorge zu tragen.[718] Dementsprechend müssen die Mitgliedstaaten sportinteressierten Unionsbürgern, Verbänden und Einrichtungen die Teilnahme an Förderprogrammen der Union ermöglichen, zum Vollzug dieser Programme leistungsfähige Verwaltungsstrukturen bereitstellen und damit verbundene Kosten tragen.[719] Diese verfassungsrechtlich determinierten Anforderungen an die Mitgliedstaaten können daher auch zur Folge haben, dass die Mitgliedstaaten legislatorische Maßnahmen zur effizienten Durchführung der unionalen Fördermaßnahmen treffen müssen.

3. Basisrechtsakte zur Bewilligung von Fördermaßnahmen

Die Sekundärrechtsakte der Union zur Verwirklichung der Sportzielbestimmung werden als „*Fördermaßnahmen*" in Form von Europäischen Gesetzen (früher: Verordnungen) oder Rahmengesetzen (Richtlinien) erlassen (Abs. 3 a)). Aus der Natur der ergän-

[715] EuGH, Rs. C-215/96, Slg. 1989, 1451, Rn. 11 – Erasmus.
[716] EuGH, Rs. C-215/96, Slg. 1989, 1451, Rn. 10. – Erasmus.
[717] EuGH, Rs. C-291/96, Slg. 1991, 2757, Rn. 10. – COMMETT II.
[718] EuGH, Rs. C-291/96, Slg. 1991, 2757, Rn. 11. – COMMETT II.
[719] *Fischer* in Lenz, Art. 149, Rn 11.

zenden Zuständigkeit folgt bereits eine Begrenzung des Kompetenzbereichs. Für ein Verbot zum Erlass verbindlicher Rechtsakte in diesem Bereich ist daher kein Raum.[720] Allerdings darf die mit diesen rechtsverbindlichen Rechtsakten verbundene Verpflichtung der Mitgliedstaaten nicht die grundsätzliche Kompetenzverteilung zwischen Union und Mitgliedstaaten untergraben, so dass sich die Rechtsakte auf ihren ergänzenden Charakter beschränken müssen. Die Rechtsakte dürfen somit keinen allgemeinen Regelungscharakter im Bereich der Sportförderung aufweisen. Die Festlegung der verfügbaren Norminstrumente für Fördermaßnahmen liegt maßgeblich darin begründet, dass der EuGH bei finanziellen Fördermaßnahmen entschieden hat, dass *„die Vornahme der Gemeinschaftsausgabe für alle bedeutenden Gemeinschaftsaktionen nicht nur die Ausweisung der entsprechenden Mittel im Haushaltsplan voraussetzt, (...) sondern auch den vorherigen Erlaß eines Basisrechtsakts zur Bewilligung dieser Ausgabe erfordert.“*[721] Die Rechtsakte der Union im Rahmen der europäischen Dimension der Sportförderungspolitik sind somit weitgehend nur zur Schaffung der erforderlichen Rechtsgrundlagen für die Bewilligung von europäischen Förderprogrammen vorgesehen.[722]

4. Harmonisierungsverbot

Fördermaßnahmen im Bereich des Sports können nur unter Einhaltung der *„europäischen Aspekte“* des Sports als Europäisches Gesetz oder Rahmengesetz getroffen werden (Abs. 4). Im Zuge dieser sekundärrechtlichen Fördermaßnahmen wird eine Harmonisierung der rechtlichen Rahmenbedingungen des Sports in den Mitgliedstaaten ausdrücklich ausgeschlossen. Das Harmonisierungsverbot betrifft die Inhalte, aber nicht die Form der Maßnahme. Es handelt sich dabei um ein umfassendes Verbot der Rechtsangleichung aufgrund Maßnahmen auf Basis der Ermächtigungsgrundlage des Art. III-282. Zudem ist der Begriff der Harmonisierung nicht einschränkend auszulegen. Das Harmonisierungsverbot im Bereich der europäischen Sportpolitik setzt keine bestehenden mitgliedstaatlichen Regelungen voraus.[723] Das Verbot greift wegen der Folgen des europäischen Sekundärrechts durch Sperrwirkung und europarechtskonformer Auslegung auch dann, wenn keine mitgliedstaatlichen Regelungen in dem Bereich der Zielfestlegung bestehen. Das Harmonisierungsverbot im Bereich der Sportpolitik betrifft auch die sogenannte mittelbare Harmonisierung, bei der finanzielle Zusagen der Union in Form von Fördermitteln an eine bestimmte Ausrichtung der mitgliedstaatlichen Sportpolitik geknüpft werden. Insbesondere darf die Union daher die Zuwendung von Mitteln zur Dopingbekämpfung nicht von praktischen oder rechtli-

---

720 Insofern wird mit dem Verfassungsvertrag damit eine bereits in der Literatur bestehende Meinung aufgegriffen: Vgl. *Classen* in von der Groeben/Thiesing/Ehlermann, Art. 126 a.F., Rn. 22; *Staudenmayer*, Bay. VBl. 1995, S. 321 (326).

721 EuGH, C- 106/96. Ähnlich *Blanke* in Grabitz/Hilf zur Bildung, Art. 149 EGV, Rn. 10.

722 In diesem Sinne auch der Abschlußbericht der Arbeitsgruppe „Ergänzende Zuständigkeiten“ im Verfassungskonvent, CONV 375/1/02, S. 3.

723 Zur Bildung: *Krebber* in Calliess/Ruffert, Art. 149 EGV, Rn. 13.

chen Schritten der Mitgliedstaaten - bzw. von Maßnahmen des organisierten Spitzensports - abhängig machen.

Die mitgliedstaatliche Sportpolitik wird somit durch mehrere Sicherungen weiterhin vor Eingriffen der Union geschützt. Neben der Zuweisung der lediglich unterstützenden und ergänzenden Zuständigkeit verbunden mit dem Handlungsprimat der Mitgliedstaaten tragen dazu der restriktive Inhalt des Unionsziels der Sportförderung und das Harmonisierungsverbot bei. Darüber hinaus bilden das Subsidiaritäts- und das Verhältnismäßigkeitsprinzip (Art. 11 Abs. 3, 4 EVV) weitere Grenzen unionaler Maßnahmen im Bereich der Sportförderung.[724] Als Ausdruck nationaler Identität fällt der Sport bzw. die Sportförderung weiterhin in den primären Verantwortungsbereich der Mitgliedstaaten.[725] Allerdings besteht mittelfristig die verfassungspolitische Gefahr, dass die Festlegung einer unionalen Kompetenz zur Sportförderung, indirekt Ansprüche der Union auf Anerkennung oder Zuweisung weiterer Kompetenzen zu Lasten der Mitgliedstaaten mit sich bringt. Die deutschen Bundesländer befürchten deshalb einen „schleichenden" Übertragungsprozeß der Sportförderungszuständigkeit. Denn die Herstellung der Wirksamkeit des Unionsrechts im Bereich der Sportförderung kann eine Ausgestaltung rechtlicher Instrumente und Zuständigkeiten auf unionaler Ebene zur Folge haben.

Es bleibt nun zu untersuchen, welche konkreten Auswirkungen die verfassungsrechtliche Berücksichtigung der Sportförderung als Unionsziel für die Tätigkeit der Unionsorgane, die Lösung von Zielkonflikten und die Justizibialität des Unionsziels,[726] für die Rechtsposition der Sportverbände,[727] für Entwicklungsprozesse für die nationale Verfassungsordnung im Hinblick auf ein Staatsziel der Sportförderung im Grundgesetz[728] und den Sportler in der Union hat.[729]

---

[724] Nach dem Subsidiaritätsprinzip wird die Union in den Bereichen, die nicht in ihre ausschließliche Zuständigkeit fallen, nur tätig, sofern und soweit die Ziele der in Betracht gezogenen Maßnahmen von den Mitgliedstaaten weder auf zentraler noch auf regionaler oder lokaler Ebene ausreichend verwirklicht werden können, sondern vielmehr wegen ihres Umfanges oder ihrer Wirkungen auf Unionsebene besser verwirklicht werden können (Art. 11 Abs. 3 EVV). Nach dem Grundsatz der Verhältnismäßigkeit gehen die Maßnahmen gehen die Maßnahmen der Union inhaltlich wie formal nicht über das zur Ereichung der Ziele der Verfassung erforderliche Maß hinaus (Art. 11 Abs. 4 EVV).

[725] Zur Kultur: *Blanke* in Calliess/Ruffert, Art. 151 EGV, Rn. 1.

[726] Dazu D. I.

[727] Dazu D. II.

[728] Dazu D. IV.

[729] Dazu D. III.

D. Wirkungen politikspezifischer Unionsziele – am Beispiel der Sportförderung

I. Für die Organe im Verfassungsverbund

Zwischen politikspezifischen Unionszielbestimmungen und nationalen Staatszielen besteht eine strukturelle Komplementarität als Verfassungsprinzipien. Ihr effektives Zusammenspiel im Gemeinwohl- und Verfassungsverbund führt zudem zu einer funktionellen Komplementarität. Aus diesen Erkenntnissen lassen sich gemeinsame dogmatische Strukturen ableiten.[730] Somit kann die Dogmatik der Staatsziele auf die politikspezischen Unionsziele übertragen werden. Daraus lässt sich eine Systembildung europäischen Verfassungsrechts herausarbeiten und dabei eine rechtliche Verzahnung der Unionsziele mit den nationalen Staatszielen entwickeln. Zudem ergeben sich Antworten auf die ungeklärte Frage nach der Reichweite der Bindungswirkung von Unionszielen im materiell-einheitlichen Verfassungsverbund.[731] Somit wird eine Fortentwicklung und Ergänzung der bisher in diesem Bereich vereinzelt bestehenden EuGH-Rechtsprechung möglich. Konkret lässt sich die dogmatische Übertragung am politikspezifischen Unionsziel der Sportförderung darstellen.[732] Im Anschluss daran kann dann die Stellung des politikspezifischen Unionsziel der Sportförderung im Verhältnis zu den nationalen Staatszielen aufgezeigt werden.[733]

1. Rechtliche Wirkungen

a) Unionale Ebene

Der Transformationsprozess der Union ist nach der Konzeption des Verfassungsvertrags weit fortgeschritten und befindet sich in der Entwicklungslinie zum Bundesstaat. Formal kommt die Union mit dem Verfassungsvertrag einem supranationalen Föderalismus sehr nahe.[734] Die Architektur des unionalen Institutionensystems im Verfassungsvertrag weist dabei bereits erhebliche Parallelen zu verfassungsstaatlichen Strukturen auf.[735] Diese verfassungsstaatliche Systembildung des Verfassungsvertrags trägt dazu bei, eine dogmatische Übertragung von Staatszielen auf Unionsziele zu ermöglichen. Ausgangspunkt der dogmatischen Übertragung ist deshalb die Tatsache, dass sich das politikspezifische Unionsziel der Sportförderung genau wie Staatsziele an alle (Staats)Gewalten der Union richtet.[736] Mit Staatsgewalten korrespondiert auf unionaler Ebene nach der verfassungsstaatlich orientierten Konzeption des Verfassungsvertrags die Kommission als Exekutive, der EuGH als Judikative und das Parlament bzw. der Rat als gemeinsame und gleichberechtigte Legislative (Zweikammersystem). Dabei ist die Bindungswirkung von politikspezifischen Unionszielen bzw. Staatszielen gegen-

---

[730] Vgl. dazu die Ausführungen unter A.

[731] Zur Bindung der Mitgliedstaaten und der grundsätzlich nicht bestehenden Privatbindung wurde schon Bezug genommen, C. II.

[732] Dazu sogleich a).

[733] Dazu sogleich b).

[734] Dazu bereits A. IV. 2. b) aa) (a).

[735] Dazu bereits die Ausfürhrungen unter A. IV. 2. b) aa).

[736] EuGH, Rs. 2/85, Slg. 1985, 1513 (1596) - *Parlament/Rat*; EuGH, Slg. 1974, 411, 427, Rn 48 - *International Fruit Company.*

über den unterschiedlichen „Staatsgewalten" von unterschiedlicher Intensität. Sie richten sich vorrangig an die Gesetzgebung. Dem Gesetzgeber kommt daher die primäre Aufgabe zur Umsetzung des Staats- bzw. Unionsziels zu. Der Gestaltungsauftrag an den unionalen Gesetzgebers bezieht sich dabei nicht allein auf die Zielverwirklichung des Sportförderartikels, d.h. die Wahl der Mittel und des Wegs zur Erfüllung der Aufgabe, sondern auch auf die nähere Konkretisierung des Ziels. Grundsätzlich obliegt dem Gesetzgeber eine Einschätzungsprärogative hinsichtlich der Staatszielverwirklichung[737] - was auch der EuGH für Unionsziele bereits anklingen ließ.[738] Allerdings lässt sich trotz Konkretisierungsbefugnis, in Abhängigkeit von der Bestimmtheit, des Staats/Unionsziels ein Kernbereich definieren, an dem die Zielkonkretisierung ihre Grenze findet. Eine solche, über die bloße Zielverpflichtung hinausgehende, Verbindlichkeit von Staats-/Unionszielen kann darin bestehen, dass diese mit bestimmten inhaltlichen Festlegungen verknüpft werden. Diese Zielbestimmungen sind als qualifizierte Staats-/Unionsziele zu charakterisieren.[739] Das Unionsziel der Sportförderung ist dafür ein Beispiel. Es konkretisiert seinen Regelungsgehalt auf den Schutz von Sportlern im Zusammenhang mit der europäischen Dopingbekämpfung. Dies stellt damit den Kernbereich des Unionsziels der Sportförderung dar.[740] Im Schutz junger Sportler besteht daher eine besondere Verpflichtungswirkung der Unionsorgane, die sich als außerordentliche öffentliche Aufgabe in nachhaltigem Tätigwerden ausdrücken muss. Insofern enthält die sportförderungsspezifische Zielbestimmung normative Züge eines Gesetzgebungsauftrags.[741] Vor der Änderung bestehender oder der Schaffung neuer Gesetze muss der Gesetzgeber prüfen, inwieweit das geplante gesetzgeberische Handeln staats-/unionszielrelevant ist.[742] Die sportförderungsspezifischen Inhalte sind dabei bei der Ausgestaltung der Gesetze, also beim Auswahlermessen, zu beachten.[743] Der Staats-/Unionszielen immanente Gestaltungsauftrag richtet sich auch an die vollziehende Gewalt. Die vollziehende Gewalt des Unionsziels der Sportförderung besteht sowohl aus der Kommission als unmittelbares Vollzugsorgan als auch aus den Mitgliedstaaten, die im Wesentlichen aus Ermangelung eines eigenen europäischen Verwaltungsunterbaus für den mittelbaren Vollzug des sportförderungsspezifischen Unionsziels zu sorgen haben. Der unionalen Exekutive (Kommission) wird das Unionsziel dabei durch die Konkretisierungen des unionalen Gesetzgebers (Rat/Parlament) auf einer niedrigeren Abstraktionsebene vermittelt.[744] Die Kommission hat zur Art und

---

[737] BVerfGE 22, 180 (204); 33, 303 (333); 59, 231 (263); 82, 60 (80); siehe auch *Rauschnig*, DÖV 1986, 489 (493).

[738] EuGH, Rs. 2/85, Slg. 1985, 1513 (1596) - *Parlament/Rat*; Rs. 1/69, Slg. 1969, 277, Rn. 4 – *Italien/Kommission.*

[739] *Sommermann*, Staatsziele und Staatszielbestimmungen, S. 223.

[740] Dazu bereits C. I. 4.

[741] Vgl. zu einer ähnlichen Problematik beispielsweise BVerfGE 25, S. 167 ff, in dem das Gericht Art. 6 Abs. 5 GG unmittelbare Wirkung zusprach, wenn der Gesetzgeber nicht bis zu einem bestimmten Termin den ihm in der Verfassung gesetzten Auftrag erfülle.

[742] Bericht der Sachverständigenkommission Staatsziele/Gesetzgebungsaufträge, 1983, Rn. 28. Zu den Zielkonflikten D. I. 2.

[743] Zu den Wirkungen von Staatszielen *Nolte*, Sport und Recht, S. 74.

[744] *Calliess* in Göttinger Online-Beiträge zum Europarecht, Nr. 7, S. 30.

Weise der Unionszielverwirklichung einen nicht unerheblichen Einwirkungsspielraum, da sie nach der Konzeption des Verfassungsvertrags über das alleinige Vorschlagsrecht für Rechtsakte verfügt. Hierbei darf es sich allerdings nur um Fördermaßnahmen im Sinne des Art. III-282 Abs.4 handeln.[745] Zudem werden von der Legislative regelmäßig Durchführungsbefugnisse an die Kommission zur Zielverwirklichung delegiert.[746] Diese Delegationspraxis wurde im Verfassungsvertrag transparent geregelt.[747] Für die Umsetzung des sportförderungsspezifischen Unionsziels wird der Kommission daher eine zentrale Rolle zufallen. Eine mitgliedstaatliche Konkretisierungsnotwendigkeit ergibt sich aus der begrenzten Kompetenz der Union zur Sportförderung. Der mitgliedstaatlichen Verwaltung verbleibt zudem ein Spielraum bei der weiteren Zielkonkretisierung durch flankierende Normsetzung, zu der insbesondere Durchführungsmaßnahmen gehören.[748] Inwieweit diese Zielkonkretisierungspyramide jedoch tatsächlich ausgeübt wird, hängt vom Abstraktionsgrad des jeweiligen Staats/Unionsziels ab. Das Unionsziel der Sportförderung ist dabei in seinem konkreten Schutzauftrag für die Gesundheit der jungen Sportler sehr bestimmt geregelt. Zudem besteht neben der Zielkonkretisierungsfunktion der Verwaltung auch ein, von der normativen Dichte des jeweiligen Staats/Unionsziels abhängiger Bereich, in denen die Wirkung der Ziele die Exekutive direkt erreicht.[749] Dabei hat sie die Rechtsakte, aber auch die sonstigen materiellen Bestimmungen der Verfassung, in Übereinstimmung mit dem verfassungsrechtlichen Zielgefüge auszulegen und Ermessensentscheidungen unter Berücksichtigung der Unionsziele zu treffen.[750]

Die rechtsprechende Gewalt hat Staats- bzw. Unionsziele sowohl bei der Auslegung einfachen Rechts als auch bei der Interpretation von übrigem Verfassungsrecht zu berücksichtigen. Dieser Grundsatz gilt auch für das politikspezifische Unionsziel der Sportförderung in der Rechtsprechung des EuGH bzw. des EuG. Im Zuge der formalen Konstitutionalisierung der europäischen Rechtsordnung und der darin enthaltenden Hervorhebung der politikspezifischen Unionsziele sind diese von der Rechtsprechung entsprechend ihres instrumentalen Gewichts als Abwägungs- und Auslegungskriterium in größerem Maße als bisher zu berücksichtigen.[751] Der EuGH hat den politikspezifischen Unionszielen die den Staatszielen in den nationalen Verfassungsordnungen zukommende Wirkung auch beizumessen. Ihre effektive Durchsetzung kann dabei nur dadurch gewährleistet werden, dass die unionalen Gerichte zumindest den Kernbereich

---

[745] Dazu III.

[746] Sog. Komitologie.

[747] Vor dem Verfassungsvertrag gab es die sog. Komitologie-Beschlüsse, die auf Grundlage des Art. 211 EGV erlassen wurden. Das diesbezügliche Verfahren war jedoch höchst intransparent, so dass es im Laufe der Zeit mehrmals nachgebessert wurde. Insbesondere an der fehlenden Mitwirkung des Parlaments gab es Kritik, auf die der europäische Verfassungsgeber mit Art. Im Verfassungsvertrag reagierte.

[748] *Lübbe-Wolff*, Verfassungsrechtliche Fragen der Normsetzung und Normkonkretisierung im Umweltrecht, S. 219 ff., in: Zeitschrift für Gesetzgebung Bd. 6.

[749] *Sommermann*, Staatsziele und Staatszielbestimmungen, S. 385.

[750] Zu den Zielkonflikten D. I. 2.

[751] Vgl. zum Bedeutungsgewinn der politikspezifischen Unionsziele im Verfassungsvertrag bereits B. V. 2. b).

einer Unionszielbestimmung, der in Abhängigkeit von dessen Bestimmtheit festzulegen ist, gegenüber dem Gesetzgeber kontrollieren kann. Die Bestimmtheit des normativen Kerngehaltes bestimmt daher die Reichweite der Justiziabilität.[752] Insbesondere ist dabei an ein Untermaßverbot zu denken.[753]

Die wesentlichen Elemente der unmittelbaren Bindungswirkung des politikspezifischen Unionsziels der Sportförderung stellen somit der Gestaltungsauftrag an den unionalen Gesetzgeber, die Auslegung der Rechtsakte im Lichte des Unionsziels durch die Gerichte und die Berücksichtigung der Sportförderungszielbestimmung als Ermessens- und Abwägungskriterien durch die Exekutive dar.

b) Nationale Ebene

aa) Bindung an politikspezifische Unionsziele im Allgemeinen

Verpflichtungsadressaten eines politikspezifischen Unionsziels sind grundsätzlich nicht nur die Organe auf unionaler, sondern auch die auf nationaler Ebene.[754] Dies gilt in erster Linie für politikspezifische Unionsziele, zu deren Erfüllung die Union die ausschließliche Kompetenz besitzt. Für diese gilt: Wenn politikspezifische Unionsziele in der gestuften Staatlichkeit des komplementären europäischen Verfassungsverbunds postnationale Staatsziele darstellen, muss ihnen national auch eine rechtliche Wirkung zukommen, so dass ihre Bindungswirkung nicht auf die Unionsorgane beschränkt bleiben kann. Schließlich wurden sie zur effizienteren Aufgabenerledigung auf eine höhere, supranationale Verfassungsebene verlagert. Effizienz kann die Erledigung öffentlicher Aufgaben in einer gestuften Staatlichkeit nur dann erlangen, wenn sich auch die nationale Rechtsordnung nach ihnen ausrichtet. Gleichzeitig treten politikspezifische Unionsziele dadurch in den nationalen Rechtsordnungen neben die nationalen Staatsziele. In der materiellen Einheit der durch nationale Verfassungen und Unionsvertrag konstituierten Ordnung ist ihre Abstimmung und Verzahnung eine der Heraus-

---

[752] Im Hinblick auf die spezifischen Gemeinschaftsziele daher dementsprechend *v. Bogdandy* in Grabitz/Hilf, Art. 3 EGV, Rn 4: „Zu einem nach Art. 232 EGV justiziablen Verfassungsauftrag verdichtet sich diese Bestimmung jedoch nur bei ausreichend präziser Normierung."

[753] Dazu sogleich ausführlich unter D. I. 3.

[754] Die Bindung der Mitgliedstaaten an die politikspezifischen Unionsziele ergibt sich auch namentlich aus Art. 5 des Verfassungsvertrages. Danach unterstützen sich die Union und die Mitgliedstaaten nach dem Grundsatz der loyalen Zusammenarbeit gegenseitig bei der Erfüllung der „Aufgaben", die sich aus der Verfassung ergeben. Setzt man diesbezüglich Aufgaben und Ziele terminologisch gleich so impliziert sich daraus eine unmittelbare Verpflichtungswirkung der Mitgliedstaaten. Diese kann zudem auch schon aus dem Sinngehalt einer „Aufgabe" abgeleitet werden, denn eine unverbindliche Aufgabe wäre ein Widerspruch in sich. Dabei müssen die Mitgliedstaaten alle geeigneten Maßnahmen allgemeiner und besonderer Art zur Erfüllung ihrer Verpflichtungen aus dem Verfassungsvertrag ergreifen (Art. 5 Abs. 2 EVV am Ende). Insofern stellen die Unionsziele Maßstabsnormen für das Verhalten der Mitgliedstaaten dar. Gleichwohl verbleiben Unterschiede zwischen der Einbindung der Unionsorgane und derjenigen der Mitgliedstaaten. Der wichtigste liegt darin, dass jede Maßnahme nach dem Verfassungsvertrag unter den Unionszielen steht, während die Mitgliedstaaten frei sind, zusätzlich zu den Unionszielen je nach ihrer Verfassung weitere Ziele zu verfolgen.

forderungen innerhalb des Verfassungsverbunds. Die vorliegende Untersuchung hat bereits verdeutlicht, dass ihnen als materiell und funktionell identische Normkategorien auf den unterschiedlichen Verfassungsebenen die gleichen rechtlichen Wirkungen zugeordnet werden können. Darüber hinaus wurde ein komplementärer Gemeinwohlzieleverbund zwischen Staatszielen und politikspezifischen Unionszielen herausgearbeitet. Aus diesen Erkenntnissen ergeben sich die Voraussetzungen für ihr rechtliches Zusammenspiel zwischen den Verfassungsebenen.

Die Durchdringung der deutschen Rechtsordnung durch die (ausschließlichen) politikspezifischen Unionsziele wird durch die Öffnungsklausel des Art. 23 Abs. 1 GG als „Schleuse" ermöglicht.[755] Im Verfassungsverbund ist die Entwicklung der Europäischen Union automatisch Bestandteil des Verfassungsprozesses der Mitgliedstaaten.[756] Änderungen und Fortschritte der Integration bewirken somit zugleich materielle Verfassungsänderungen auf nationaler Ebene, die dort nicht textlich zum Ausdruck kommen. Deshalb ergänzen sie im Zuge des Verfassungsverbunds nationales Recht. Eine verfassungsimmanente Interpretation ist nicht zu rechtfertigen.[757] Als konstituierender Bestandteil der Werteordnung des europäischen Verfassungsrechts strahlen politikspezifische Unionsziele vielmehr über die Integrationsklausel auf die Auslegung und Anwendung unbestimmter oder auslegungsbedürftiger Rechtsbegriffe nationalen (Verfassungs-)Rechts sowie auf die Ausübung des Verwaltungsermessens prägend ein. Dies öffnet der Herstellung praktischer Konkordanz mit nationalen Rechtsgütern von Verfassungsrang ein weites Feld, denn im materiellen Verfassungsverbund besteht kein Über- und Unterordnungsverhältnis im Sinne einer Normenhierarchie.[758] Insbesondere werden im Verfassungsverbund Rechtsgüter von Verfassungsrang auf europäischer Verfassungsebene - wie es das politikspezifische Unionsziel der Sportförderung darstellt - Rechtsgüter des gemeineuropäischen Verfassungsrechts.[759] Daher muss die verfassungsrechtliche Wertung der europäischen Teilverfassung des Unionsziels auch im komplementären deutschen Verfassungsteil berücksichtigt werden.[760] Als europäisches Rechtsgut von Verfassungsrang tritt es im Verfassungsverbund in Abwägungsprozessen neben die nationalen Rechtsgüter von Verfassungsrang. Im Rahmen der Auslegung und Anwendung einer nationalen Norm ist das politikspezifische Unionsziel daher bei Abwägungsentscheidungen von der Rechtsprechung zu berücksichtigen.[761] Nationales Recht ist somit auch im Lichte des Unionsziels auszulegen.

Allerdings gilt das Prinzip der schonenden Komplementarität im Verfassungsverbund.[762] Dabei ist die Kompetenzverteilung zwischen Union und Mitgliedstaaten zu beachten. Lediglich ausschließliche Kompetenzen der Union und die dazugehörigen

---

755 *Calliess* in Göttinger Online-Beiträge zum Europarecht, Nr. 7, S. 23.
756 *Frowein*, EuR 1995, 315 (319)
757 *Häberle*, Europäische Verfassungslehre, S. 93.
758 *Pernice*, VVDStRL 60 (2001), S. 148 (185).
759 *Häberle*, Europäische Verfassungslehre, S. 93.
760 *Murswiek*, NVwZ 1996, 222 (227).
761 *Rengeling/Szczekalla*, Grundrechte in der Europäischen Union, S. 153, Rn. 297.
762 *Calliess* in Göttinger Online-Beiträge zum Europarecht, Nr. 7, S. 23.

politikspezifischen Unionsziele können eine unmittelbare Bindnungswirkung und eine Verpflichtung zur Zielverwirklichung für nationale Organe zur Folge haben. Nur für sie gelten die obenstehenden Ausführungen uneingeschränkt. Denn eine unmittelbare Bindungswirkung von nationalen Organen an Unionsziele, die konkurrierende oder ergänzende Kompetenzen der Union verwirklichen, würde die Kompetenzverteilung zwischen Mitgliedstaaten und Union indirekt aushöhlen. Für diese konkurrierenden und ergänzenden Kompetenzkategorien der politikspezifischen Unionsziele – zu denen auch die Sportförderung gehört - besteht daher eine eingeschränkte Bindungswirkung.

bb) Bindung an das Unionsziel der Sportförderung

Das Unionsziel der Sportförderung ist nur als „unterstützende und ergänzende" Kompetenz der Union festgelegt. Die Union ist damit nicht umfassend für die Verwirklichung des Unionsziels der Sportförderung zuständig, was zu einer besonderen Berücksichtigung nationaler Sportförderung im Tätigkeitsbereich unionaler Sportförderung und zu einer eingeschränkten Bindungswirkung für nationale Organe führt. Eine uneingeschränkte Bindungswirkung des Unionsziels der Sportförderung für nationale Organe würde im Ergebnis dazu führen, dass die Kompetenz der Mitgliedstaaten im Bereich der Sportförderung weitestgehend ausgehöhlt wird. Eine grundsätzliche rechtliche Bindung nationaler Organe an das Unionsziel der Sportförderung besteht daher nicht. Eine indirekte Wirkung des Unionsziels der Sportförderung ist allerdings nicht zu verkennen, wenn man davon ausgeht, dass der europäische Verfassungsauftrag zur Dopingbekämpfung als Impulsgeber für diese öffentliche Aufgabe für die nationale Ebene fungiert. Darüberhinaus ist dann von einer Bindungswirkung staatlicher Organe an das politikspezifische Unionsziel der Sportförderung auszugehen, wenn die Union Maßnahmen auf Grundlage des Sportförderungsziels erlassen hat. Denn diese Maßnahmen können nur unter Berücksichtigung der Voraussetzungen der „ergänzenden und unterstützenden" Kompetenz erlassen werden. Sie gehen damit – entsprechend der Definition der Kompetenzkategorie der „unterstützenden und ergänzenden Maßnahmen" - auf eine Maßnahme der nationalen Organe zur Sportförderung zurück. Durch eine Bindungswirkung bleibt die Zuständigkeit der Mitgliedstaaten im Bereich der Sportförderung in diesem Fall gewahrt, da die unionale Fördermaßnahme letztlich auf der eigenen Tätigkeit der Mitgliedstaaten beruht. In diesem Fall – Erlass von ergänzenden Maßnahmen der Union zur Sportförderung – besteht dann eine Verpflichtung und Bindung nationaler Organe zur kooperativen Aufgabenerfüllung aus dem Grundsatz der Gemeinschaftstreue..[763] Aus dem Prinzip der Gemeinschaftstreue gemäß Art. 10 EG folgt danach die Kooperationsverpflichtung der Mitgliedstaaten, die Fördermaßnahmen der Union zu unterstützen und umzusetzen.[764] Diese Mitwirkungsverpflichtung nationaler Organe erfordert auch das Gebot an die Mitgliedstaaten, für die praktische Wirksamkeit des Unionsrechts Sorge zu tragen.[765] Dementsprechend müs-

---

[763] EuGH, Rs. C-215/96, Slg. 1989, 1451, Rn. 10. – Erasmus.
[764] EuGH, Rs. C-291/96, Slg. 1991, 2757, Rn. 10. – COMMETT II.
[765] EuGH, Rs. C-291/96, Slg. 1991, 2757, Rn. 11. – COMMETT II.

sen die Mitgliedstaaten sportinteressierten Unionsbürgern, Verbänden und Einrichtungen die Teilnahme an Förderprogrammen der Union ermöglichen, zum Vollzug dieser Programme leistungsfähige Verwaltungsstrukturen bereitstellen und damit verbundene Kosten tragen.[766] Diese verfassungsrechtlich determinierten Anforderungen an die Mitgliedstaaten können daher auch zur Folge haben, dass die Mitgliedstaaten legislatorische Maßnahmen zur effizienten Durchführung der unionalen Fördermaßnahmen treffen müssen. Daher darf die Formulierung, *„die Tätigkeit der Union hat folgende Ziele“* in Art. III-282 EVV nicht so verstanden werden, dass sie sich nur an Organe der Union wendet. Allerdings ist dabei der begrenzte inhaltliche Anwendungsbereich des Unionsziels der Sportförderung zu beachten. Den Staatszielen der Sportförderung in den Landesverfassungen verbleiben daher von vorneherein ein weiter Anwendungsbereich gegenüber dem Unionsziel der Sportförderung. Beide Sportförderungszielebenen kollidieren in ihren Anwendungsbereichen kaum und wirken somit komplementär im nationalen Recht. Dabei ist in funktionell-rechtlicher Sicht die Verpflichtung zur Kooperation zwischen den Verfassungsorganen auf den unterschiedlichen Ebenen zur sportförderungsspezifischen Zielverwirklichung gefordert. Denn im Sinne einer gleichberechtigten Komplementarität der Verfassungsebenen steht im Hinblick auf die Interaktion von europäischen und nationalen Verfassungsrecht die Konfliktvermeidung der hoheitlichen Organe im Vordergrund. In der untrennbaren Verflechtung von nationalen und unionalen Verfassungszielen ist eine Pflicht zur gegenseitiger Solidarität im Sinne von loyaler Zusammenarbeit und das Gebot der Rücksichtnahme enthalten.[767] Zugleich ist dem positiven Normgehalt der Unionstreue und der Bindungswirkung als politikspezifisches Unionsziel der Sportförderung zu entnehmen, dass die nationalen Organe Widersprüche zwischen dem nationalen Sportrecht und dem politikspezifischen Unionsziel der Sportförderung zu vermeiden haben.[768] Im Gegenzug dazu trifft den Unionsorganen bei der Anwendung und Auslegung des Unionsziels der Sportförderung eine Pflicht zur loyalen Zusammenarbeit (Art. 10 EGV) mit den staatlichen Organen der Mitgliedstaaten sowie ein Gebot der Rücksichtnahme aus der Achtung der nationalen Identität, Subsidiarität und Verhältnismäßigkeit.

c) Vorwirkungen

Die vorstehenden Ausführungen über die Wirkungen des politikspezifischen Unionsziels der Sportförderung setzen voraus, dass dieses tatsächlich in Kraft getreten ist. Der Europäische Verfassungsvertrag befindet sich jedoch erst im Ratifikationsverfahren. Das politikspezifische Unionsziel der Sportförderung hat trotzdem schon Vorwirkungen. Diese sind in erster Linie rechtspolitisch.

---

766 *Fischer* in Lenz, Art. 149, Rn 11.

767 *Calliess* in Göttinger Online-Beiträge zum Europarecht, Nr. 7, S. 23.

768 *Sommermann*, Staatsziele und Staatszielbestimmungen, S. 295.

aa) Rechtliche Vorwirkungen

Der Begriff der Vorwirkung lehnt sich sprachlich an den der Rückwirkung an.[769] Er bezeichnet das in der Rechtspraxis (insbesondere der Rechtsprechung) geläufige Verfahren, auf eine sich abzeichnende Rechtsänderung zu reagieren.[770] Hierzu gehört insbesondere die Vorberücksichtigung der künftigen Rechtslage. Die Möglichkeit rechtlicher Vorwirkung ist dem Europarecht generell nicht fremd. Sie wird dort bisher im Zusammenhang mit noch nicht umgesetzten Richtlinien diskutiert. Damit wird Vorwirkung nur auf einen sehr begrenzten Anwendungsfall reduziert. Rechtliche Vorwirkungen entfalten danach Richtlinien vor Ablauf der Umsetzungsfrist ins nationale Recht, den die Mitgliedstaaten ausschöpfen dürfen. In diesem Fall sind sie bereits bei der Auslegung nationalen Rechts zu berücksichtigen. Voraussetzung ist jedoch, dass die Richtlinie in Kraft getreten ist. Denn durch die Vorwirkung soll in diesem Fall verhindert werden, dass die Mitgliedstaaten das Ziel der Richtlinie aufschieben und die praktische Wirksamkeit des Unionsrechts verhindern können (sog. Frustationsverbot). Die Vorwirkung bildet in diesem Fall ein spezifisches Instrument zur Herstellung des effet-utile. Diese Grundsätze sind nicht unmittelbar auf eine mögliche Vorwirkung des politikspezifischen Unionsziels der Sportförderung übertragbar. Das politikspezifische Unionsziel der Sportförderung ist weder in Kraft getreten oder seine künftige Geltung gesichert, noch kann Sinn und Zweck der Vorwirkung bei zweistufigen Gesetzgebungsakten auf geplante Verfassungsänderungen übertragen werden. Über diesen engen Anwendungsfall der nicht umgesetzten Richtlinie hinaus ist es aber grundsätzlich möglich, die allgemeinen Grundsätze der Vorwirkung aus dem deutschen Recht auf das europäische Verfassungsrecht zu übertragen.[771] Danach ist künftiges und absehbares europäisches Verfassungsrecht dort in die Auslegung noch geltendes Rechts einzubeziehen, wo dieses Auslegungsspielräume eröffnet. Eine Vorberücksichtigung des politikspezifischen Unionsziels der Sportförderung ist daher immer dort möglich, wo sich Generalklauseln oder unbestimmte Rechtsbegriffe im europäischen Primär- und Sekundärrecht finden lassen.[772] Eine Vorwirkung des Unionsziels der Sportförderung gegenüber den Mitgliedstaaten lässt sich dabei rechtlich aus einer Stillhaltepflicht zwischen der Union und den Mitgliedstaaten herleiten.[773] Diese Stillhaltepflicht besteht völkerrechtlich nach dem Abschluss eines Vertrages bis zu seinem Inkrafttreten.[774] Danach haben die Mitgliedstaaten Maßnahmen, die den Zielen eines Vertrags zuwiderlaufen, wie sie politikspezifische Unionsziele als Leitprinzipien des Verfassungsvertrags darstellen, zu unterlassen, bis der Verfassungsvertrag in Kraft getreten oder das Ratifikationsverfahren endgültig gescheitert ist. Eine solche Verpflichtung ließe sich sowohl aus Art. 18 der Wiener Vertragsrechtskonvention als auch unmittelbar aus

---

[769] *Häberle*, ZfP 1974, 111 (112).

[770] *Kloepfer*, S. 65.

[771] Kritisiert wird die Möglichkeit der Vorwirkung im deutschen Recht insbesondere im Hinblick auf den Gewaltenteilungsgrundsatz. Bei Vorwirkungen von Gesetzen übe der Richter quasilegislatorische Funktionen aus; Vgl. *Larenz/Canaris*, Methodenlehre, S. 427.

[772] Dazu genauer unter bb).

[773] *Dahm/Delbrück/Wolfrum*, Völkerrecht, § 151, Rn. 3.

[774] *Verdross/Simma*, Rn. 280.

dem Grundsatz der Unionstreue als Rücksichtnahmepflicht herleiten. Danach haben die Mitgliedstaaten die absehbaren Wertungen der unionalen Komplementärverfassung im Verfassungsverbund in ihrer Rechtsetzung und Rechtsprechung zu berücksichtigen. Diese Vorwirkung gilt grundsätzlich für den gesamten europäischen Verfassungsverbund, da in dieser Konzeption von Teilverfassungen eine absehbare unionale Verfassungsänderung immer auch eine Änderung der nationalen Verfassungsordnung ist. Allerdings ist die Möglichkeit der Vorwirkung im Europäischen Verfassungsrecht im Hinblick auf den Grundsatz der begrenzten Einzelermächtigung der Union restriktiv anzuwenden. Eine starke rechtliche Vorwirkung auf die Auslegung europäischen und nationalen Rechts ist insbesondere denkbar, sobald der Verfassungsvertrag von allen Mitgliedstaaten ratifiziert ist. In diesem Fall bestände bis zum Inkrafttreten einerseits eine hinreichend absehbare und andererseits eine (völker-)rechtlich verbindliche neue europäische Verfassungslage, die bereits vor Inkrafttreten eine Berücksichtigung der Verfassungsvertragsinhalte in den Rechtsordnungen des Verfassungsverbunds rechtfertigen und gleichzeitig notwendig machen würde. Dabei ermöglicht die Vorwirkung eine fließende Überleitung in die neue europäische Verfassungslage. Dann sind die Wertungen des Verfassungsvertrags mit seinem Sportförderungsziel bereits in die Auslegung des EGV und insbesondere des bestehenden Sekundärrechts einzubeziehen. Allerdings müssen für die Vorwirkung von unionalen Verfassungsprinzipien generell auch Grenzen bestehen. Diese resultieren aus dem Demokratie- und Rechtstaatsprinzip, wonach die Vorwirkung des politikspezifischen Unionsziels der Sportförderung die Voraussetzungen seiner Inkraftsetzung als Teil der Verfassung nicht grundsätzlich beiseite schieben darf.

bb) Rechtspolitische Vorwirkungen

Aber auch vor Ratifizierung des Verfassungsvertrags bestehen bereits rechtspolitische Vorwirkungen des politikspezifischen Unionsziels der Sportförderung. Die Stärke der Vorwirkung im europäischen Rechts hängt dabei von der betroffenen Normkategorie ab. Als Leitprinzipien der europäischen Rechtsordnung ist die Vorwirkung von politikspezifischen Unionszielen als besonders stark einzuschätzen.[775] Die Normierung im Verfassungsvertragsentwurf drückt eine besondere Wertigkeit und hohe Legitimation der Sportförderung aus und strahlt in seinen inhaltlichen Aussagen bereits auf das gegenwärtige europäische Recht ein. Durch die neue Verankerung als Rechtsgebiet im europäischen Verfassungsvertrag sensibilisiert es die Unionsorgane damit im Vorhinein in ihrer Tätigkeit in besonderem Maße auf die sportförderungsnotwendigen Interessens- und Spannungslagen. Die Verankerung im Verfassungsvertrag ist damit vorweg ein gewichtiger Impulsgeber für die europäischen Rechtsprechungsorgane. Diese Vorwirkungs für das politikspezifische Unionsziel der Sportförderung wäre nicht neu. Denn auch die materiellen Inhalte der EU-Grundrechtecharta, die bereits 2002 entworfen wurde, haben sowohl in einigen Entscheidungen des Gerichtshofs erster Instanz als

---

[775] Vgl. zur Einordnung der politikspezifischen Unionsziele als Leitprinzipien die Ausführungen unter A.

auch politisch vorgewirkt, obwohl sie als Teil des Verfassungsvertrags rechtlich noch nicht in Kraft sind.[776] Auch bei den Grundrechten handelt es sich um grundlegende Prinzipien der europäischen Verfassungsordnung. Insofern strahlt auch das politikspezifische Unionsziel der Sportförderung in die künftige Judikatur des EuGH ein, bevor es in Kraft tritt. Als zu berücksichtigendes öffentliches Interesse bei der Anwendung und Auslegung europäischen Rechts gewinnt es dadurch vorweggenommen an Kontur. Dabei ist es insbesondere bei Abwägungsfragen vorweggenommen von Relevanz. Diese Relevanz gilt sowohl generell in der Funktion als Unionsziel als auch konkret für seine grundlegenden programmatischen Aussagen. Diesbezüglich ist sowohl seine Betonung der sozialen und pädagogischen Funktion des Sports als auch die Hervorhebung des Gesundheitsschutzes der Sportler im Zuge der Dopingbekämpfung von Relevanz. Denn da der europäische Verfassungsgeber mit der Normierung des Sportförderungsziels eine Schutzlücke in diesen Bereichen erkannt hat, wird sich die Rechtsprechung bereits an seinen Wertungen orientieren. Insoweit ist bereits vor Inkrafttreten mit einer stärkeren Berücksichtigung der sozialen und pädagogischen Funktionen des Sports zu rechnen. Denn damit sich die Sportförderung bei Inkrafttreten nicht völlig neu in die Verfassungsordnung einfügen muss, werden Rechtsprechung und Unionsorgane bereits vorbereitend tätig werden, die Rechtsposition der Sportförderung im europäischen Recht stärker zu schützen. Für die Sportförderung wirkt sich dabei allerdings negativ aus, dass die inhaltlichen Aussagen des Unionsziels sehr begrenzt gehalten sind. Wären sie umfassender, könnte dementsprechend von einer weitaus stärkeren Vorwirkung ausgegangen werden.

Rechtspolitische Vorwirkung entfaltet das politikspezifische Unionsziel der Sportförderung vor Ratifizierung des Verfassungsvertrags desweiteren, als es im Hinblick auf die Abgrenzung von Kultur zum Sport im Europäischen Verfassungsrecht klarstellende Funktion hat. Diese Abgrenzung ist sehr umstritten.[777] Dabei stellt sich die Frage, ob im Europarecht ein enger oder weiter Kulturbegriff besteht. Das Unionsrecht definiert den Kulturbegriff nicht, sondern setzt ihn voraus. Angesichts der Autonomie unionsrechtlicher Terminologie kann der Bedeutungsgehalt nicht aus dem nationalen Kulturbegriff abgeleitet werden.[778] Hierfür sprechen auch systematische Erwägungen, wonach der Bildungs- und der Wissenschaftssektor als wesentliche Elemente des nationalen Kulturbegriffs im Verfassungsvertrag gesondert erfasst sind. Praktische Bedeutung hat die Frage nach der Reichweite des Kulturbegriffs im Verhältnis zum Sport insbesondere im europäischen Beihilferecht. Dort ist umstritten, ob sportförderungsspezifische Beihilfen durch Art. 87 Abs. 3 d) EG unter Bezugnahme auf die Kulturförderung vom generellen Beihilfeverbot freigestellt sind.[779] Die geplante eigenständige Verankerung der Sportförderung im Europäischen Verfassungsrecht dient insofern als Auslegungshilfe und hat diesbezüglich Vorwirkung. Sie verdeutlicht, dass der Sport nicht

---

[776] EuG Rs. C/104, S. 3 – Harpenen (Noch nicht in die amtliche Sammlung aufgenommen).
[777] Dazu ausführlich *Nolte*, Sport und Recht, S. 64. Zuletzt *Schroeder*, SpuRt 2005, 23 (24).
[778] EuGH, Slg. 1964, 379 (395).
[779] *Nolte*, Sport und Recht, S. 64.

Teil der Kultur im Sinne des europäischen Verfassungsrechts ist. Damit sind sportförderungsspezifische Beihilfen grundsätzlich nach Art. 87 Abs. 1 EG verboten.

2. Zielkonflikte

Bei der Verfolgung einzelner Unionsziele durch die Unionsorgane können Zielkonflikte entstehen. Mit der Aufnahme neuer politikspezifischer Unionsziele im Europäischen Verfassungsvertrag hat sich die Zielkomplexität weiter erhöht. Der Verfassungsvertrag selbst enthält keine ausdrücklichen Regeln über den Umgang mit Zielkonflikten. Fraglich ist daher, welchen Stellenwert dem Unionsziel der Sportförderung in diesem Rahmen zukommt - insbesondere im Verhältnis zu den grundlegenden Zielen der Marktintegration. Gewichtungsprobleme zwischen den Unionszielen stellen sich sowohl dem Gesetzgeber (Rat/Parlament) und der Exekutive (Kommission) als auch der Rechtsprechung (EuGH), die im Rahmen ihrer Ermessensentscheidungen heterogene Interessen einander zuzuordnen haben.[780] Die Unionsorgane müssen die verschiedenen Unionsziele aufeinander abstimmen und im Zuge praktischer Konkordanz schonend miteinander in Einklang bringen.[781] Dementsprechend folgerte der EuGH, dass die Unionsorgane *„bei der Verfolgung dieser Ziele (..) ständig jenen Ausgleich sicherstellen, den etwaige Widersprüche zwischen diesen Zielen, wenn sie isoliert betrachtet werden, erforderlich machen können“*.[782] Hierbei können sie einem Unionsziel den Vorzug geben, wenn eine gleichzeitige Verwirklichung aller Ziele nicht möglich ist.[783] Hierbei dürfen einzelne Unionsziele jedoch *„nicht vollständig und dauernd preisgegeben“* werden.[784] Grundsätzlich hat der EuGH dabei den Unionsorganen ein weites Ermessen zugestanden.[785] Eine Konfliktlösung ist nur dadurch möglich, dass verbindliche Kriterien für die Gewichtung der Unionsziele aus dem europäischen Verfassungsrecht abgeleitet werden können.[786]

a) Das Unionsziel der Sportförderung im Kontext zu den Zielen des Binnenmarkts

Durch die Aufnahme des Unionsziels der Sportförderung in das Europäische Verfassungsrecht wird dessen besondere Wertigkeit als unionale Aufgabe zum Ausdruck gebracht. Diese Wertigkeit des Unionsziels der Sportförderung gilt in besonderem Maße

---

780 *Basedow*, S. 49 (54), in FS Everling.

781 EuGH, Slg. 1980, 3393, Rn. 23 – Maizena/Rat.

782 EuGH, Slg. 1973, 1091 (1112), Rn. 24 – Balkan Import Export; Slg. 1995, 3315 (3147), Rn. 37 – Fishermen`s Organisations. Vgl. allg. dazu *Hesse*, Grundzüge des Verfassungsrechts der Bundesrepublik Deutschland, Rn. 317.

783 „Gegebenenfalls muß dem einen oder anderen unter den Zielen zeitweise der Vorrang eingeräumt werden, sofern die wirtschaftlichen Gegebenheiten und Umstände, die den Gegenstand der Beschlussfassung der Unionsorgane bilden, dies gebieten“, EuGH, Slg. 1973, 1091 (1112), Rn. 24 – Balkan Import Export; *V. Bogdandy* in Grabitz/Hilf, Art. 2 EG, Rn. 58.

784 Schlußantrag GA Lagrange, EuGH, Slg. 1958, 271 (372) – Wirtschaftsvereinigung/Hohe Behörde.

785 EuGH, Rs. 7/80, Slg. 1980, 3393, Rn. 23 – *Maizena/Rat*; Rs. 2/85, Slg. 1985, 1513, Rn. 62 – *Parlament/Rat*.

786 *Murswiek*, NVwZ 1996, 225 (227).

gegenüber Politikfeldern, die im Verfassungsvertrag nicht berücksichtigt sind. Deshalb ist kurzfristig eine gewisse Tätigkeitsdynamik der Unionsorgane im Bereich der Sportförderung zu erwarten. Als Optimierungsgebot gebietet das Unionsziel der Sportförderung, dass es in „*einem relativ auf die rechtlichen und tatsächlichen Möglichkeiten möglichst hohen Maße realisiert wird und damit gleichsam ein magisches Vieleck darstellt*“, innerhalb dessen unionales Handeln konkreten Ausgleich zu den übrigen Gemeinwohlzielen schaffen muss.[787] Auf der Ebene eines abstrakten Vergleichs hat das Unionsziel der Sportförderung deshalb zunächst den gleichen Rang wie alle anderen unionalen Zielsetzungen. Jedoch ergibt sich die Gewichtigkeit eines Unionsziels im Vergleich zu anderen Unionszielen nicht nur aus der Tatsache seiner Erwähnung, sondern auch aus seiner sachlichen Funktion. Daher betreffen Abwägungen des Gesetzgebers oder der Exekutive sehr selten das abstrakte Verhältnis zwischen Unionzielen, sondern stehen immer in Bezug zu konkreten Problemkonstellationen.[788] Dabei ist stets zu berücksichtigen, ob eine unionale Zielbestimmung Kriterien für den Umfang der Aufgabenerfüllung festlegt.[789] Diesbezüglich ist im Hinblick auf das Unionsziel der Sportförderung zwar auf den sehr konkreten Schutzauftrag zu verweisen, den der Europäische Verfassungsgeber im Lichte der Dopingbekämpfung für den Schutz (junger) Sportler festgelegt hat. Zu seiner Aufgabenerfüllung können aber nur „Fördermaßnahmen“ erlassen werden. Der Umfang der Aufgabenerfüllungsmöglichkeiten ist daher sehr begrenzt. Zudem ist nicht zu verkennen, dass der EuGH den Unionszielen der Marktintegration und des freien Wettbewerbs - zumindest in seinem früheren Urteilen - einen sehr weiten Anwendungsbereich gegeben und Ausnahmen davon weitestgehend beschränkt hat (sog. These vom Vorrang der marktintegrativen Ziele).[790] Angesichts der Weiterentwicklung der Union vom wirtschaftlichen Zweckverband zum politisch-sozialen Gemeinwesen hat diese Sichtweise keine generelle Berechtigung mehr.[791] Als Gemeinwesen werden in der Union wie in einem staatlichen Gemeinwesen kollidierende Ziele und Interessen primär politisch einander zugeordnet. Diese Schlussfolgerung wird dadurch unterstrichen, dass die politikspezifischen Unionsziele im Verfassungsvertrag unterschiedslos in den Rang von Leitprinzipien der europäischen Verfassungsordnung erhoben werden,[792] so dass ihnen bei regelungssystematischer Betrachtung grundsätzlich der gleiche Rang wie den marktintegrativen

---

[787] *Nolte*, Staatliche Verantwortung im Bereich Sport, S. 215.

[788] Vgl. EuGH, Rs. 2/85, Slg. 1985, 1513, Rn. 62 – *Parlament/Rat*, zur gemeinsamen Verkehrspolitik im Verhältnis zur Dienstleistungsfreiheit.

[789] *Murswiek*, NVwZ 1996, 225 (227).

[790] *Constantinesco,* La constitution economique de la CEE, Rde 1977, 244 (246); *Immenga*, EuZW 1994, 14 (15). In diese Richtung auch EuGH, Slg. 1982, 1409 (1431), Rn. 33 – Gaston Schul. Rechtstechnisch bedient er sich in diesem Zusammenhang des Instruments der harmonisierenden Auslegung.

[791] Vgl. dazu schon ausführlich die Ausführungen unter A. IV. Ausdrücklich anderer Meinung: *Petersmann*, EuZW 1993, 593 (594); *Basedow,* S. 49 (56), in FS Everling, wonach „die Einführung der neuen Politiken und ihre Erhebung zu Grundsätzen nicht zu einer Umwertung der Vertragsziele geführt haben“.

[792] Dazu bereits B. III. 3.

Unionsziele zukommen.[793] Die wirtschaftlichen Zielsetzungen können somit aus rechtlicher Sicht nicht mehr als vorrangig betrachtet werden, auch wenn ihnen - insbesondere aus rechtspolitischer Sicht - in der Praxis der Unionsorgane nach wie vorrangige Bedeutung zukommen dürfte.[794] Allerdings heisst dies nicht, dass die Sportförderung in konkreten Einzelfällen bei Abwägungsentscheidungen nicht Vorrang vor Belangen des liberalisierten Binnenmarktes und des freien Wettbewerbs haben kann.[795] Diese Einzelfälle dürften jedoch in ihrer Zahl sehr begrenzt sein, wie sich aus den nachstehenden Ausführungen zur Hierachie des Unionsziels der Sportförderung im Verhältnis zu den anderen Unionszielen ergibt.

b) Das Unionsziel der Sportförderung im Verhältnis zu den anderen Unionszielen

Zwar steht das Unionsziel der Sportförderung mit den anderen Unionszielen seit dem Verfassungsvertrag grundsätzlich auf gleicher Ebene. Aber es bleibt zu untersuchen, welchen Rang der Sportförderung in der Aufgabenhierarchie der Union zukommt.[796] Die Frage der Rangordnung der Unionsziele betrifft dabei nicht die Hierarchie der Rechtsgüter, sondern den Unterschied zwischen einer vorrangigen und einer nachrangigen Aufgabe der Union.[797] Maßgeblich ist dabei die Stellung des politikspezifischen Unionsziels der Sportförderung im verfassungsrechtlichen Gefüge.[798] Ein wesentlicher Anhaltspunkt ergibt sich aus der unterschiedlichen Eigenständigkeit der Unionspolitiken.[799] Es gibt einen qualitativen Unterschied zwischen eigenen Aufgaben der Union und Unterstützungsaufgaben.[800] Die genuin eigenen Aufgaben der Union haben in ihrer Unbedingtheit eine größere Verbindlichkeit.[801] Hierzu gehört das Unionsziel der Sportförderung nicht. Es wurde als unterstützende Kompetenzkategorie lediglich als „Beitrag" der Union festgesetzt und des weiteren (systemwidrig) nicht als Querschnittsklausel ausgestaltet.[802] Die meisten politikspezifischen Unionsziele in der gleichen Kompetenzkategorie wie die Sportförderung sind zusätzlich als Querschnittsklausel ausgestaltet, was dazu führt, dass sie als nachrangige Aufgaben auch bei der Durchführung von vorrangigen Aufgaben zu beachten sind. Für das Politikfeld der

---

[793] Zum EGV: EuGH, Slg. 1998, 2211, Rn. 60 ff. – National Farmer`s Union; Slg. 1998, 2265, Rn. 96 – Vereinigtes Königreich/Kommission; *Immenga*, EuZW 1994, 14 (16). Vgl. dazu schon ausführlich die Ausführungen unter A. III. und A. IV.

[794] So schon andeutungsweise für den Vertrag von Maastricht *Basedow*, S. 49 (59), in FS Everling. A.A: *Streinz* in Streinz, Art. 2 EGV, Rn. 40, der von einer „überragenden Bedeutung" des Gemeinsamen Marktes spricht. Streinz zustimmend auch *Ukrow* in Calliess/Ruffert, Art. 2 EGV, Rn. 30.

[795] In anderem Zusammenhang so schon EuGH, Slg. 1998, 2211, Rn. 60 ff. – National Farmer`s Union; Slg. 1998, 4473, Rn. 19 – Aher Waggon/Bundesrepublik Deutschland.

[796] Vgl. zu dieser Differnzierung auch *Basedow*, S. 49 (61), in FS Everling.

[797] *Petersmann*, EuZW 1993, 593 (594).

[798] *Sommermann*, Staatsziele und Staatszielbestimmungen, S. 413.

[799] *Durand* in Megret, Le droit de la CEE I, S. 394.

[800] Vgl. dazu schon ausführlich die Ausführungen unter C. III.

[801] *Basedow*, S. 49 (61), in FS Everling.

[802] Vgl. dazu schon ausführlich die Ausführungen unter D. VI. – Sport als Querschnittsklausel, ein Normierungsvorschlag.

Sportförderung ergibt sich daraus eine zusätzliche hierarchische Degradierung. Daher muss die Sportförderung als nachrangige Aufgabe der Union nicht bei der Durchführung von vorrangigen Aufgaben berücksichtigt werden und tritt hinter die genuin eigenen Aufgaben der Union zurück.[803] Einen weiteren Anhaltspunkt über die Hierarchie der Sportförderung als unionale Aufgabe gibt seine systematische Verankerung. Die Sportförderung teilt sich einen Artikel mit der Bildung. Kein anderes Unionsziel muss sich seine Verankerung im Verfassungsvertrag teilen. Innerhalb des Artikels III-282 kommt zudem den bildungspolitischen Zielsetzungen eindeutig der Schwerpunkt zu. Die bildungspolitischen Unionsziele sind dabei sowohl akzentuierter, als auch inhaltsreicher. Auch die verfügbaren Instrumente, die den Unionsorganen verfassungsrechtlich Zielverwirklichung zur Verfügung gestellt werden, lassen Rückschlüsse auf ihre Bedeutung zu.[804] Im Hinblick auf das Unionsziel der Sportförderung sind lediglich „Fördermaßnahmen" zulässig, die unter den möglichen Rechtsakten die eingeschränktesten Handlungsmöglichkeiten mit sich bringen. Daraus ist zu schließen, dass die europäischen Verfassungsgeber dem Bereich der Sportförderung einen weit geringeren Stellenwert zubilligen wollen als anderen Aufgaben der Union.[805]

Ein letzter Anhaltspunkt für eine interne Hierarchie der Uninsziele ist zudem deren unterschiedliche Bestimmtheit. Es gilt der Grundsatz lex specialis derogat legi generali. Dabei ist inbezug auf das unionale Politikfeld der Sportförderung zu differenzieren. Während der Bezug auf die soziale Dimension des Sports äußerst allgemein normiert worden ist, verfügt der Schutzauftrag für (junge) Sportler im Zusammenhang mit der Dopingbekämpfung über einen erheblichen Bestimmtheitsgrad.[806] Letzterer Aspekt verfügt daher innerhalb des Politikbereichs über besonderes Gewicht und kann sich daher bei Zielkonflikten mit anderen Unionszielen deutlicher durchsetzen, muss sich allerdings auch der Gesamtwertigkeit der Sportförderung als nachrangiges unionales Aufgabenfeld unterordnen.

Festzustellen bleibt, dass dem Unionsziel der Sportförderung im Zielkatalog des europäischen Verfassungsrechts eine geringe Gewichtung zukommt. Zur eingeschränkten Bedeutung im Verfassungsgefüge trägt insbesondere Tatsache aus, dass der Sport nicht als Querschnittsklausel normiert worden ist.[807] Als besonderes verfassungsrechtliches Ausgleichsinstrument verlangt die Querschnittsklausel, dass auch nachrangigen Unionszielen bei der Verwirklichung vorrangiger Aufgaben Rechnung getragen werden muss. Nichtzuletzt deswegen hat die Zahl der Querschnittsklauseln in den unterschiedlichen Stufen der verfassungsrechtlichen Evolution der Union stetig zugenommen.

---

[803] Vgl. dazu schon ausführlich die Ausführungen unter C. III. 2.
[804] *Durand* in Megret, Le droit de la CEE I, S. 394.
[805] *Basedow*, S. 49 (65), in FS Everling.
[806] Vgl. dazu schon ausführlich die Ausführungen unter C. I. 3. sowie D. I. 3.
[807] Vgl. dazu schon ausführlich die Ausführungen unter D. VI.

3. Justiziabilität und Untermaßverbot

a) Justiziabilität des Unionsziels der Sportförderung?

Der Bereich der Justiziabilität von objektiv-rechtlichen politikspezifischen Unionszielen durch Klage anderer Unionsorgane ist bisher kaum untersucht worden. Pauschal wird sie in der Literatur gemeinhin mit dem Verweis auf die abstrakte und unbestimmte Normierung der politikspezifischen Ziele abgelehnt. Politikspezifische Unionsziele seien zwar pflichtenaktivierend, aufgrund ihrer Allgemeinheit aber anspruchsresistent.[808] Gleichlautende Argumente finden sich auch bei Staatszielen, die aufgrund der Komplementarität der Verfassungsprinzipien grundsätzlich auf die politikspezifischen Unionsziele übertragen werden können. Darrüberhinausgehende einschränkende Gründe sind jedoch nicht ersichtlich. Insbesondere besteht im europäischen Verfassungsrecht ein spezifisches prozessuales Instrument zur Durchsetzung der Unionsziele. Durch eine Untätigkeitsklage anderer Unionsorgane kann eine Untermaßverletzung des unionalen Gesetzgebers festgestellt werden.[809] Dabei sind insbesondere die besondere Zielverpflichtetheit der Union sowie der konkrete Einzelfall des jeweiligen politikspezifischen Unionsziels zu berücksichtigen. Schon *Ukrow* verweist im Ergebnis richtig darauf, dass eine Justiziabilität zumindest bei einem schweren und evidenten Verstoß gegen das Unionsziel bestehen muss.[810] Der EuGH hat in seiner Rechtsprechung auch schon zumindest einmal angedeutet, dass eine Justiziabilität insofern besteht, als die Unionsorgane verpflichtet sind in dem festgelegten Politikbereich überhaupt tatsächlich tätig zu werden. Die Reichweite der Justiziabilität sei jedoch mangels Bestimmtheit im Grunde auf diesen Aspekt begrenzt, so dass den Unionsorganen insoweit ein sehr weites Ermessen verbleibt.[811] Justiziabel seien die Ziele erst in ihrer Konkretisierung durch *„präzise Bestimmungen des Vertrages“*.[812] Das Ziel der Sportförderung nimmt insofern eine Sonderstellung ein, so dass sich daraus besondere Folgerungen für seine Justiziabilität ergeben. Insbesondere der akzentuierte Aspekt des Schutzes der körperlichen und seelischen Unversehrtheit junger Sportler ist in seiner Bestimmtheit hervorzuheben. Er begründet einen präzisen Schutzauftrag und ein präzises Schutzobjekt.[813] Es handelt sich um einen Verfassungsauftrag zum dynamischen Grundrechtsschutz. In seinem konkret individualschützenden Inhalt ist das Ziel damit singulär. Ein vergleichbar konkretes und bestimmt geregeltes politikspezifisches Unionsziel findet sich im übrigen Zielkatalog des Europäischen Verfassungsrechts nicht. Die Festlegung einer Schutzpflicht für die Gesundheit junger Sportler schafft die rechtlichen Voraussetzungen für ein Untermaßverbot und eine gesicherte Anknüpfungsmöglichkeit für eine gerichtliche Überprüfung. Zudem kann ein effektiver Schutz der Sportler, wie er offensichtlich nach dem Willen des Verfassungsgebers beabsich-

---

[808] Vgl. bspw. *Ukrow*, Calliess/Ruffert, Art. 2, Rn. 29.

[809] Dazu bereits A.

[810] *Ukrow* in Callies/Ruffert, Art. 2, Rn. 29.

[811] EuGH, Slg. 1987, 3697, Rn. 11 – Giminez Zaera/Instituto Nacional; Slg. 1991, 109, Rn. 9 – Alsthom Atlantique.

[812] EuGH, Rs. 6/85, Slg. 1985, 1513, Rn. 49 – *Parlament/Rat.*

[813] Vgl. dazu die Ausführungen unter C. I. 3.

tigt war, als konkretes Schutzobjekt nur auf diese Weise sichergestellt werden. Verfassungskonzeptionell ist eine Justiziabilität des politikspezifischen Unionsziels der Sportförderung auch vor dem Hintergrund begründbar, dass der Sport nicht in der europäischen Grundrechte-Charta berücksichtigt und deswegen keine unmittelbare subjektiv-rechtliche Einklagbarkeit für ein zu niedriges Schutzniveau europäischer Sportler besteht. Um den Schutz der Sportler im Rahmen des Unionsziels angesichts seiner mittelbaren subjektiv-rechtlichen Dimension dennoch zu gewährleisten, ist von einer Justiziabilität des Unionsziels durch Klage von Unionsorganen „stellvertretend" für die Sportler auszugehen. Die Unionsorgane werden über den sportspezifischen Schutzauftrag Mittler der Grundrechte der Sportler. Sie wachen über die Einhaltung der primärrechtlichen Vorgaben. Für das politikspezifische Unionsziel ergibt sich daraus ein besonderer Stellenwert im Gefüge des unionalen Zielkatalogs. In seinem Inhalt der dopingbekämpfenden Sportförderung erhält es dadurch eine besondere Stärkung und prozessuale Durchsetzungsmöglichkeit.

b) Erforderliches Schutzniveau und Maßnahmen für die Gesundheit der Sportler

Als Gestaltungsauftrag richtet sich die Gewährleistung des Schutzes der körperlichen und seelischen Unversehrtheit junger Sportler in erster Linie an den unionalen Gesetzgeber.[814] Das Problem, das Art. III-282 EVV aufwirft, ergibt sich aus dem Umstand, das er über das erforderliche Schutzniveau nichts aussagt. Damit wird die für den Sportler rechtlich entscheidende Frage offengelassen, welches Maß an Schutz ihrer Gesundheit geboten und damit durch Fördermaßnahmen zu gewährleisten ist. Insoweit kann nur begrenzt auf den konkreten Inhalt des Unionsziels der Sportförderung als Auslegungskriterium für die Ermittlung der Reichweite konkreter Handlungspflichten des unionalen Gesetzgebers Bezug genommen werden. Der *„Schutz der körperlichen und seelischen Unversehrtheit"* bildet aber angesichts der Wertigkeit des betroffenen Grundrechts ein abstraktes Richtmaß. Zudem kann auf das Untermaßverbot zurückgegriffen werden, dass bei verfassungsrechtlichen Schutzpflichten im Rahmen von Unionszielen Anwendung findet.[815] Der objektive Schutzbedarf bemisst sich dabei neben der Empfindlichkeit des Schutzgutes der *„körperlichen und seelischen Unversehrtheit"* nach Art, Reichweite und Intensität der Gefahr für die Gesundheit *„junger Sportler"*. Daher kann angesichts der Wertigkeit des betroffenen Rechtsguts der Gesundheit junger Sportler gefolgert werden, daß die gegenwärtige Dimension des Dopingproblems von der Union qualifizierte und effektive Fördermaßnahmen erfordert. Dies gilt umso mehr, als jugendliche Sportler oftmals nicht in der Lage die gesundheitlichen Auswirkungen der Dopingeinnahme zu überblicken und dabei unter dem Druck ihrer Trainer stehen. Sie besitzen in ihrem jungen Alter erst eine eingeschränkte Einsichts- und Urteilsfähigkeit über die möglichen Folgen der Einnahme von Dopingmitteln. Es geht

---

[814] Dazu bereist C. III.

[815] Dazu ausführlich die Ausführungen unter A. I. 2. b) bb) (2) (c) (ii) – Justiziabilität und Untermaßverbot.

somit auch um die „Ausbeutung junger Sportler".[816] Das Ausmaß der unionalen Schutzpflicht ist daher vergleichsweise hoch, da der jugendliche Sportler sich selten selbst aus dieser Gefahrenlage selbst befreien kann. Insofern können Fördermaßnahmen der Union in Form von Aufklärungskampagnen präventiv wirken.[817] (Finanzielle) Beiträge können Dopingmethoden und Dopingwirkstoffe zu unterbinden helfen. Neben solchen instrumentalen Möglichkeiten kann eine effiziente dopingbekämpfende Sportförderung auch institutionell durch die Schaffung besonderer Einrichtungen gewährleistet werden, die die Sportpolitik der Mitgliedstaaten unterstützt und koordiniert. Jedenfalls hat der unionale Gesetzgeber Parlament/Rat sachgerechte und ausreichende Fördermaßnahmen zum Schutz der Gesundheit der Sportler zu ergreifen. Diese Fördermaßnahmen dürfen zur Zielverwirklichung nicht völlig unzureichend und evident ungeeignet sein. Sie müssen zweckdienlich sein und wirksamen Schutz gewährleisten.[818] Aus dem politikspezifischen Unionsziels der Sportförderung unmittelbare Rechte einzelner zu begründen ginge jedoch zu weit. Unter Berufung auf den Gleichheitssatz könnte danach ein Sportler oder ggf. Sportverbände die sich aus der Unionszielbestimmung ergebende hinreichend bestimmte Förderverpflichtung der Union insoweit einfordern, als sie ihre Einbeziehung in eine begünstigende Maßnahme beinhaltet. Zwar enthält das Unionsziel der Sportförderung keine subjektiv-rechtliche Dimension, da es als ein mit den nationalen Staatszielen komplementäres Verfassungsprinzip objektiv-rechtlich wirkt. Die Schutzpflicht aus der Unionszielbestimmung stärkt aber das Grundrecht auf körperliche Unversehrtheit des Sportlers. Damit hat das Unionsziel der Sportförderung eine verstärkende Funktion der Grundrechte auf unionaler Ebene.[819]

II. Sportförderung als Unionsziel – Die Auswirkungen für die Rechtsposition der Sportverbände

Die verfassungsrechtliche Verankerung der Sportförderung als Unionsziel kann Folgen für die sportverbandliche Regelungsreichweite im Spannungsfeld mit den Grundfreiheiten haben. In Betracht kommt dabei eine Einordnung der Sportförderung als *„zwingendes Erfordernis des Allgemeinwohls"* im Rahmen der sog. *Cassis-Formel*. Daneben stärkt das Unionsziel der Sportförderung in Verhältnismäßigkeitsprüfungen zukünftig die „berechtigten Zwecke" der Sportverbände. Zunächst ist kurz die dogmatische Einordnung der *Cassis-Formel* darzustellen und anschließend auf sportverbandliche Regelungen anzuwenden.

---

[816] Die Kommission ordnet diese Problematik junger Sportler als Teil von Kinderarbeit und Menschenhandel ein und veweist auf die bessere Umsetzung der Richtlinie zum Jugendarbeitsschutz, Weißbuch Sport der Kommission, KOM(2007) 391, S. 17.

[817] Die Kommission wird deshalb den Mitgliedstaaten und den Sportorganisationen vorschlagen durch die Verbreitung von Informationen über bestehende Rechtsvorschriften, die Festlegung von Mindeststandards und den Austausch bewährter Verfahren zusammenzuarbeiten, vgl. Weißbuch Sport der Kommission, KOM(2007) 391, S. 17.

[818] Zum Untermaßverbot *Nolte/Tams*, JUS 2006, 218 (219).

[819] Dazu noch ausführlich unter III.

1. Rechtfertigungsgründe für Sportverbände im Rahmen der Grundfreiheiten durch das Unionsziel der Sportförderung

a) Geschriebene und ungeschriebene Rechtfertigungsgründe für Sportverbände

Die Grundfreiheiten richten sich nicht nur an den mitgliedstaatlichen Normsetzer, sondern auch an die Regelungsgewalt der Sportverbände. Diese müssen sich daher an ihrem Maßstab messen lassen. Gleichzeitig folgt daraus im Umkehrschluss, dass sich Sportverbände auf die anerkannten Rechtfertigungsgründe berufen können.[820] Diese Linie führt der *EuGH* in seiner Sportrechtsprechung fort.[821] Zu den Rechtfertigungsgründen bei der Prüfung von sportverbandlichen Regelungen im Rahmen der Grundfreiheiten gehören ausdrückliche und ungeschriebene Gemeinwohlbelange. Aus dem Verständnis der ungeschriebenen Rechtfertigungsgründe als Ausnahme von der Grundregel der geschriebenen Rechtfertigungsgründe folgt, dass ungeschriebene Rechtfertigungsgrümde stets eng auszulegen sind.[822] Für die Sportverbände erweist sich dabei als Problem, dass die auf staatliche Beschränkungsmaßnahmen zugeschnittenen ausdrücklichen Rechtfertigungsgründe für sportverbandliche Regelungen meist nicht passen. Sportverbände können sich deshalb in der Regel nicht auf Gründe der öffentlichen Sicherheit und Ordnung berufen.[823] Insofern kommt für Sportverbände primär eine Rekurrierung auf ungeschriebene Gründe in Betracht.[824] In diesem Rahmen besteht stets die Notwendigkeit, der sportverbandlichen Verbandsautonomie und ihrer sozialen Funktionen Rechnung zu tragen. Der EuGH vernachlässigt diese Notwednigkeit bisher in seiner Rechtsprechung weitgehend.[825] Insbesondere müsste der *EuGH* den Sportverbänden Beurteilungspielräume zugestehen. Dabei stellt sich bei ungeschriebenen Rechtfertigungsgründe für Sportverbände die Frage, ob und inwieweit hinter dem Privatinteresse auch ein Allgemeininteresse stehen muss.[826] Sportverbänden kommt eine besondere gesellschaftliche und soziale Stellung zu. Im für den sportverbandlichen Regelungsbereich zentralen *Bosman*-Fall hat der *EuGH* bei der Überprüfung der Beschränkungsmaßnahmen einige *„berechtigte Zwecke“* der Sportverbände anerkannt. Diese bestehen in der Aufrechterhaltung eines Gleichgewichts zwischen Vereinen unter Wahrung einer bestimmten Chancengleichheit und der Gewährleistung der Ungewissheit der Ergebnisse sowie der Förderung der Einstellung und Ausbildung der jungen Spieler. Zudem stellte der EuGH auf die Wahrung der sozialen Identität von Sportvereinen ab.[827] Insofern wird deutlich, dass sich Sportverbän-

---

[820] EuGH, Rs. C-415/93, Slg. 1995, 4921, Rn. 84 – Bosman.

[821] EuGH, Rs. C-176/96, EuZW 2000, 375 (377) – Lethonen. Etwas zurückhaltender *Streinz*, Europarecht, Rn 673, wonach „der Rechtsgedanke der geschriebenen Rechtfertigungsgründe auch für Privatrechtsverhältnisse gelten muss“.

[822] EuGH, Slg. 1991, 1361 (1377), Rn. 9 – Kommission/Griechenland.

[823] *Streinz/Leible*, EuZW 2000, 468 (469).

[824] *Röthel*, EuZW 2000, 375 (377).

[825] Dazu C. I.

[826] *Streinz/Leible*, EuZW 2000, 468 (469).

[827] EuGH, Rs. C-415/93, Slg. 1995, 4921 (5071), Rn. 106 – Bosman.

de mit dem Unionsziel der Sportförderung künftig in besonderem Maße auf die hinter ihrer Tätigkeit stehenden öffentlichen Interessen berufen können.[828]

b) Stellung der Sportverbände im Rahmen der Grundfreiheiten

Fraglich ist, wie sich die verfassungsrechtliche Normierung des Unionsziels der Sportförderung auf die Rechtfertigungsgründe der Sportverbände im Rahmen der Grundfreiheiten auswirken wird. Durch das politikspezifische Unionsziel der Sportförderung hat das unionale Handeln in diesem Bereich Anhalt und Grundlagen in der Europäischen Verfassung gefunden. Diese verfassungsrechtliche Verankerung verschafft der Sportförderung eine höhere Legitimation. Dieser höhere Rang als anerkanntes Verfassungsrechtsgut strahlt auf die Anwendung des gesamten Europäischen Verfassungsrechts aus und kann sich künftig auch in Abwägungsentscheidungen im Rahmen der Grundfreiheiten - genauer bei der Berücksichtigung der Autonomie der Sportverbände - auswirken. Hierbei ist auf die auf die Prüfungsreihenfolge des EuGH bei einer Verletzung der Grundfreiheiten zu verweisen, die auch das betroffene Grundrecht der Verbandsautonomie der Sportverbände berücksichtigt. Zunächst ist dabei festzustellen, ob durch das Unionsziel der Sportförderung ein *„zwingender Gemeinwohlbelang"* zur Rechtfertigung einer sportverbandlichen Beschränkung der Grundfreiheiten vorliegt.[829] Anschließend ist das *„zwingende Gemeinwohlinteresse"* mit den betroffenen Unionsgrundrechten einer Verhältnismäßigkeitsprüfung zu unterziehen und in praktische Konkordanz zu bringen.[830]

aa) Sportförderung als zwingendes Gemeinwohlinteresse

Sehr nahe liegt angesichts der dogmatischen Herleitung der *Cassis*-Formel, dass die Sportförderung als *„zwingendes Erfordernis"* in der Rechtsprechung des EuGH künftig zu berücksichtigen ist.[831] Für diese Entwicklungsperspektive spricht der nun ausdrücklich anerkannte Gemeinwohlbelang der Sportförderung auf europäischer Verfassungsebene, der als Rechtsgut von Verfassungsrang Bedeutung erlangt.[832] Die Berück-

---

[828] Dazu ausführlich unter 2.

[829] Dazu sogleich a).

[830] Dazu soglich b).

[831] Mit der Ausweitung des Anwendungsbereiches der Grundfreiheiten von Diskriminierungs- zu allgemeinen Beschränkungsverboten ging eine Ausweitung der anerkannten Rechtfertigungsgründe durch den EuGH einher. Über die ausdrücklichen Rechtfertigungsgründe hinaus gebe es nach dem EuGH in seinem Cassis de Dijon-Urteil unterschiedslos anwendbare „Bestimmungen, die notwendig sind, um zwingenden Erfordernissen gerecht zu werden". EuGH, Rs. 120/78, Slg. 1979, 649 – *Cassis de Dijon*.

[832] Zu den zwingenden Erfordernissen zählte der EuGH „insbesondere (...) den Schutz der öffentlichen Gesundheit, die Lauterkeit des Handelsverkehrs und des Verbraucherschutz". Mittlerweile sind der Umweltschutz, der Schutz kultureller Belange, der Medienvielfalt und das System sozialer Sicherheit hinzugekommen; EuGH, Rs. 120/78, Slg. 1979, 649 – *Cassis de Dijon*. Hieraus wird deutlich, dass kein abschließender Katalog von „zwingenden Erfordernissen" existiert und deren Anerkennung eng mit deren primärrechtlicher Verankerung zusammenhängt.

sichtigung eines Belangs als „zwingendes Erfordernis" durch den EuGH beruht zumeist auf dessen primärrechtlicher Verankerung.[833] Durch ihre positiv-rechtliche Anerkennung als Rechtsgüter werden Gemeinwohlbelange als „zwingende Erfordernisse" ebenso legitimiert, wie die ausdrücklichen Rechtfertigungsgründe.[834] Denn ohne primärrechtliche Grundlage könnte gegenüber dem EuGH eingewandt werden, dass diesem keine Befugnisse zukommen, bestimmte Ausnahmen zum wesentlichen Ziel der Union, dem Binnenmarkt, zu formulieren.[835]
Da Regelungen im Sport von den Sportverbänden aufgestellt werden, führt deren künftige Verweismöglichkeit auf das „*zwingende Erfordernis*" als Rechtfertigungsgrund im Rahmen der Prüfung der Grundfreiheiten mittelbar gleichzeitig zur Stärkung ihrer Verbandsautonomie. Denn diese können sich im Hinblick auf bestimmte Regelungsziele einzelner Verbandsregelungen unter Umständen auf den spezifischen Inhalt des Unionsziels als zwingendes Allgemeininteresse berufen und damit künftig einer Verletzung der Grundfreiheiten bei unterschiedslosen Regelungen entgegentreten. Daraus resultiert dementsprechend eine größere Regelungsgewalt der Sportverbände.

Es bleibt zu untersuchen, welche konkreten Rechtfertigungsgründe, die in der bisherigen Sportrechtsprechung des EuGH bisher diskutiert wurden, dadurch im Rahmen der Prüfung der Grundfreiheiten eine Stärkung erfahren.[836] Dabei muss der inhaltliche Aussagehalt des politikspezifischen Unionsziels berücksichtigt werden. Zentral sind deshalb die Aspekte der sozialen und pädagogischen Funktion des Sports und der Dopingbekämpfung.[837] Soziale Funktionen des Sports wurden im *Bosman*-Urteil im Zusammenhang mit der Nachwuchsförderung und der Identität der Vereine genau wie die Sportverbandsautonomie als „*berechtigte Zwecke*" andiskutiert.[838] Diese könnten sich – in Abhängigkeit vom jeweiligen Einzelfall – als Folge der verfassungsrechtlichen Verankerung der Sportförderung in Verhältnismäßigkeitabwägungen nun möglicherweise durchsetzen. Naheliegend sind auch verbesserte Rechtfertigungsmöglichkeiten für sportverbandliche Regelungen, unter anderem solcher, die den nicht-diskriminierenden Einsatz von Sportlern durch die Festlegung bestimmter Altersgrenzen vorsehen, um den Ziel der Nachwuchsförderung aus sozialen Gesichtspunkten Rechnung zu tragen. Zudem ist angesichts der Festlegung des politikspezifischen Unionsziels der Sportförderung eine Ausweitung der „*berechtigten Zwecke*" im sportspezifischen Kontext zu erwarten.[839] Eine Stärkung dürften auch staatliche Regelungen im Bereich des Sports erwarten. Dies gilt insbesondere für Regelungen im Zusammenhang mit der Dopingbekämpfung. Antidopinggesetze können angesichts des wertenden Wortlauts der unionalen Zielbestimmung künftig als „*zwingende Erfordernisse*" im breiten Umfang vor den Erfordernissen des liberalisierten Binnenmarktes gerechtfertigt werden. Diese stellen damit nicht nur einen „*berechtigten Zweck*" im Sinne des

---

[833] *Ahlfeld*, S. 81.
[834] *Schroeder* in Streinz, Art. 28 EGV, Rn. 73.
[835] *Dehringer*, S. 95 (100), in FS Kutscher.
[836] Dazu ausführlich bereits B. I. 2.
[837] Dazu ausführlich C. II. 2.
[838] EuGH, Rs. C-415/93, Slg. 1995, 4921 (5063), Rn. 72 - Bosman.
[839] Vgl. Ansätze dazu bereits in EuGH, Rs. C-176/96, EuZW 2000, 375 (377), Rn. 28 - Lethonen.

Unionsrechts dar, sondern erlangen in der Verhältnismäßigkeitsprüfung auch ein besonderes Gewicht.

bb) Verstärkungswirkung für die Grundrechtsposition der Sportverbände

Nicht nur die potentielle Einstufung der Sportförderung als *„zwingendes Erfordernis"* durch den EuGH stärkt die Autonomie der Sportverbände. Auch ihre Grundrechtsposition wird im Rahmen der Grundfreiheiten verbessert. Denn bei der Schranken-Schrankenprüfung kann das Unionsziel der Sportförderung künftig als zusätzlicher öffentlicher Abwägungsbelang von Verfassungsrang unterstützend hinzutreten. Dabei ist unbeachtlich, dass der Union nur ein geringer Kompetenzbereich zur Sportförderung zugestanden ist und das Unionsziel der Sportförderung in seiner inhaltlichen Ausgestaltung gering ist. Entscheidend ist vielmehr, dass die verfassungsrechtliche Verankerung der Sportförderung an sich eine höhere Legitimation verleiht. Dieser höhere Rang als anerkanntes Verfassungsrechtsgut strahlt auf die Anwendung des gesamten Europäischen Verfassungsrechts aus und kann sich künftig auch in Abwägungsentscheidungen im Rahmen der Grundfreiheiten - genauer bei der Berücksichtigung der Autonomie der Sportverbände - auswirken. Als Rechtsgut von Verfassungsrang erfüllt die Sportförderung für die Autonomie des Sports und die Grundrechtsposition der Sportverbände damit eine Verstärkungswirkung. Dabei kann auf die in der Rechtsprechung des Bundesverfassungsgerichts entwickelte dogmatische Rechtsfigur der *Verstärkungswirkung* zurückgegriffen werden.[840] Die objektiv-rechtliche Dimension des Unionsziels der Sportförderung wird durch das primär einschlägige Unionsgrundrecht der Verbandsautonomie der Sportverbände nicht verdrängt, sondern tritt im Rahmen der Verhältnismäßigkeitsprüfung als verfassungsrechtliches Rechtsgut mit besonderer Verstärkungswirkung hinzu.[841] Als Rechtsgut von Verfassungsrang trägt es dazu bei, die Anwendung und Reichweite der sportverbandlichen Regelungsautonomie im Unionsrecht zu steuern. Als Unionsziel schafft es eine normative Grundlage dafür, dass auch die sozialen und gesellschaftlichen Funktionen der Sportverbände berücksichtigt werden können. Das europäische Verfassungsziel der Sportförderung kann angesichts des Spannungsverhältnisses mit Freizügigkeits- und Wettbewerbserfordernissen damit gerade im Zusammenhang mit der Regelungsgewalt der Sportverbände seine herausgehobene Wertigkeit erfahren. Als Grundaussage von Verfassungsrang legt das Sportförderungsziel dabei auch die von der Rechtsprechung berücksichtigbaren Vorgaben fest, indem die *„auf freiwilligem Engagement basierenden Strukturen"* und die Rolle der Sportverbände als die für den Sport *„verantwortlichen Organisationen"* in Verhältnismäßigkeitsabwägungen Rechnung zu „berücksichtigen" sind. Das Unionsziel der Sportförderung kann insoweit als Auslegungshilfe und Maßstabskriterium für die Ermittlung der Reichweite grundrechtlicher Schutzpflichten für die Rege-

---

840 Vgl. dazu ausführlich BVerfGE 104, S. 337; sowie instruktiv *Spielmann*, JUS 2004, 371 (371). Ablehnend zu dieser Rechtsfigur *Volkmann*, DVBl. 2002, 332; *Spranger*, NJW 2002, 2074; *Sydow*, Jura 2002, 615.

841 *Spielmann*, JUS 2004, 371 (374) hält die Verstärkungswirkung dementsprechend einen „Ausdruck der objektiven Werteordnung" des Grundgesetzes.

lungsautonomie der Sportverbände herangezogen werden. Insoweit gebietet das Unionsziel der Sportförderung eine restriktive Auslegung der Grundfreiheiten und des europäischen Wettbewerbsrechts in sportspezifischen Zusammenhängen. Hierbei kann dem Hinweis auf die *„soziale und pädagogische Funktion"* des Sports als verfassungsrechtliche Wertentscheidung für die Rechtsposition der Sportverbände rechtlich zur Geltung zu bringen. Auf dem Boden der Lehre von den objektiven Grundrechtsgehalten werden die Sportverbände durch das Unionsziel der Sportförderung somit mit Abwehr- und Schutzrechten als sportspezifische Elemente der Verbandsautonomie ausgestattet.[842] Auf diese Weise werden die Anforderungen an Eingriffe in ihre Regelungsautonomie erhöht und die Schranken-Schranken enger gezogen.

III. Sportförderung als Unionsziel – Die Auswirkungen für die Rechtsposition der Sportler in der Union

Im Gleichklang mit der bereits festgestellten Stärkung der Rechtsposition der Sportverbände im Bereich der Unionsgrundrechte und Grundfreiheiten hat die Verankerung eines Unionsziels der Sportförderung im Europäischen Verfassungsrecht auch eine Verbesserung der Grundrechtsposition der Unionsbürger im Rahmen ihrer sportlichen Betätigung zur Folge. Insofern wird der Sport in seiner grundrechtlichen, subjektivrechtlichen Dimension eine Akzentuierung erfahren. Denn auch wenn ein Unionsgrundrecht auf Sport systemwidrig nicht in der Grundrechte-Charta festgelegt wurde[843] und das politikspezifische Unionsziel der Sportförderung für sich allein kein subjektivöffentliches Recht verleiht, trägt das Verfassungsrechtsgut der Sportförderung hierzu als komplementäres verfassungsrechtliches Instrumentarium bei. Der europäische Verfassungsgeber hat eine dezidiert objektiv-rechtlich gehaltene Formulierung für die Sportförderung vermieden. Maßgeblich ist daher insbesondere die individualschützende Komponente des Unionsziels der Sportförderung.[844] Der besondere Schutzauftrag der europäischen Verfassungsgeber für den Schutz junger Sportler akzentuiert dabei das Unionsgrundrecht auf körperliche Unversehrtheit. Dadurch erlangt das konkrete Schutzgut der Gesundheit der Sportler besondere Bedeutung. Im Ergebnis stellt diese ausdrückliche verfassungsrechtliche Akzentuierung bei der sportlichen Betätigung eine direkte grundrechtliche Verstärkungswirkung im Rahmen der Verhältnismäßigkeitsprüfung dar. Diese Auswirkung trägt der individualschützenden Dimension des Unionsziels und damit dem expliziten Willen der europäischen Verfassungsgeber Rechnung. Hierdurch führt das politikspezifische Unionsziel der Sportförderung nicht primär zur Begründung neuer, sondern zur Erweiterung und Verbesserung bestehender sportrelevanter Freiheitsrechte in der Union. Damit erweitern sich auch die Anknüpfungspunkte für den europäischen Rechtschutz von Sportlern. Es ist daher zu erwarten, dass das politikspezifische Unionsziel der Sportförderung im Zusammenhang mit der Anwendung von Unionsgrundrechten von der Rechtsprechung einen subjektivrechtlichen Gehalt zugesprochen erhält. So kann beispielsweise künftig das Unionsziel

---

[842] *Dolderer*, Objektive Grundrechtsgehalte, S. 221.
[843] Dazu bereits C. II. 2.
[844] Dazu bereits ausführlich C.II. 3.

der Sportförderung in Verbindung mit der Berufsfreiheit besondere Bedeutung für den Profisportler erlangen. Insbesondere wird die sportspezifische Ausübung der Grundfreiheiten rechtlich gestärkt. Als Verfassungsrechtsgut tritt das Unionsziel der Sportförderung auch hier im Rahmen der Verhältnismäßigkeitsprüfung flankierend hinzu.

IV. Sportförderung als Staatsziel im Grundgesetz

Die Sportförderung ist mit der Berücksichtigung als Unionsziel im Europäischen Verfassungsrecht in einer gestuften Staatlichkeit bereits „Staatsziel" geworden. Als postnationales Staatsziel, das im materiell-einheitlichen Verfassungsziele- und Gemeinwohlzieleverbund auf einer höheren Verfassungsebene durch die Verfassungsgeber angesiedelt wurde, hat es für die unions- wie die mitgliedstaatliche Ebene verfassungsrechtliche Wirkungen.[845] Zu untersuchen bleibt deshalb, ob und wie die Sportförderung als Bestandteil des europäischen Verfassungsrechts mittelfristig die Diskussion um ein Staatsziel der Sportförderung beeinflusst.

1. Europäisierung nationalen Verfassungsrechts

Im Zentrum der wissenschaftlichen Diskussion steht bisher die Europäisierung des Verwaltungsrechts.[846] Eine Europäisierung des Verfassungsrechts wird bisher kaum wahrgenommen. Eine politisch-soziale Union ohne eine im wesentlichen einheitliche Gesamtrechtsordnung auf den zusammenwirkenden Verfassungs- und Gemeinwohlebenen ist jedoch kaum vorstellbar. Zudem lässt sich europäische Identität zu Teilen auch durch Übernahme europäischer Verfassungsinhalte schaffen.[847] Gleichzeitig ist die Rechtsentwicklung im Verfassungsverbund von zwei gegensätzlichen Entwicklungen bestimmt: Einerseits von einer zunehmenden inhaltlichen Verlagerung und Überlagerung europäischer Verfassungsinhalte und andererseits von einer immer stärkeren Forderung nach Subsidiarität und Dezentralisierung im Gemeinwohlverbund.

a) Verpflichtung zur Vereinheitlichung?

Art. 7 EUV liefert zwar auf den ersten Blick einen normativen Aufhänger für die Entwicklung eines Prinzips der Verfassungshomogenität mit strukturell einheitsstiftenden Vorgaben für die nationalen Verfassungssysteme. Aus Art. 7 EUV können aber keine weitergehenden inhaltlichen Verfassungshomogenitätserfordernisse abgeleitet werden, da sich nationale Identität gerade in nationalen Verfassungsarrangements ausdrückt.[848] Die Achtung der nationalen Identität der Mitgliedstaaten bildet eine Harmonisierungsgrenze.[849] Auch aus dem Prinzip der Gemeinschaftstreue lässt sich allenfalls dann eine Verpflichtung zur Anpassung ableiten, sofern nationales Verfassungsrecht Grundwer-

---

[845] Dazu bereits E. I. 1.

[846] *Rengeling*, EuR 1993, 331 ff.; *Schmidt-Aßmann*, DVBl. 1993, 924 ff.; *Klein*, Der Staat 33 (1994), 39 ff., *Schoch*, JZ 1995, 105 ff.

[847] *Dreher*, JZ 1999, 105 (106).

[848] *V. Bogdandy*, Europäische Prinzipienlehre, S.149 (190) in ders, Europäisches Verfassungsrecht.

[849] *Dreher*, JZ 1999, 105 (108).

tungen europäischen Rechts widerspricht. Als Zielsetzung enthält Art. 3 lit. h EGV allerdings, wenn auch nicht kompetenzbegründend, die Forderung, die Tätigkeit der Union müsse sich auch auf die *„Angleichung der innerstaatlichen Rechtsvorschriften [beziehen], soweit dies für das Funktionieren des Gemeinsamen Marktes erforderlich ist.“* Danach hat sich das nationale Recht den europäischen Homogenitätserfordernissen grundsätzlich anzupassen und unter Umständen auch Relativierungen hinzunehmen.[850]

b) Europäisierung der Staatsziele im Grundgesetz

Die Gründung und Entwicklung der Union hat auch ohne Verpflichtung zur Anpassung materielle Veränderungen und eine Mutation der nationalen Verfassungen bewirkt.[851] Es besteht ein dialektisches Verhältnis zwischen der nationalen und der europäischen Verfassungsentwicklung.[852] Dieses vollzieht sich nicht nur einseitig im Verhältnis Mitgliedstaaten zur Union,[853] sondern strahlt auch in umgekehrter Richtung zurück. Diese Entwicklung ist auch bei den Staatszielen zu beobachten. Staatszielvorstellungen bilden sich zunächst auf theoretischer und politischer Ebene heraus und werden erst danach in Recht gegossen.[854] Die europäische Ebene nimmt hierbei im Zuge des Zusammenwirkens der Verfassungs- und Gemeinwohlebnen zunehmend die Rolle eines besonderen Impulsgebers gemeineuropäischer Verfassungsthemen ein. Staatliche Verfassungen fungieren damit immer mehr als Leitbilder gemeinsamer Werteüberzeugungen in der Union. Die Staatszielvorstellungen in den Mitgliedstaaten entwickeln sich somit nicht isoliert von den unionsrechtlichen Zielvorgaben.[855] Alle am Verbund beteiligten Verfassungen stehen in einem Verhältnis wechselseitiger inhaltlicher Einflussnahme, die geeignet ist, zu einer fortschreitenden Konkordanz der Verfassungsziele zu führen.[856] Im Verfassungsverbund ist die Entwicklung der Europäischen Union automatisch Bestandteil des Verfassungsprozesses der Mitgliedstaaten.[857] Änderungen und Fortschritte der Integration bewirken somit zugleich materielle Verfassungsänderungen auf nationaler Ebene, die dort nicht unbedingt textlich zum Ausdruck kommen müssen. Das Modell des materiell einheitlichen Verfassungsverbundes bildet insoweit die Basis für die inhaltlichen Anpassungsprozesse. Im Grundgesetz findet sich in Art. 23 GG ein anpassungsoffener Integrationsauftrag *„zur Verwirklichung eines vereinten Europas“* an alle staatlichen Stellen.[858] Die Vorschrift

---

850 *Calliess/Ruffert*, EuGRZ 2004, 542 (545).

851 Pernice, VVDSRL, S. 178.

852 *Frowein*, Wesentliche Elemente einer Verfassung, S. 71 (83) in: Bieber/Widmer, Der europäische Verfassungsraum.

853 Dazu bereits die Ausführungen unter B. I.

854 *Sommermann*, Staatsziele und Staatszielbestimmungen, S. 4.

855 *Nolte*, Staatliche Verantwortung im Bereich Sport, S. 157.

856 Das Bundesverfassungsgericht hat festgestellt, dass „die in den Gemeinschaftsverträgen niedergelegten Zielsetzungen (...) mit dem Grundgesetz vereinbar“ seien. BVerfGE 73, 339 (386); Jarass/Pieroth, Art. 23, Rn. 5.

857 *Frowein*, EuR 1995, 315 (319).

858 *Grabenwerter*, Staatliches Unionsverfassungsrecht, S. 283 (333).

formuliert im Zusammenspiel mit der Präambel eine Staatszielbestimmung.[859] Die Staatszielbestimmung bringt die integrationsfreundliche Grundhaltung des Grundgesetzes zum Ausdruck, so dass inhaltliche Änderungen des europäischen Verfassungsrechts auch Entwicklungsaufträge an den nationalen Verfassungsgeber beinhalten, sofern dieser inbezug auf bestimmte Politikfelder überhaupt noch nicht tätig geworden ist.[860] In diesem Sinne ergeben sich rechtspolitische Entwicklungsprozesse der nationalen Verfassungsordnungen.[861] Ein Beispiel bietet hierfür die zu Beginn der 16. Legislaturperiode wiederaufgekommene Diskussion um die Kultur als Staatsziel. Sie ist die Folge des stetigen inhaltlichen Ausbaus der Kultur als europäisches Politikfeld und Unionsziel im europäischen Verfassungsrecht. Daher ist im Verfassungsverbund ein stetiger vertikaler, inhaltlicher Homogenisierungsprozess zu beobachten. Der deutsche Verfassungsgeber hat bereits bei verschiedenen Gelegenheiten einzelne Grundgesetzartikel im Hinblick auf die Fortentwicklung der europäischen Integration geändert.[862] Sportförderung als Schutzgut in Art. III-282 EVV stellt daher lediglich eine weitere Etappe auf dem Weg zum umfassenden Schutzgut der Sportförderung in allen Verfassungsordnungen der Mitgliedstaaten dar.

Zudem ist die Verfassungsentwicklung der Mitgliedstaaten durch eine ständige Zunahme an Normen gekennzeichnet, welche die Aufgaben der nationalstaatlichen Ebene im Gemeinwohlverbund näher bestimmen. Dadurch versichert sich das nationale Gemeinwesen stetig seiner materialen Grundlagen und Ziele in einer immer komplexeren Wirklichkeit. Dazu gehört die ständig sich erneuernde Abstimmung und Anpassung mit der höheren Gemeinwohlebene der Europäischen Union. Öffentliche Aufgaben können effektiv in einem Gemeinwohlzieleverbund nur dann wahrgenommen werden, wenn sich die Verfassungsebenen auch inhaltlich komplementieren und homogenisieren. Verfassungsgeber, Verfassungsgerichte und Verfassungsrechtswissenschaft in nationalen Rechtsordnungen müssen dabei Antworten auf inhaltliche Spannungen oder Lücken zwischen ihrem Verfassungsrecht und dem europäischen Primärrecht entwickeln, um das effektive Zusammenspiel der Gemeinwohlebenen zu gewährleisten.[863] Dabei ist die Komplemtrarität der Verfassungsrechtsordnungen zugleich Ausdruck praktizierter Subsidiarität von Gemeinwohlaufgaben. Manche Änderung der Verfassungen der Mitgliedstaaten ist daher direkt vom Primärrecht der Union bewirkt.[864]

Nichtzuletzt wird den nationalen Verfassungsgebern die Aufgabe zugedacht, Europa für den Bürger aus der nationalen Verfassung stärker erlebbar zu machen, indem sie europäisches Verfassungsrecht als „*Europa im Verfassungsstaat*" national in ihren

---

[859] *Badura*, Das Staatsziel europäische Integration im Grundgesetz, S. 887 ff., in FS Schambeck. *Pernice* in Dreier, Art. 23, Rn. 18.

[860] *Nolte*, Staatliche Verantwortung im Bereich Sport, S. 115.

[861] *Häberle*, Europäische Verfassungslehre, S. 93.

[862] Sei es zur Ermöglichung der Hoheitsübertragung, zwecks stärkerer Ausrichtung staatlicher Institutionen auf die Union oder im Hinblick auf Sachpunkte (Kommunalwahlrecht, Europäische Zentralbank etc.). In diesem Sinne wird auch von einer „Europäisierung des Grundgesetzes" gesprochen; *Peters*, Elemente einer Theorie der Verfassung Europas, S. 211.

[863] *Bieber*, Der Verfassungsstaat im Gefüge europäischer und insbesondere nationaler Ordnungsstrukturen, S. 97 (102), in Thürer/Aubert/Müller, Verfassungsrecht in der Schweiz.

[864] *Grabenwerter*, Staatliches Unionsverfassungsrecht, S. 283 (332).

Verfassungsordnungen thematisieren. Dabei sind inhaltliche Parallelen nicht zu vermeiden, sondern „*sogar i. S. einer Gleichgestimmtheit beider Ebenen zu suchen*".[865]

2. Sportförderung als Staatsziel im Grundgesetz?

Im Laufe der Untersuchung wurde bereits herausgearbeitet, dass für die Normierung eines Verfassungsziels ein öffentliches Interesse und eine Regelungslücke bestehen muss.[866] Teilweise werden diese Voraussetzungen für ein Staatsziel Sportförderung im Grundgesetz wegen „*fehlender erkennbarer Notwendigkeit und Ertrag*" verneint und diesbezüglich eine drohende „*Befrachtung der politischen Zielbestimmungen*" befürchtet.[867] Das Grundgesetz kennt nur wenige Staatsziele.[868] Auch der Sport muss sich den verfassungspolitischen Einwand gefallen lassen, dass sich die Bundesrepublik mit dem Verzicht des Parlamentarischen Rats auf Staatszielkataloge nach Art anderer Verfassungen gute Erfahrungen gemacht hat.[869] Tatsächlich ist das Bild in der deutschen Verfassungswirklichkeit aber uneinheitlich. Die meisten Landesverfassungen verfügen über eine ausgeprägte Staatszielstruktur. Zugleich werden die nationalen Verfassungen der Mitgliedstaaten im materiellen Verfassungsverbund durch die ausgeprägte Zielstruktur der Europäischen Verfassung als Komplementärverfassung in einem einheitlichen System strukturell und materiell beeinflusst. Die Abstimmung öffentlicher Aufgaben im Verfassungsziele- und Gemeinwohlzieleverbund erfordert zunehmend, dass die zentralen öffentlichen Aufgaben in den Verfassungsordnungen ausdrücklich niedergelegt und homogenisiert werden, um ein effektives Zusammenspiel der verschiedenen Ebenen zu gewährleisten. Hierauf verweisen sowohl die Aufnahme des Umweltschutz als grundgesetzliche Staatszielbestimmung als auch die im Rahmen der Koalitionsverhandlungen zur 16. Legislaturperiode wiederaufgekommene Diskussion um ein Staatsziel Kultur.[870] Ein differenzierter Katalog von Staatszielen trägt den Erfordernissen des kooperativen Verfassungsstaates im supranationalen Kontext

---

[865] Eine solche partiell textliche Wiederholung ist insofern wünschenswert, als die bisherigen Teilverfassungen in vielem redaktionell missglückt und bürgerfern gehalten sind, *Häberle*, Europäische Verfassungslehre, S. 95.

[866] Die in den 1980er Jahren eingesetzte Sachverständigenkommission Staatszielbestimmungen/Gesetzgebungsaufträge formulierte, dass „die Verfassung ein Regelungsdefizit für ein schützenswertes Gut oder eine wesentliche Staatsaufgabe" aufweisen müsse, bevor man verfassungsergänzend tätig werden kann. Das Regelungsdefizit müsse dahingehend bestehen, dass die „Gesetzgebung oder sonstige Staatspraxis Mängel oder Missstände bei der Auswahl oder Erfüllung von Aufgaben zeigt, die durch eine Verfassungsnorm behoben werden könnten", Rn. 28.

[867] Vgl. zu einer sehr kritischen Betrachtung in diesem Zusammenhang *Hebeler*, SpuRt 2003, 221 (222).

[868] Zu den Staatszielen gehören Umweltschutz (Art. 20a), Förderung der Gleichstellung von Frauen und Männern (Art. 3 II 1GG) und europäische Integration (Art. 23 GG). Mehrheitlich werden auch die verfassungsstaatlichen Grundentscheidungen (Demokratie-, Sozialstaats- und Rechtsstaatsgebot) unter den Begriff der Staatszielbestimmung gefasst, dazu auch *Maurer*, Staatsrecht, § 6, Rn. 9.

[869] Über ausgeprägte Staatszielkataloge verfügen beispielsweise die deutschen Landesverfassungen; vgl. auch *Steiner*, NJW 1991, 1 (2).

[870] Für die Schweizer Bundesverfassung liegt seit 1977 ein neuer Entwurf vor, der den Staatszielkatalog erhheblich ausweitet.

Rechnung.[871] Dieser Tatsache entsprechen bereits die Staatszielkataloge in den Landesverfassungen als Teil des europäischen Verfassungsverbundes. Auch für die Sportförderung finden sich verschiedene rechtstatsächliche[872] und rechtsnormative[873] Argumente, die sie als (staats-)"zielvernünftig" im Grundgesetz erscheinen lassen.[874]

a) *Rechtstatsächliche und rechtspolitische Argumente: Die Verfassungsrelevanz der Sportförderung*

Das Grundgesetz erwähnt den Sport an keiner Stelle ausdrücklich. In der Verfassungsordnung des Grundgesetzes ist der Sport jedoch auch ohne besondere Hervorhebung als Gegenstand einer sozialstaatlich induzierten, staatliche Betreuung rechtfertigenden, öffentlichen Aufgabe anerkannt.[875] Hierfür sprechen nicht zuletzt die regelmäßigen Sportberichte der Bundesregierung und die Sportkonferenzen der Landesminister. Zudem erfährt das Sportwesen durch die grundgesetzliche Kompetenzverteilung und die Grundrechte eine Regelung „aus zweiter Hand".[876] Insofern weist *Steiner* darauf hin, dass es zu den „interessanten staatsrechtlichen Entwicklungen unter der Geltung des Grundgesetzes" gehört, dass in den letzten Jahrzehnten – auch naturgemäß als Folge der Professionalisierung des Sports – die Grundrechte des Sporttreibenden verstärkt in das Blickfeld des Verfassungsrechts gerückt sind.[877] Zugleich besteht die aus den Grundrechtsartikeln 2 Abs. 1, 9 Abs. 1 sowie Art. 12 Abs. 1 resultierende Rechtspflicht des Staates, die Selbstregulierungskompetenz der gesellschaftlichen Institutionen im Bereich des Sportwesens prinzipiell zu achten und substantiell unangetastet zu lassen. Die Ordnung des Sports ist grundsätzlich die Aufgabe des organisierten Sports als Teil der Gesellschaft auf der Grundlage seiner privatrechtlich konstituierten Autonomie. Dadurch wird ein großer Teil der gemeinschaftlichen sportlichen Betätigung zu einer staatsfreien und der gesellschaftlichen Eigenverantwortung zukommenden Angelegenheit.[878] Die Autonomie des Sports findet ihren Ausdruck in der Subsidiarität

---

[871] *Isensee*, Gemeinwohl und Staatsaufgaben im Verfassungsstaat, § 57, Rn. 120, in Isensee/Kirchhof, Handb. D. Staatsrechts, Bd. 3.

[872] Dazu a).

[873] Dazu b) und c).

[874] Vgl. zum Thema Sportförderung als Staatsziel auch *Nolte*, Staatliche Verantwortung im Bereich Sport, S. 215.

[875] In der amtlichen Begründung zum Gesetzesantrag zur Änderung der hessischen Verfassung heisst es dazu: „Mit der Aufnahme des Sports in die Verfassung soll die Bedeutung des Sports für das Gemeinwohl, die flächendeckende und vielseitige Arbeit der Sportvereine und die Leistungen des Ehrenamts im Sport gewürdigt werden, HessLT-Dr. 15/3553, S.4. In diese Richtung auch *Tettinger*, JZ 2000, 1069 (1070); *Stern*, Grundrechte der Sportler, S. 142 (143), in Schroeder/Kauffmann, Sport und Recht; *Steiner*, DÖV 1983, 173 (173).

[876] *Nolte*, Staatliche Verantwortung im Bereich Sport, S. 215; *Steiner*, DÖV 1983, 173 (173).

[877] *Steiner*, BayVBl. 1995, 417 (417). Zudem kennzeichnet die Sportrechtsentwicklung in Deutschland nach seiner Meinung „sehr bemerkenswert, dass die verfassungsrechtlichen Grundpositionen auch gegenüber der Verbandsmacht zur Geltung gebracht wurden".

[878] *Stern*, Verfassungsrechtliche und verfassungspolitische Grundfragen zur Aufnahme des Sports in die Verfassung des Landes Nordrhein-Westfalen, S. 269 (275), in FS Thieme.

staatlicher Sportförderung.[879] Dadurch beschränkt sich die Rolle des Staats primär auf die Rolle des Förderers und nicht der der Ordnungsmacht des Sports. Dass aber im Bereich des Sports auch eine staatliche Verantwortung besteht, hat *Nolte* herausgearbeitet.[880] Hierzu gehört der Schutz der Grundrechte der Sportler, sofern die Regelungsmöglichkeiten der Sportverbände diese nicht mehr effektiv gewährleisten können. Im Hinblick auf die zunehmende Dopingproblematik erließ der Bundesgesetzgeber daher § 6a AMG (Verbot des Inverkehrbringens von Arzneimitteln zu Dopingzwecken im Sport). Die dynamische Aufnahme eines Staatsziels der Sportförderung in den Verfassungsordnungen der Bundesländer kann dabei als deutliches Zeichen für ein stärkeres Engagement des Staates und eine gestiegene Übernahme rechtlicher Mitverantwortung im Bereich des Sports interpretieren werden. In diesem Sinne will der Staat eine *„Wächterfunktion"* im Bereich des Sports wahrnehmen.[881] Diese Bereitschaft sollte sich auch in der gesamtsstaatlichen Verfassungsordnung widerspiegeln. Die dynamische Entwicklung der Sportförderung als Verfassungsthema findet nun mit der Normierung im Europäischen Verfassungsrecht ihren vorzeitigen Abschluss, so dass die Anerkennung und Übernahme öffentlicher Verantwortung im Sport sowohl „von unten" (Bundesländer) als auch „von oben" (Unionsebene) im materiellen Verfassungsverbund auf die grundgesetzliche Ebene drückt, dem sich das Grundgesetz normativ kaum noch entziehen kann. In dieser „Zangenbewegung" der Verfassungsebenen hat sich die Sportförderung damit gleichzeitig zum gefestigten und selbständigen Verfassungsthema im gemeineuropäischen Verfassungsverbund entwickelt, was sich textlich auch im Grundgesetz ausdrücken muss.[882] Ein besonderes grundgesetzliches Regelungsbedürfnis und eine entstehende normative Schutzlücke im Bereich der Sportförderung bestände im Falle des Scheiterns der Ratifizierung des Europäischen Verfassungsvertrags. Im *„multilevel constitutionalism"* könnte die Union ihre zugedachte Rolle der Wahrnehmung spezifischer öffentlicher Aufgaben im Bereich der Sportförderung auf einer höheren Verfassungs- und Gemeinwohlebene in diesem Fall nicht übernehmen. Dann wäre der nationale Verfassungsgeber besonders gefordert, um die daraus entstehende normative Lücke mit einem Staatsziel der Sportförderung zu schließen.

In rechtstatsächlicher Hinsicht können insbesondere die vielfältigen gesellschaftlichen Funktionen des Sports angeführt werden, die eine öffentliche Förderung und eine daraus resultierende besondere normative Aufmerksamkeit auf nationaler Verfassungsebene rechtfertigen.[883] Der Sport und die ihn tragenden Institutionen zählen zu

---

[879] *Burmeister*, Sport als Aufgabe kommunaler Selbstverwaltung, S. 37 (47), in ders., Sport im kommunalen Wirkungskreis.

[880] *Nolte*, Staatliche Verantwortung im Bereich Sport, S. 105 ff. Siehe zur öffentlichen Verantwortung im Sport auch die Ausführungen unter A.VI.2.b)aa)(2)(c).

[881] *Tettinger*, JZ 2000, 1069 (1070).

[882] *Steiner*, NJW 1991, 2729 (2729).

[883] *Nolte*, Sport und Recht, S. 70.

den stabilisierenden und wertvermittelnden Institutionen des Staatswesens.[884] Deshalb gibt der Staat dem Sport eine Fülle von Organisations- und Kommunikationshilfen bis hin zum Einsatz diplomatischer Mittel, um Sportverbände bei ihren Bewerbungen für die Ausrichtung internationaler Wettkämpfe zu unterstützen. Zudem gewährt er Steuererleichterungen, baut und unterhält Sportstätten und kauft vereinseigene Sportstätten auf.[885] Gleichzeitig bemisst sich die Mitgliederzahl des Deutschen Sportbundes auf mehr als 20 Millionen, wobei die große Zahl der nicht organisierten Sportler nicht einbezogen ist. Eine derart große gesellschaftliche Bewegung zeigt die hohe Wertigkeit des damit verfolgten öffentlichen Interesses. Unzweifelhaft besitzt der Sport zudem gesundheits-, sozial-, kultur- und bildungspolitischen Wert, indem er als Instrument sowohl zur Entfaltung der Persönlichkeit des Einzelnen, als auch zur allgemeinen Sozialisation und Vorsorge besondere Bedeutung besitzt.[886] Auch das Haushaltsvolumen des privaten Sports, die ständig zunehmende Kommerzialisierung (Fernsehübertragung, Sponsoring, Sportwetten) und die Bruttowertschätzung des Sports verdeutlichen die zu beobachtende Verlagerung des Sports aus der Sphäre privatautonomer Beliebigkeit in eine öffentliche Dimension.[887] Das BVerfG hat im Zusammenhang mit seiner Rechtsprechung zum Recht auf Kurzberichterstattung von sportlichen Großereignissen diese öffentliche Dimension in jüngerer Zeit nachhaltig gestärkt. Es hat festgestellt, dass der Sport *„Identifikationsmöglichkeiten im lokalen und nationalen Rahmen“* bietet und *„Anknüpfungspunkt für eine breite Kommunikation in der Bevölkerung"* ist. Eine umfassende Berichterstattung, wie sie von Art. 5 Abs. 1 Satz 2 GG gefordert wird, lässt sich daher unter Verzicht auf Sportereignisse nicht verwirklichen.[888] Die vorstehenden Erwägungen machen deutlich, dass es vor dem Hintergrund des verfassungsrechtlichen Gleichbehandlungsgebots kaum noch zu rechtfertigen ist, dass der Sportförderung nicht diesselbe Bedeutung wie der Kunst, der Kultur oder der Wissenschaft im Grundgesetz zukommt, deren Förderung bereits zu Staatszielen erhoben ist.

b) Rechtsnormative Argumente: Kompetenzprobleme bei der Sportförderung

Auch die dynamische Entwicklung der Sportförderungsziele in den Landesverfassungen zeugt von der Bedeutung und Akzeptanz des sportspezifischen Gemeinwohlbelangs, die sich zudem in den daraus resultierenden Sportförderungsgesetzen der Län-

---

[884] *Nolte*, Staatliche Verantwortung im Bereich Sport, S. 215; *Stern*, Verfassungsrechtliche und verfassungspolitische Grundfragen zur Aufnahme des Sports in die Verfassung des Landes Nordrhein-Westfalen, S. 269 (275), in FS Thieme; *Tettinger*, JZ 2000, 1069 (1071).

[885] *Steiner*, NJW 1991, 2729 (2731).

[886] *Schwarz*, NdsVbl. 1998, 227; *Nolte*, Staatliche Verantwortung im Bereich Sport, S. 216, spricht von „positiven sozio-emotionalen, (..) sozial-integrierenden, (..) sowie sozial-mobilisierenden“ Funktionen.

[887] *Nolte*, Staatliche Verantwortung im Bereich Sport, S. 216; *Stern*, Verfassungsrechtliche und verfassungspolitische Grundfragen zur Aufnahme des Sports in die Verfassung des Landes Nordrhein-Westfalen, S. 269 (275), in FS Thieme.

[888] BVerfGE 97, 228 (257). Vgl. dazu ausführlich *Waldhauser*, Die Fernsehrechte des Sportveranstalters.

der ausdrückt.[889] Aber ein grundgesetzliches Regelungsbedürfnis erwächst nicht nur aus dem interdependenten Fortentwicklungsdruck der bundesstaatlichen Verfassung im Verhältnis zu seinen Gliedstaaten und zum europäischen Verfassungsrecht, sondern auch aus den mit den gewachsenen Regelungen der Länder verbundenen streitigen Kompetenzfragen im Zusammenhang mit der Sportförderung. Denn da der Sport in den Kompetenzkatalogen der Art. 70 ff. des Grundgesetzes bisher an keiner Stelle erwähnt ist, erfasst sie als Querschnittsmaterie diverse Bereiche und beinhaltet für Bund oder Länder jeweils Bezüge, ihre Kompetenzen zu beanspruchen.[890] Sportspezifische Bezugspunkte können Art. 104a Abs. 3, 74 Nr. 1, 3, 12, 13, 18, 20, 24 (Vereinswesen, Nachbarschutz, Strafrecht etc.) sowie Art. 75 Abs. 1 Nr. 1a, Nr. 3 GG (Waldrecht) aufweisen.[891] Im Bereich der Bundesverwaltung wird Art. 87 a, b GG für den Aufbau von Sportförderkompanien der Bundeswehr in Anspruch genommen. Von besonderer Bedeutung sind die Finanzierungszuständigkeiten des Bundes aus Art. 32 Abs. 1, 91 a, 91 b, und 104 a Abs. 4 GG (Hilfen beim Sportaustausch im Rahmen der auswärtigen Beziehungen, Finanzierung von Sportstätten im Rahmen des Hochschulbaus, Förderung der Sportforschung). Insbesondere im Bereich der öffentlichen Sportförderung entzünden sich Kompetenzstreitigkeiten zwischen Bund und Ländern.[892] Für seine Zuwendungen an den Hochleistungssport nimmt der Bund ungeschriebene Finanzierungszuständigkeiten für sich in Anspruch.[893] Dafür verweist er auf die gesamtstaatliche und nationale Repräsentanz nach innen und außen.[894] Sportförderungsmaßnahmen haben damit keine feste Kompetenzgrundlage im Grundgesetz. Dennoch werden nationale Sportförderungsmaßnahmen auf Grundlage von Bezugspunkten mit bestehenden Kompetenzen oder unter Rückgriff auf ungeschriebene Kompetenzen erlassen. Sportförderung wird dabei als öffentliche Aufgabe in die Kompetenzverteilungsnormen hineingelesen. Die Kompetenznormen des Bundes gemäß Art. 72 ff. GG normieren jedoch keine öffentliche Aufgaben, sondern setzen diese öffentliche Aufgabe voraus.[895] Ein Staatsziel der Sportförderung könnte insofern normative Klarstellung bringen.[896] Dies gilt auch im Hinblick darauf, inwieweit der Sport einen Teil der Kultur darstellt oder in diesen Bereich zumindest hineinwirkt.[897] Umgekehrt wird in der Festlegung eines Staatsziels der Sportförderung aber die Gefahr gesehen, dass sich damit direkt oder indirekt Ansprüche des Bundes auf Anerkennung von Kompetenzen im Bereich der Sportförderung zu Lasten der Länder verbinden. Nach *Stern* stärkt die Übernahme der Sportfinanzierung durch die Länder die Freiheit des Sports, da darin – entsprechend der föderalistischen Idee – eine Garantie für Vielfalt, Sachnähe und individuel-

---

[889] Vgl. dazu die Ausführungen unter . B. I. 1. b) – Sportförderung als Staatsziel.
[890] *Steiner*, DÖV 1983, 173 (174); *Tettinger*, JZ 2000, 1069 (1071).
[891] Vgl. nur beispielhaft *Maunz* in Maunz/Dürig, Art. 104 a, Rn. 15 ff.
[892] Vgl. Art. 32 Abs. 1, 91 a, 91 b und 104 a Abs. 4 GG.
[893] Vgl. auch *Nolte*, Staatliche Verantwortung im Bereich Sport, S. 215; *Stern*, Verfassungsrechtliche und verfassungspolitische Grundfragen zur Aufnahme des Sports in die Verfassung des Landes Nordrhein-Westfalen, S. 269 (275), in FS Thieme.
[894] Es handelt sich damit um eine Kompetenz der Bundes kraft Natur der Sache.
[895] *Bull*, Die Staatsaufgaben nach dem Grundgesetz, S. 52 ff., S. 152 ff.
[896] *Nolte*, Staatliche Verantwortung im Bereich Sport, S. 217.
[897] Nach h. M. orientiert sich die staatsrechtliche Terminologie am sog. „engen Kulturbegriff".

ler Freiheit liegt.[898] Mit einem Staatsziel der Sportförderung im Grundgesetz sind jedoch auch Anstöße für eine breitere und intensivierte Sportförderungsgesetzgebung in den Ländern zu erwarten. Der organisierte Sport verlangt gegenwärtig nach solchen Gesetzen angesichts der zu beobachtenden Entwicklung, dass sich die Gemeinden, Länder und der Staat zuerst aus den freiwilligen Aufgaben und damit auch der Sportförderung zurückziehen.[899] Zudem ergibt das bisherige Sportförderungskonzept angesichts der sich mosaikförmig zusammenfindenden Kompetenzen des Bundes und der Länder kein geschlossenes Bild. Hier wäre eine einheitliche und effektive Konzeption notwendig.

c) *Rechtsnormative Argumente: Gleichgewicht zwischen Sportförderung und Umweltschutz*

Seit der Normierung des Umweltschutz als Staatsziel in Art. 20a GG erscheint ein normatives Regelungsbedürfnis für den Sport besonders notwendig um zu verhindern, dass der Sport bei Umweltkonflikten nicht mit einem fairen und schonenden Interessenausgleich rechnen darf.[900] So ergeben sich aufgrund von Art. 20a GG vielfältige Beziehungen und Konflikte zum Sport, u.a. weil der Bürger im Zusammenhang mit seiner sportlichen Betätigung mehr und mehr auf die Umwelt (Landschaft und Gewässer) zugreift.[901] Durch ein Staatsziel würden daher „rechtliche Signale" im Hinblick auf das Verhältnis der Ausübung von Sport zur Umwelt ausgehen.[902] Zielkonflikte ergeben sich regelmäßig zwischen Belangen des Landschaftsschutzes und der ungehinderten sportlichen Nutzung privater oder öffentlicher Flächen, was im Hinblick auf sportspezifische Belange nach Gleichrangigkeit verlangt.[903] Andernfalls muss sich der Verfassungsgeber mit der Sorge des Sports auseinandersetzen, ob bei Verbleiben der bestehenden Verfassungslage die Konfliktlösung zu Lasten des Sports präjudiziert ist. Dabei ist insbesondere die steigende Zahl von Urteilen zu der Frage von Lärmemissionen von Sportanlagen von besonderer Bedeutung.[904] Die Ausübung nicht anlagengebundener Sportarten wirft zudem erhebliche rechtliche Probleme im Hinblick auf den Umwelt- und Gewässerschutz auf und führt regelmäßig zu Grundrechtskonflikten im

---

[898] *Stern*, Verfassungsrechtliche und verfassungspolitische Grundfragen zur Aufnahme des Sports in die Verfassung des Landes Nordrhein-Westfalen, S. 269 (274), in FS Thieme.

[899] Vgl. hierzu auch die ausführliche Darstellung von *Nolte*, Staatliche Verantwortung im Bereich Sport, S. 220 ff.

[900] *Nolte*, Staatliche Verantwortung im Bereich Sport, S. 217; *Tettinger/Kleinschnittger*, JZ 1992, 109 ff.: *Steiner*, BayVBl. 1995, 417 (417).

[901] *Schwerdtner*, NVwZ 1989, 936 (942); *Birk*, NVwZ 1985, 689 (690).

[902] „Sportliche Betätigung stellt eine unverzichtbare Möglichkeit für den Bürger dar, aktiv und langfristig gesundheitliche Vorsorge zu betreiben, sich zu erholen und zu entspannen", *Steiner*, BayVBl. 1995, 417 (419).

[903] Vgl. zu dieser Frage BVerfGE 80, 137 ff.

[904] BVerwG, NVwZ 1991, 884 (885); OVG Koblenz, NVwZ 1985, 766 (778). Vgl. auch *Köhler*, Jura 1985, 225 (225).

Naturschutz-, Forst-, Wasser- und Waldrecht.[905] Dabei muss der Berücksichtigung sportspezifischer Belange mit Hilfe eines Staatsziels der Sportförderung stärkere Bedeutung zukommen. Zugleich würde durch ein Staatsziel Sportförderung ein notwendiger Appell an den Gesetzgeber gerichtet, vermehrt Abwägungsgebote in sportrelevante Gesetze aufzunehmen.[906] Nichtzueletzt ist hervorzuheben, dass der Sport in seiner Eigenart genauso wie der Umweltschutz einen Teil der natürlichen Lebensgrundlagen des Menschen darstellt, so dass ihm auch im grundgesetzlichen Verfassungsgefüge die gleiche Wertigkeit zukommen sollte.[907]

Über den Nutzen des Sports und der staatlichen Sportförderung besteht in der Bevölkerung ein großer Konsens. Die Aufnahme der Sportförderung würde einen verfassungsrechtlich bisher weitestgehend außer Acht gebliebenen wichtigen Lebensbereich berücksichtigen, der gesamtgesellschaftlich auf große Akzeptanz stoßen würde.[908] Ein Staatsziel der Sportförderung würde daher die Identifikations- und Integrationskraft des Grundgesetzes stärken. Die Normierung eines Staatsziels der Sportförderung könnte dabei die staatliche Respektierung der Autonomie dieses gesellschaftlichen Lebensbereichs und gleichzeitig die Bereitschaft des Staates zu dessen Förderung festschreiben.[909]

V. Bewertung des Regelungsgehalts des politikspezifischen Unionsziels der Sportförderung

Die Sportförderung ist als Unionsziel nun ein Rechtsgut von Verfassungsrang. Damit ist die Förderung des Sports institutionell gewährleistet. Die grundsätzliche Wertung des europäischen Verfassungsgebers bringt zum Ausdruck, dass dem Sport als Lebens- und Gemeinwohlbereich ein Eigenwert zuzuerkannt wird. Der Sport gehört damit zu den natürlichen Lebensgrundlagen des Unionsbürgers und flankiert nicht nur dessen Ausübung der Grundfreiheiten.

Gemessen an der inhaltlichen Vorarbeit der Unionsorgane und den Regelungsnotwendigkeiten im Sportbereich ist das Unionsziel der Sportförderung enttäuschend ausgefallen. Die Zielbestimmung ist inhaltlich restriktiv gefasst und ihre Wirkungen daher von vorneherein begrenzt. Zwar ist die Kompetenzfrage nun entschieden. Für europäische Förderprojekte im Sportbereich besteht nun eine ausdrückliche Rechtsgrundlage. Zur Zielverwirklichung sind allerdings lediglich Fördermaßnahmen möglich. Die Zielbestimmung selbst thematisiert nur das Problem des Dopingmissbrauchs im Sport. Der Bereich der unionalen Sportförderung durch Fördermaßnahmen ist daher sehr klein. Zwar ist den Verfassungsgebern zuzubilligen, dass die Weite des Begriffs der

---

905 Instruktive Darstellung zu dieser Problematik bei *Nolte*, Die Erholungsfunktion des Waldes, sowie *ders.*, Sport und Recht, S. 151 ff.

906 *Hebeler*, SpuRt 2003, 221 (224).

907 *Steiner*, NJW 1991, 2729 (2730). „Allerdings sollte der [generelle] Eindruck vermieden werden, er [der Sport] benötige den Windschatten anderer Staatsaufgaben und –ziele, um verfassungsrechtlich Karriere zu machen."

908 *Stern*, Staatsrecht III, S. 879, § 68 VII 2.

909 *Nolte*, Sport und Recht, S. 70.

Sportförderung, die Vielschichtigkeit der damit verbundenen rechtlichen Fragen und die notwendige Offenheit des europäischen Primärrechts für künftige Entwicklungen eine konkrete Zielbestimmung in seiner Gesamtheit nicht möglich macht. Aber die inhaltliche Diskrepanz zwischen der Bestimmtheit des Schutzauftrages junger Sportler und den übrigen verfassungsrechtlichen Aussagen erlaubt Bedeutungsrückschlüsse für den Stellenwert der Sportförderung. Die verfassungsrechtlichen Aussagen über die soziale und pädagogische Bedeutung des Sports haben zwar Gewicht. Und auch das Unionsziel der Sportförderung verschafft dem öffentlichen Interesse der Sportförderung für sich auf unionaler Ebene eine höhere Legitimation und verbessert als Rechtsgut von Verfassungsrang zukünftig die Stellung der Sportverbände als Auslegungshilfe und Abwägungsbelang bei Abwägungsentscheidungen im Rahmen der Grundfreiheiten. Das Unionsziel stellt aber kein rechtsverbindliches Gebot der Rücksichtnahme auf sportspezifische Belange dar. Dafür hätte die Sportförderung als Querschnittsklausel festgelegt werden müssen.[910] Der Inhalt des Unionsziels der Sportförderung ist somit eine unzureichende Antwort des Verfassungsgebers auf die Regelungsbedürfnisse des Sports im europäischen Verfassungsrecht.[911] Man hätte sich ein ausdrücklicheres Bekenntnis zur Autonomie der Sportverbände gegenüber dem Geltungsbereich der Grundfreiheiten gewünscht. Das Unionsziel der Sportförderung hilft hierbei nur als zu berücksichtigender Abwägungs- und Wertungsgesichtspunkt. Zu einem effektiven und verpflichtenden Schutz könnte eine ergänzende Normierung als Querschnittsklausel beitragen.[912] Der Sport berührt weiterhin viele andere Politiken, die Grundfreiheiten und das Wettbewerbsrecht, so dass der Bereich des Sport nicht durch Art. IIII-282 abschließend geregelt, gefördert und damit geschützt ist. Welche Einwirkungsmöglichkeiten der Union kompetenziell tatsächlich zustehen, kann - obwohl ursprünglich von den Sportverbänden und den Vertretern der Mitgliedstaaten im Konvent gefordert[913] - aus Art. III-282 EVV somit weiterhin nicht erschlossen werden. Eine diesbezügliche Ausdifferenzierung wäre jedoch umso wichtiger gewesen, als der Schutz vor öffentlicher Sportförderungsmacht für die Autonomie des Sports nun besonders notwendig erscheint, wird sie doch als Resultat der Verankerung der Sportförderung im Europäischen Verfassungsrecht nun nicht mehr nur auf nationaler, sondern auch auf unionaler Ebene wahrgenommen.[914] Dadurch wird die Union mit der ausdrücklichen Übernahme öffentlicher Verantwortung im Bereich des Sports schnell in ein Spannungsverhältnis zur Verbandsautonomie geraten, sofern sie ihre auf den Leistungssport bezogenen sportethischen Vorstellungen im Hinblick auf das Dopingproblem in hoheitliches Handeln umsetzen will. Deshalb wäre eine verfassungsrechtliche Betonung der Sportautonomie im Spannungsverhältnis zwischen unionaler Verantwortungsübernahme

---

910 Dazu sogleich unter D. VI.

911 Zu den Regelungsbedürfnissen des Sports ausfürhrlich B. 2.

912 Dazu sogleich unter D. VI.

913 Beitrag des Mitglieds des Verfassungskonvents Erwin Teufel (Ministerpräsident Baden-Württemberg) in Form einer „Entschließung des deutschen Bundesrates zu den Themen des Konvents zur Zukunft der Europäischen Union"; Bundesrat Drucksache 586/02, S. 17.

914 Vgl. dazu in Ansätzen für die nationale Ebene *Steiner*, NJW 1991, 2729 (2733).

und binnenmarktorientierter Grundhaltung unter den gegebenen Umständen besonders notwendig gewesen.[915]

Der Verfassungsgeber ist den normativen Regelungsbedürfnissen im Bereich des Sports mit dem Regelungsgehalt des Unionsziels der Sportförderung somit nicht vollstädnig nachgekommen. Die Festlegung eines Unionsziels der Sportförderung alleine ist nicht ausreichend. Mit dem besonderen Verweis auf den Schutz der Sportler kann die Sportförderung im europäischen Verfassungsrecht keinen Stellenwert erfahren, der sachgerecht im Verhältnis zu den Konfliktaspekten des Sports im Binnenmarkt steht. Die Forderung der deutschen Sportministerkonferenz, dass *„die europäischen Entscheidungsinstanzen verpflichtet werden* [sollen], *den spezifischen Belangen des Sports Rechnung zu tragen"* kann verfassungskonzeptionell nur mit dem Instrument der Querschnittsklausel bewerkstelligt werden.[916] Ein stimmiges Verfassungskonzept zur Sportförderung im europäischen Verfassungsrecht erfordert neben der Unionszielsetzung der Sportförderung die Festsetzung als Querschnittsklausel.

VI. Ausblick: Eine notwendige Verfassungsergänzung - Sportförderung als Querschnittsklausel

Im Europäischen Verfassungskonvent wurde eine verfassungsrechtliche Berücksichtigung des Sports als Querschnittsklausel unter Berücksichtigung der auswertbaren Dokumentation der Arbeit des Verfassungskonvents diskutiert. So zeigt eine Äußerung des damaligen französischen Außenministers *de Villepin* in diesem Rahmen, dass sie als erwägenswerte Möglichkeit grundsätzlich in Erwägung gezogen wurde.[917] Schlussendlich entschied man sich jedoch gegen den Sport als Querschnittsklausel. Eine Querschnittsklausel für den Sport wäre das geeignete Instrument, um komplementär zur Zielbestimmung der Sportförderung den Regelungsbedürnissen des Sports im europäischen Verfassungsrecht wirksam Rechnung zu tragen. Bei einer möglichen inhaltlichen Revision und Neukonzeption des Verfassungsvertrags nach einem gescheiterten Ratifikationsprozess in den Mitgliedstaaten, sollte daher auf eine Berücksichtigung des Sports als Querschnittsklausel gedrängt werden.

1. Eine Kritik an der Nichtberücksichtigung des Sports als Querschnittsklausel

a) Querschnittsklauseln im Verfassungsvertrag

Der Verfassungsvertrag stellt zu Beginn seines dritten Teils, in dem die Politikfelder nachfolgend einzeln aufgeführt werden, mehrere Bereiche in Titel 1 als „Allgemein anwendbare Bestimmungen" vor die Klammer. Dort hat der Verfassungskonvent in

---

915 Vgl. hierzu schon die Überlegungen zur Aufnahme des Sportförderungsziels in die Verfassung Nordrhein-Westfalens *Stern*, Verfassungsrechtliche und verfassungspolitische Grundfragen zur Aufnahme des Sports in die Verfassung des Landes Nordrhein-Westfalen, S. 269 (285), in FS Thieme.

916 Beschluß der Konferenz der Sportminister der Länder vom Dezember 1998.

917 Dominique de Villepin, Verfassungskonvent, ConV 821/03.

Art. III-116 EVV bis Art. III-121 EVV sogenannte Querschnittsklauseln für die Bereiche Gleichstellung von Mann und Frau, sozialer Schutz, Diskriminierung, Umweltschutz, Verbraucherschutz und Tierschutz festgelegt. Bereits im EGV fanden sich Querschnittsklauseln zum Umweltschutz (Art. 6 EGV), zur Beschäftigungspolitik (Art. 127 Abs. 2 EGV), zur Gesundheitspolitik (Art. 152 Abs. 1) und zum Verbraucherschutz (Art. 153 Abs. 2 EGV).[918] Durch den Verfassungsvertrag wurden nun die in den Querschnittsklauseln berücksichtigten Politikfelder um weitere Bereiche erweitert. Die Querschnittsklauseln im Allgemeinen Teil des Verfassungsvertrags ergänzen und vervollständigen die Zielsetzungen in den unionalen Politikfeldern. Im Hinblick auf ihre Systemfunktion hätte somit auch der Bereich der Sportförderung in diese vor der Klammer zusammengefasste Aufzählung eingereiht werden können, um den Regelungsgehalt des Sportförderungsartikels in Art. III-282 EVV abzurunden und regelungstechnisch zu vervollständigen. Zu einer wirksamen Förderung des Sports im europäischen Verfassungsrecht wäre die Festlegung als Querschnittsklausel neben der Zielfestlegung ergänzend notwendig gewesen. Die rechtlichen Wirkungen von Querschnittsklauseln verdeutlichen diese Schlußfolgerung.

b) Wirkungen

Eine Festlegung von Politikfeldern als Querschnittsklausel resultiert aus der Erkenntnis des europäischen Verfassungskonvents, dass der komplexen Aufgabe des Schutzes und der Verfolgung dieser Belange nur durch die Ausgestaltung als problembezogene Querschnittsaufgabe Rechnung getragen werden kann.[919] Die Querschnittsklauseln stellen besondere verfassungsrechtliche Instrumente zur Umsetzung des Grundsatzes der besonderen Berücksichtigung komplexer und spannungsträchtiger Politikfelder dar.[920] Im Zuge fortschreitender Integrationsdynamik und daraus entstehender zunehmender Spannungsfelder hat sich das verfassungsrechtliche Instrument der Querschnittsklausel geradezu inflationiert.[921] Querschnittsklauseln kommt kein politischer Appellcharakter zu. Sie beinhalten vielmehr das rechtlich bindende und zwingend zu erfüllende Gebot der Rücksichtnahme auf die dort benannten Politikbereiche. Das Gebot der Rücksichtnahme gilt bei der Verfolgung jedes anderen Politikfeldes, der Anwendung der Grundfreiheiten und des europäischen Wettbewerbsrechts.[922] Aus der systematischen Stellung der Querschnittsklauseln im „allgemeinen Teil“ des Verfassungsvertrags leitet sich ihr Anspruch ab, jedes Tätigwerden der Union zu prägen.[923]

---

[918] Darüberhinaus sind noch die industriepolitische (Art. 157 Abs.3 EGV) und die entwicklungspolitische Querschnittsklausel (Art, 178 EGV) zu nennen.

[919] *Ritter*, DÖV 1992, 641 ff.

[920] *Callies*, DVBl. 1998, 559 (559).

[921] *Stein*, Die Querschnittsklausel zwischen Maastricht und Karlsruhe, S. 1439 (1442) in Festschrift Everling. Als Begriff findet die Querschnittsklausel erstmals in der Einheitlichen Europäischen Akte (EEA) Erwähnung.

[922] *Schweizer/Hummer*, Europarecht, Rn. 1656; *Calliess* in Calliess/Ruffert, Art.6 EGV, Rn. 6.

[923] *Callies*, DVBl. 1998, 559 (566).

Zwar lassen sich aus der Festlegung als Querschnittsklausel allein kaum Anhaltspunkte für einen absoluten oder relativen Vorrang dieser Belange entnehmen, jedoch manifestiert die Aufnahme eines Rechtsguts als Querschnittsklausel für sich eine herausgehobene Stellung im europäischen Verfassungsgefüge.[924] Verfassungsrechtliche Folge der Ausgestaltung von Politikfeldern als Querschnittsklausel ist die Pflicht aller Unionsorgane, die mit dem jeweiligen Politikfeld verbundenen Rechtsgüter mit anderen Rechtsgütern von Verfassungsrang, insbesondere dem Wettbewerbsrecht und den Grundfreiheiten, abzuwägen und im Wege praktischer Konkordanz zu einem schonenden Ausgleich zu bringen.[925] Dabei sind die Vorgaben der Politikbereiche aus ihren Zielbestimmungen zur Geltung zur bringen, so dass die Politikfelder integrativer Bestandteil jeder Maßnahme werden und daher deren Inhalt erkennbar mitprägen.[926] Teilweise werden Querschnittsklauseln deshalb auch als „*Verträglichkeitsklauseln*" bezeichnet, deren Belange als Entscheidungsfaktoren im supranationalen Willensbildungsprozeß angemessen einzubeziehen sind.[927] Die Union trifft die Pflicht, den in den Querschnittsklauseln festgelegten Belangen positiv Rechnung zu tragen.[928] Gleichzeitig begründet ihre Festlegung für die von ihnen in Bezug genommenen Politikfelder eine besondere Schutzpflicht, die alle Unionsorgane zu beachten haben.[929] Die Schutzpflicht verpflichtet die Unionsorgane die Ausgestaltung ihrer Tätigkeit zulasten dieses Politikfeldes zu unterlassen. Daher wird den Querschnittsklauseln auch eine Verpflichtung entnommen, schützende Maßnahmen in dem jeweiligen Bereich zu ergreifen, sofern ein solches Tätigwerden erforderlich erscheint.[930] Insofern beeinflussen Querschnittsklauseln insbesondere den Erlaß von Sekundärrecht hinsichtlich dessen konkreter Ausgestaltung.[931] Rechtsakte oder Entscheidungen der Unionsorgane in anderen Politikbereichen dürfen dabei nicht ausschließlich an den spezifischen Interessen und Zielen dieser Politikbereiche ausgerichtet werden, sondern sind mit Rücksicht auf ihre Auswirkungen auf andere durch Querschnittsklauseln geschützte Interessen anders - oder im Extremfall überhaupt nicht - zu erlassen.[932] Somit verstärken Querschnittsklauseln die verfassungsrechtliche Bedeutung der sie betreffenden Politikfelder.[933] Zudem dienen sie auch dazu, die mitgliedstaatliche Kompetenz in diesen Politikfeldern zu schützen. Querschnittsklauseln finden sich dementsprechend größtenteils in Bereichen, in denen die Union lediglich über eine ergänzende und unterstützende

---

[924] Vgl. beispw. zur Rolle der Querschnittsklausel im Bereich der Kultur im Hinblick auf das Europäische Wettbewerbsrecht *Blanke/Kitz*, JZ 2000, 118 ff.

[925] *Stein*, Die Querschnittsklausel zwischen Maastricht und Karlsruhe, S. 1439 (1441) in Festschrift Everling, Bd. 2. *Epiney*, Umweltrecht in der EU, S. 107; *Calliess* in Calliess/Ruffert, Art.6 EGV, Rn. 6.

[926] *Epiney*, Umweltrecht in der EU, S. 108.

[927] *Blanke* in Calliess/Ruffert, Art. 151 EGV, Rn. 14.

[928] *Niedobitek*, Kultur und Europäisches Gemeinschaftsrecht, S. 211.

[929] *Callies*, DVBl. 1998, 559 (566).

[930] *Epiney*, NuR 1995, 497 (502).

[931] Vgl. nur EuGH, Slg. 1990, 1527, Rn. 20.

[932] *Glaesner*, EuR 1986, 119 (140).

[933] *Basedow*, S. 49 (61), in FS Everling.

Kompetenz verfügt.[934] Auch das Unionsziel der Sportförderung findet sich in dieser Kompetenzkategorie.

Ein Vergleich der Querschnittsklauseln sowohl im EGV als auch im Verfassungsvertrag verdeutlicht, dass sich der Gehalt der Verpflichtungen unter Berücksichtigung des Wortlauts in einigen Nuancen unterscheidet: Bestimmten Politikfeldern soll *„Rechnung getragen werden"* (Art. 151 EGV, III-117 EVV), *„Erfordernisse müssen einbezogen"* (Art. 6 EGV, Art. III-119 EVV) oder *„sichergestellt"* (Art. 152 EGV, Art. III-285 EVV) werden. Teilweise wird die Rechtsqualität von Querschnittsklauseln daher - in Abhängigkeit von der jeweiligen Formulierung - bezweifelt. Diese schrieben ein Ziel vor, dessen Beachtung vom politischen Willen der Institutionen abhängig sei. Da es keine rechtlichen Konsequenzen im Falle ihrer Nichtbeachtung gebe, müsse von einem politischen Prinzip ausgegangen werden.[935] Gegen diese Auffassung sprechen systematische Erwägungen. Zwar hat sich der EuGH bisher nicht ausdrücklich zu den Rechtswirkungen der Querschnittsklauseln geäußert.[936] Indem der Verfassungsgeber aber die Querschnittsklauseln systematisch hervorgehoben und in nichthierarchischer Aufzählung im „Allgemeinen Teil" vor den Politikfeldern positioniert hat, ist von einer einheitlichen rechtlichen Verbindlichkeit aller Querschnittsklauseln auszugehen.

c) Kritik

Die Querschnittsklausel erweist sich als das geeignete verfassungsrechtliche Instrument, um den Regelungsbedürfnissen im Bereich des Sports im europäischen Verfassungsrecht Rechnung zu tragen. Durch sie kann der Sport im Zusammenspiel mit der Zielbstimmung effektiver gefördert und gegenüber der expansiven Geltung der Grundfreiheiten und des europäischen Wettbewerbsrechts wirksam geschützt werden. Alle Politikbereiche, bei denen die Union lediglich über eine ergänzende Zuständigkeit verfügt (sozialer Schutz, Diskriminierung, Umweltschutz, Gesundheitsschutz, Verbraucherschutz und Tierschutz) sind zu ihrem besonderen Schutz als Querschnittsklauseln im Verfassungsvertrag ausgestaltet. Die Sportförderung wurde als einziges Politikfeld in dieser Kompetenzkategorie nicht zusätzlich als Querschnittsklausel berücksichtigt. Angesichts der mit der Reformierung des europäischen Primärrechts erstrebten verbesserten Homogenität und Transparenz würde die konsequente Festlegung von Querschnittsklauseln für sämtliche Politikbereiche der ergänzenden und unterstützenden Zuständigkeit die verfassungsspezifischen Konturen dieser neuen Kompetenzkategorie schärfen und ein einheitliches verfassungsrechtliches Konzept dieser Zuständigkeitskategorie schaffen. Es ist nicht ersichtlich, aus welchem Grund nahezu alle anderen Politikfelder dieser Kompetenzkategorie als Querschnittsklauseln festgelegt worden sind, der Sport aber ausgenommen wurde. Gründe, die eine solche Ausnahme rechtfertigen könnten, sind nicht erkennbar. Der Sport hat sich bereits in der Vergangenheit als

---

[934] *Fischer* in Lenz, Art. 151 EGV, Rn. 13.

[935] *Krämer*, EC Treaty and Enviromental Law, S. 58.

[936] EuGH, Slg. 1991, S. 5253 (5283) – Gemeinsame Verkehrspolitik; Slg. 1992, 4431 (4440) – Wallonische Abfälle

besonders spannungsreiches Politikfeld erwiesen.[937] Weshalb das Gebot der Rücksichtnahme für Kultur oder Gesundheit, nicht aber für die soziale Dimension des Sports und die gesellschaftliche Funktion der Sportverbände gelten soll, ist deshalb nicht schlüssig. Dabei stellt sich auch die Frage der verfassungsrechtlichen Gleichbehandlung des Sports mit den genannten Bereichen. Im Hinblick auf die Konflikthaftigkeit sind die genannten Politikfelder jedenfalls vergleichbar. Die Normierung der Sportförderung im europäischen Verfassungsrecht ist daher in ihrer konzeptionellen Ausgestaltung unvollständig. Die Konzentration auf die Aufnahme eines Unionsziels der Sportförderung ohne gleichzeitige Ergänzung durch eine Querschnittsklausel ist verfassungskonzeptionell unbefriedigend. Insofern sind die europäischen Verfassungsgeber den normativen Regelungsbedürfnissen der Sportförderung im europäischen Verfassungsrecht nicht gerecht geworden. Mit der inhaltlich sehr restriktiven Berücksichtigung der Sportförderung im Verfassungsvertrag haben sie nur partiell Antworten auf die Spannungsfelder des Sports im Verfassungsrecht geliefert. Eine rechtlich verbindliche Rücksichtnahme auf die sozialen Belange des Sports kann nicht mit der bloßen Festlegung als politikspezifisches Unionsziel der Sportförderung gewährleistet werden.

2. Sportförderung als Querschnittsklausel – Ein Normierungsvorschlag

Im Hinblick auf die rechtliche Bedeutung von Querschnittsklauseln im europäischen Verfassungsrecht sowie die vorstehend dargestellten sportspezifischen Regelungsnotwendigkeiten soll im Folgenden ein Formulierungsvorschlag für den Sport als Querschnittsklausel an den europäischen Verfassungsgeber unterbreitet werden. Dieser wäre regelungssystematisch in den Katalog der Querschnittsklauseln innerhalb der „Allgemein anwendbaren Bestimmungen“ (Titel 1) ab Art. III-116 des Verfassungsvertrags einzufügen:

„Die Union muss bei der Festlegung und Durchführung ihrer Tätigkeit aufgrund anderer Bestimmungen dieser Verfassung den sozialen Eigenarten des Sports, insbesondere der Wahrung und Förderung des Amateur- und Breitensports, Rechnung tragen und dabei die grundsätzliche Bedeutung der Sportverbände für die Regelung und Organisation der sportspezifischen Rahmenbedingungen in der Union anerkennen. In diesem Sinne wahrt die Union die Autonomie der Sportverbände.“

In Sinne des Normierungsvorschlags hätten sämtliche Organe der Union - insbesondere auch die Kommission bei Vorschlägen zu Rechtsetzungsakten sowie der EuGH sowohl bei seiner rechtsprechenden Tätigkeit – die sportspezifischen Spannungsfelder zu berücksichtigen. Die Union müsste darauf hinwirken, dass die sportspezifische Förderungsdimension in die gesamte Tätigkeit der Unionsorgane eingebunden wird. Insbesondere würde durch die vorstehend dargestellte Formulierung der Gefahr einer unreflektierten Anwendung der Grundfreiheiten im sportspezifischen Zu-

---

937 Dazu ausführlich bereits C. 2.

sammenhang entgegengewirkt und die unionsgrundrechtlich geschützte Regelungsautonomie der Sportverbände vor den Einflüssen des europäischen Wettbewerbsrechts besser geschützt. Denn mit der Festlegung als Querschnittsklausel geht das Gebot der Rücksichtnahme einher.[938] Dieses Gebot der Rücksichtnahme auf sportspezifische Eigenarten und Funktionen wäre rechtsverbindlich und justiziabel. Durch die grundsätzliche Klarstellung der Autonomie der Sportverbände würde die Union aus ihrer Rolle der wirtschaftsorientierten Ordnungsmacht im Sportbereich zurückgedrängt. Folge wäre, dass sich die Anwendung des Unionsrechts im Grundsatz auf die Funktion eines Unterstützers und Förderers des Sports beschränkt; ansonsten aber den Sport weitgehend der gesellschaftlichen Selbstregulierung durch die Sportverbände überlässt. Auf diese Weise könnte der Formulierung über die Sportverbände *„als der für den Sport verantwortlichen Organisationen“* im politikspezifischen Unionsziel Geltung verschafft werden. Eine berechtigte Ausnahme vom Autonomiegebot würde die im politikspezifischen Unionsziel der Sportförderung normierte unionale Schutzpflicht für den Schutz der Gesundheit der Sportler im Zuge der Dopingbekämpfung darstellen. Sie übersteigt als öffentliche Aufgabe die Problemlösungsmöglichkeiten der Sportverbände. Damit würde die Sport-Querschnittsklausel in dem Inhalt, wie er vorstehend vorgeschlagen wurde, das unionale Sportförderungsziel um wichtige Aspekte ergänzen und den Regelungsbereich der Sportförderung im Europäischen Verfassungsrecht sachgerecht abrunden.

Die Querschnittsklausel hätte zur Folge, dass sofern eine geplante Unionstätigkeit den Anforderungen der Querschnittsklausel nicht genügte und die Union Beeinträchtigungen des Sports nicht durch flankierende Fördermaßnahmen kompensieren könnte, diese Tätigkeit nicht verfolgt werden dürfte. Zugleich würde das mit der Festlegung einer Querschnittsklausel einhergehende Gebot der Rücksichtnahme nicht dazu führen, dass Konflikte zwischen der Förderung des Sports und den jeweiligen anderen bereichsspezifischen Zielen stets im Zweifel für den Sport zu lösen sind. Es würde damit jedoch der Grundsatz der bestmöglichen Sportförderung gelten.[939] Dies erscheint umso notwendiger, als das Unionsziel der Sportförderung die sportspezifischen Spannungsfelder unzureichend reflektiert und Schutzlücken nicht schließt. Die Sportförderung würde durch die vorstehende Querschnittsklausel inhaltlich in ihrem Regelungsbereich ergänzt, wodurch den sportspezifischen Konfliktfeldern Rechnung getragen wäre. Dadurch würde die Sportförderung im europäischen Verfassungsrecht an Kontur gewinnen und zugleich in seiner verfassungsrechtlichen Stellung akzentuiert.

In dem als Adressat der Querschnittsklausel ausschließlich die Union vorgesehen ist, soll den Mitgliedstaaten ein sportförderungspolitischer Freiraum über die ausdrückliche Kompetenzsicherung hinaus zugestanden werden. Hierdurch würde die in ihrer konkreten Auswirkung noch relativ undeutliche ergänzende und unterstützende Zuständigkeitskategorie durch weitere verfassungsrechtliche Pfeiler in ihrer Wirkung konkretisiert. Insoweit würde die Kritik der deutschen Bundesländer an dem Unionsziel der Sportförderung berücksichtigt, wonach die wenig konturierte ergänzende Zu-

---

938 *Schweizer/Hummer*, Europarecht, Rn. 1656; *Calliess* in Calliess/Ruffert, Art.6 EGV, Rn. 6.
939 Zur Umweltpolitik: *Zuleeg*, NVwZ 1987, 280 (283).

ständigkeit die Gefahr der schleichenden Kompetenzübertragung an die Union mit sich bringt. Die Querschnittsklausel hätte auf diese Weise für die deutschen Bundesländer bei ihrer Sportförderung eine kompetenzsichernde Funktion.

Schlussbetrachtung

Der Transformationsprozess der Union hat mit dem Europäischen Verfassungsvertrag eine neue Entwicklungsstufe erreicht. Als Gemeinwesen gewährleistet sie mittlerweile einen großen Teil der öffentlichen Interessen, deren Wahrnehmung früher ausschließlich dem Nationalstaat zugeschrieben wurde. Dabei werden diejenigen öffentlichen Aufgaben auf die unionale Gemeinwohlebene verlagert, die der nationalstaatlichen Steuerungsgewalt im Zuge der Globalisierung entzogen und in der supranationalen Union effizienter erfüllt werden können. Insofern entsteht ein funktionalistisches Bild von moderner Staatlichkeit, in dessen Rahmen ein schleichender Übergangsprozess in poststaatliche Gebilde und zu poststaatlichen Regelungen festzustellen ist. Ein Beispiel für diese Entwicklung stellt das politikspezifische Unionsziel der Sportförderung dar. Es befasst sich mit der europäischen Dopingbekämpfung als staatenübergreifendes Problemfeld. In einer gestuften Staatlichkeit von Verfassungsordnungen, die miteinander verschränkt sind, bilden sich immer ausgefeiltere verfassungsrechtliche Strukturen im europäischen Primärrecht heraus. Dieses speist sich maßgeblich aus verfassungsstaatlicher Substanz und verschmilzt in einer materiell-einheitlichen Verfassungsordnung mit den nationalen Verfassungsprinzipien. Der Europäische Verfassungsvertrag bringt diese verfassungsstaatlichen Strukturen formal zum Ausdruck. Einen zentralen Stellenwert nehmen dabei die politikspezifischen Unionsziele ein, die sich dem nationalstaatlichen Verfassungsprinzip der Staatsziele strukturell und dogmatisch nähern. Insforen liegt eine Parallelität zu nationalen Staatszielen nahe. Mit dem dargestellten verfassungsstaatlichen Ansatz konnte die Normkategorie und die Dogmatik nationaler Staatsziele auf die politikspezifischen Unionsziele übertragen werden. Ermöglicht wurde diese Konsequenz durch die Erkenntnis, dass das Verfassungsrecht der Union nur eine Teilverfassung des europäischen Verfassungsverbundes ist. Seine Bedeutung und Struktur gewinnt es erst aus einer Zusammenschau mit den mitgliedstaatlichen Verfassungen. Zwischen politikspezifischen Unionszielbestimmungen und nationalen Staatszielen besteht eine Komplementarität. Ihr effektives Zusammenspiel im Gemeinwohl- und Verfassungsverbund führt außerdem zu einer funktionellen Komplementarität. Aus diesen Erkenntnissen lassen sich gemeinsame dogmatische Strukturen ableiten. Deswegen liegt die Terminologie nahe, politikspezifische Unionsziele als postnationale Staatsziele zu charakterisieren. Sie stellen in Eigenart und Struktur klassische Staatsziele dar, die auf eine höhere, supranationale Verfassungsebene verlagert werden, um gewichtige öffentliche Interessen zu aufzuzeigen. Der Transformationsprozess der Union manifestiert sich dementsprechend nicht nur in der Weiterentwicklung des Verfassungsbegriffs, sondern kann auch am Bedeutungszuwachs der politikspezifischen Unionsziele als rechtliche Determinanten öffentlicher Aufgaben aufgezeigt werden. Als postnationale Staatsziele in einer gestuften Staatlichkeit gewährleisten sie auf einer höheren Verfassungsebene die Wahrnehmung bisher staatlich prädeterminierter öffentlicher Interessen. Damit will die vorliegende Untersuchung einen Beitrag zu einer besseren systematischen Durchdringung des europäischen Verfassungsrechts leisten. Erst durch eine ausgefeilte und strukturierte Prinzipienlehre mit den politikspezifischen Unionszielen als zentralem Bestandteil kann eine Konstitutionalisierung Europas vollendet werden. Denn eine Konstitutionalisierung erfordert, dass die Verfassung alle Rechtsbeziehungen durchdringt, was sie am ehesten mittels Prinzipien leisten kann. Verfassungsziele nehmen dabei einen besonderen Stellenwert ein. Dabei werden die politikspezifischen Unionsziele mit der Einordnung als Strukturrinzipien der unionalen Verfassungsordnung zu Bestandteilen eines großen übergreifenden und sinnhaften Strukturplans für das europäische Verfassungsrecht im Verhältnis zum nationalen Verfassungsrecht. Dieser orientiert sich angesichts der fortschreitenden Integrationsdynamik des Verfassungsvertrags an verfassungsstaatlichen Strukturen.

Mit der vorliegenden Untersuchung wurden die normkategorischen Grundlagen, die Entwicklung und die rechtlichen Wirkungen politikspezifischer Unionsziele anhand des Unionsziels der Sportförderung exemplarisch dargestellt. Im Europäischen Verfassungsrecht bilden die politikspezifischen Unionsziele dabei die entscheidende Determinante unionaler Verantwortung. Zusammen mit den Staatszielen bilden die politikspezifischen Unionsziele daher einen Verantwortungsverbund. Dies gilt mit seiner inhaltlichen Ausrichtung auch für das politikspezifische Unionsziel der Sportförderung im arbeitsteiligen Zusammenspiel mit den landesverfassungsrechtlichen Staatszielen der Sportförderung. Die Wahrnehmung öffentlicher Aufgaben durch die Union im Bereich der Sportförderung manifestiert sich dabei im Schutz der Gesundheit der Sportler im Zuge der Dopingbekämpfung. Im Hinblick auf seine individualschützende Komponente erweist sich das Unionsziel der Sportförderung als bisher singulär im Zielkatalog der Union. Damit relativiert der europäische Verfassungsgeber teilweise seine Entscheidung, von einem Recht auf Sport im Grundrechtekatalog des Verfassungsvertrags abzusehen. Das Unionsziel der Sportförderung kann dabei innerhalb der Grundrechte der Sportler wie der Sportverbände besondere Bedeutung gewinnen.

Die Entwicklung des politikspezifischen Unionsziel der Sportförderung war maßgeblich von drei verschiedenen Impulsgebern beeinflusst. Neben der Tätigkeit der Unionsorgane spielte hierbei die Rechtsprechung des EuGH eine Rolle. Diese offenbarte eine Schutzlücke der spezifischen Eigenarten des Sports und der Rechtsposition der Sportverbände gegenüber dem Anwendungsbereich der Grundfreiheiten. Diese Schutzlücke zeigte einen Handlungsauftrag an den Verfassungskonvent als europäischem Verfassungsgeber auf. Ein zentrales normatives Regelungsbedürfnis nahm dabei die Reichweite der Autonomie der Sportverbände ein. Mit dem politikspezifischen Unionsziel konnte ihre Rechtsposition als Mittler für die sportliche Betätigung der Unionsbürger und ihre gesellschaftliche und soziale Funktion für das Sportwesen gestärkt werden, so dass positive Impulse für die Sportförderung in der künftigen Rechtsprechung des EuGH zu erwarten sind. Als weiterer Impulsgeber für die Fortentwicklung europäischen Verfassungsrechts hat sich zudem ein sportförderungsspezifischer Inhaltskanon aus den nationalen Verfassungen der Mitgliedstaaten erwiesen. Insofern ist eine dialektische Verfassungsentwicklung festzustellen, in der sich ein Verfassungsthema zuerst innerhalb der nationalen Verfassungsordnungen etabliert, um anschließend auch auf europäischer Verfassungsebene Berücksichtigung zu finden. Neben rechtvergleichende Aspekte treten dabei rechtspolitische Erwägungen des europäischen Verfassungsgebers. Rechtspolitische Erwägungen berücksichtigen dabei auch eine thematische Identifikationskraft der unionalen Verfassungsordnung für den Unionsbürger. Dem Unionsziel der Sportförderung kann dabei als populäres Politikfeld eine besondere, verbindende Rolle zukommen. Damit leistet es einen Beitrag zur

Identifikation und Akzeptanz europäischen Verfassungsrechts bei den Völkern der Mitgliedstaaten. Kritisch zu bewerten ist, dass der Verfassungskonvent dem normativen Regelungsbedürfnis des Sports mit der Art seiner Festlegung im Europäischen Verfassungsrecht nicht vollständig gerecht geworden ist. Dabei erweist sich insbesondere der Regelungsgehalt des Unionsziels der Sportförderung als sehr begrenzt. Im Gegensatz zu anderen Politikfeldern wurde der Sport systemwidrig nicht zusätzlich als Querschnittsklausel normiert, um seinen besonderen Charakter Rechnung zu tragen. Diese Regelungslücke hat Auswirkungen auf die verfassungsrechtliche Stellung des politikspezifischen Ziels der Sportförderung im Rahmen von unionalen Zielkonflikten. Bei der Abwägung der einzelnen Ziele erweist es sich in den meisten Fällen als nachrangig. Daher wurde ein Formulierungsvorschlag für die Sportförderung als Querschnittsklausel vorgestellt, wie er im europäischen Verfassungsrecht festgelegt werden müsste.

Dennoch verbleiben für die Sportverbände auch positive Wirkungen aus der Festlegung eines Unionsziels der Sportförderung. Zwar wurde die Autonomie der Sportverbände darin nicht ausdrücklich hervorgehoben. Eine Stärkung ihrer Rechtsposition ergibt sich aber im Rahmen von Abwägungsentscheidungen aus der nun bestehenden Stellung der Sportförderung als Rechtsgut von Verfassungsrang. Als Rechtsgut von Verfassungsrang hat die Sportförderung nun hohe Legitimation, die auf die Auslegung und Anwendung des gesamten Verfassungsrechts zukünftig ausstrahlt. Insbesondere tritt das Unionsziel der Sportförderung ihrem Grundrecht der Verbandsautonomie als spezifisches Verstärkungselement zur Seite. Unterschiedslos anwendbare sportverbandliche Regelungen, die Gesundheits- und Dopingschutzaspekte zum Inhalt haben, können zudem zukünftig als „zwingende Erfordernisse" des Unionsrechts qualifiziert werden. Nichtzuletzt hat die Sportförderung mit ihrer Verankerung als Unionsziel an rechtlicher Relevanz und Eigenwert als gemeineuropäisches Rechtsgut gewonnen. Daraus sind Auswirkungen auf die Entwicklung der Sportförderung im Grundgesetz zu erwarten.

Die Union selbst kann durch die Aufnahme eines populären Politikfelds – wie dem der Sportförderung – ihre Identifikationskraft bei den Bürgern der Mitgliedstaaten stärken. Sie kann dadurch „von unten" als ein „Europa der Bürger" eine zunehmende Legitimation erfahren.[940] Das hierzu Handlungsbedarf besteht, wurde im Zuge des Scheiterns des Verfassungsvertrags offensichtlich.

---

[940] Unter dem Stichwort „Europa der Bürger" firmiert seit dem Kopenhagener Gipfel von 1973 die Stärkung bzw. Herausbildung einer *„europäischen Identität"*.

Literaturverzeichnis

Abromeit, Heidrun/ Hitzel-Cassagnes, Tanja Constitutional Change and Contractual Revision, European Journal of International Law 1999, 26 ff.

Ahlfeld, Martin Zwingende Erfordernisse im Sinne der Cassis de Dijon Rechtsprechung des EuGH zu Art. 30 EGV, Baden-Baden 1997.

Alexy, Robert Rechtssystem und praktische Vernunft, Stuttgart 1993.

Ders. Theorie der Grundrechte, 2. Auflage, Frankfurt 1994.

Anderheiden, Michael Gemeinwohl in Republik und Union, Tübingen 2006.

Anweiler, Jochen Auslegungsmethoden des EuGH, Frankfurt 1997.

Badura, Peter Das Staatsziel europäische Integration im Grundgesetz, S. 887-906, in Festschrift für Herbert Schambeck, Für Staat und Recht, Berlin 1994.

Basedow, Jürgen Zielkonflikte und Zielhierarchien im Vertrag über die EG, S. 49-68, in Festschrift Ulrich Everling, Baden-Baden 1995, Due (Hrsg.).

Beaud, Olivier La souveraineté de l'Etat, le pouvoir constituant et le traité de Maastricht, RFDA 1993, 1046 ff.

Bethge, Herbert Staatszwecke im Verfassungsstaat, DVBl. 1989, 841 ff.

Bieber, Roland Verfassungsentwicklung der Europäischen Union: Autonomie oder Konsequenz staatlicher Verfassungsentwicklung?, S. 209-219, in Müller-Graff/Riedel (Hrsg.), Gemeinsames Verfassungsrecht in der EU, Baden-Baden 1998.

Ders. Der Verfassungsstaat im Gefüge europäischer und insbesondere nationaler Ordnungsstrukturen, S. 97-107, in Thürer/Aubert/Müller, Verfassungsrecht in der Schweiz, Zürich 2001.

Birk, Hans-Jörg Umwelteinwirkungen durch Sportanlagen, NVwZ 1985, 689 ff.

Bleckmann, Albert Die wertende Rechtsvergleichung bei der Entwicklung europäischer Grundrechte, S. 29-38, in Festschrift Bodo Börner, Europarecht, Energierecht und Wirtschaftsrecht, Köln 1992, Baur (Hrsg.).

Brugger, Winfried Staatszwecke im Verfassungsstaat, NJW 1999, 2425 ff.

Ders. Gemeinwohl als Ziel von Staat und Recht an der Jahrtausendwende, Das Beispiel Europäische Gemeinschaft, S. 45-72, in Müller-Graff/Roth (Hrsg.), Recht und Rechtswissenschaft: Signaturen und Herausforderungen zum Jahrtausendbeginn, Heidelberg 2000.

Buck, Carsten Über die Auslegungsmethoden des EuGH, Münster 1997.

Bull, Hans-Peter Staatszwecke im Verfassungsstaat, NVwZ 1989, 801 ff.

Bungenberg, Marc Das Binnenmarktkonzept im Lichte anderer Unionsziele, S. 57-75, in Hatje/Terhechte, Kolloquium „Das Binnenmarktziel in der europäischen Verfassung", Baden-Baden 2004.

Burmeister, Joachim Sport als Aufgabe kommunaler Selbstverwaltung, S. 37-49, in ders., Sport im kommunalen Wirkungskreis – Herbsttagung des Konstanzer Arbeitskreises für Sportrecht, Heidelberg 1988.

Busse, Christian Die Geltung der EMRK für Rechtsakte der EU, NJW 2000, 1074 ff.

Calliess,Christian Die Querschnittsklausel des Art. 6 ex-Art. 3 c EGV als Instrument zur Umsetzung des Grundsatzes der nachhaltigen Entwicklung, DVBl. 1998, 559 ff.

Ders. Politische Ziele und Prinzipien im Verfassungsrecht der Europäischen Union, in Göttinger Online-Beiträge zum Europarecht, Nr. 7.

Ders. Gemeinwohl in der Europäischen Union, S. 173-222, in Brugger/Kirste/Anderheiden, Gemeinwohl in Deutschland, Europa und der Welt, Baden-Baden 2002.

Ders./ Ruffert, Matthias Kommentar des Vertrages über die Europäische Union und des Vertrages zur Gründung der Europäischen Wirtschaftsgemeinschaft, 2. Auflage, Neuwied 2002.

Zitiert: *Bearbeiter* in Calliess/Ruffert

Ders./ Ruffert, Matthias Vom Vertrag zur EU-Verfassung, EUGRZ 2004, 542 ff.

Chaltiel, Florence Droit constitutionnel et droit communautaire, RTD Eur. 1996, 396 ff.

Constantinesco, Léontin-Jean La constitution economique de la CEE, Rde 1977, 244 ff.

Ders. L'emergence d'un droit constitutionel européen, RUDH 1995, 447 ff.

Curtin, Deidre The constitutional structure of the Union, CMLRev. 30 (1993), 17 ff.

Dauses, Manfred A. Handbuch des EU-Wirtschaftsrechts, Bd. 1, München 1998.

Zitiert: *Bearbeiter* in Dauses

Dehringer, Arved Zum Spannungsverhältnis zwischen den Freiheiten des Gemeinsamen Marktes und den nationalen Interessen der Mitgliedstaaten, S. 95-108, in Festschrift Hans Kutscher, Europäische Gerichtsbarkeit und nationale Verfassungsgerichtsbarkeit, Baden-Baden 1981.

Depenheuer, Otto Politischer Wille und Verfassungsänderung, DVBl. 1987, 809 ff.

DiFabio, Udo Das Recht offener Staaten, Tübingen 1998.

Ders. Eine europäische Charta, JZ 2000, 737 ff.

Dolderer, Michael Objektive Grundrechtsgehalte, Berlin 2000.

Dörr, Dieter Zur Rechtsnatur der Europäischen Gemeinschaft, EuR 1995, 334 ff.

Dreher, Klaus Wettbewerb oder Vereinheitlichung der Rechtsordnungen in Europa, JZ 1999, 105 ff.

Dreier, Horst Grundgesetz: Kommentar, Bd. 2, Artikel 20 – 82, Tübingen 1998.

Zitiert: *Bearbeiter* in Dreier

Drepper, Christian Differenzierung, Entscheidung und Integration: Dilemmata der Steuerung von Organisationen, Berlin 2001.

Dworkin, Ronald Taking rights seriously, 9. Auflage, London 2000.

Ehlermann, Claus-Dieter Verfassungsperspektiven der Europäischen Gemeinschaft, S. 589-601, in Festschrift Hans-Peter Ipsen, Die Verfassungen Europas, Köln 1997, Thieme (Hrsg.).

Eichenberger, Kurt Vom Umgang mit Strukturprinzipien des Verfassungsstaates, S. 456-470, in Festschrift für Klaus Stern, Verfassungsstaatlichkeit, München 1997.

Endruweit, Günter Organisationssoziologie, Stuttgart 2004.

Epiney, Astrid/ Furrer, Willi Umweltschutz nach Maastricht, EuR 1992, 369 ff.

Epping, Volker Die Verfassung Europas?, JZ 2003, 823 ff.

Esser, Bernd Rechtsstrukturen und Rechtsbegriffe, ACP 172 (1999), 98 ff.

Everling, Ulrich Sind die Mitgliedstaaten noch Herren der Verträge?, S. 173-192, in Festschrift Hermann Mosler, Völkerrecht als Rechtsordnung, internationale Gerichtsbarkeit, Menschenrechte, Berlin 1983, Bernhardt (Hrsg.).

Ders. Gestaltungsbedarf des Europäsichen Rechts, EuR 1987, 214 ff.

Ders. Das Maastricht-Urteil des BVerfG und seine Bedeutung für die Entwicklung der Europäischen Union, Integration 1994, 165 ff.

Ders. Richterliche Rechtsfortbildung in der Europäischen Gemeinschaft, JZ 2000, 217 ff.

Fisch, Rudolf/ Strohm, Theodor Wandel in der Kontinuität – Überlegungen zum Begriff Gemeinwohl, S. 73-78, in Festschrift Hans Herbert von Arnim, Gemeinwohl und Verantwortung, Berlin 2004, Brink (Hrsg.).

Fischer, Joschka Vom Staatenverbund zur Föderation, Integration 2000, 149 ff.

Fleischer, Holger Absprachen im Profisport und Art. 85 EGV, WuW 1996, 473 ff.

Frowein, Jochen A. Die rechtliche Bedeutung des Verfassungsprinzips der parlamentarischen Demokratie für den europäischen Integrationsprozess, EuR 1983, 301 ff.

Ders. Wesentliche Elemente einer Verfassung, S. 71-85, in: Bieber, Roland/Widmer, Der europäische Verfassungsraum, Zürich 1995.

Ders. Die Verfassung der europäischen Union aus Sicht der Mitgliedstaaten, EuR 1995, 315 ff.

Geiger, Rudolf EUV/EGV: Vertrag über die Europäische Union und Vertrag zur Gründung der Europäischen Gemeinschaft, 4. Auflage, München 2004.

Gerkrath, Jörg L`emergence d`un droit constitutionel pour l`Europe, Bruxelles 1997.

Giegerich, Thomas Von der Montanunion zur europäischen Verfassung, S. 13-69, in Hofmann/Zimmermann, Eine Verfassung für Europa, Berlin 2005.

Ders. Europäische und nationale Verfassung im transnationalen Konstitutionalisierungsprozeß, Berlin 2003.

Goll, Ulrich/ Kenntner, Martin Brauchen wir ein europäisches Kompetenzgericht?, EuZW 2002, 101 ff.

Grabenwarter, Christoph Staatliches Unionsverfassungsrecht, S. 283-327, in v. Bogdandy, Europäisches Verfassungsrecht, Berlin 2003.

Grabitz, Eberhard/ Hilf, Meinhard Das Recht der Europäischen Union, München 2003.

Grimm, Dieter Braucht Europa eine Verfassung?, JZ 1995, 581 ff.

Ders. Anmerkungen zur Grundordnung der Union und ihrem fehlenden Verfassungsbedarf, NVwZ 1996, 549 ff.

Grochla, Erwin Grundlagen der organisatorischen Gestaltung, Stuttgart 1982.

Ders./ Wittmann, Waldemar Handbuch der Betriebswirtschaft, 4. Auflage, Stuttgart 1989.

Grunwald, Jürgen Die EG als Rechtsgemeinschaft, S. 43-68, in Röttinger/Weyringer, Handbuch der europäischen Integration, Wien 1996.

Häberle, Peter Verfassungsrechtliche Fragen im Prozeß der europäischen Einigung, EuGRZ 1992, 429 ff.

Ders. Europäische Rechtskultur, Baden-Baden 1994.

Ders. Gemeineuropäisches Verfassungsrecht, Basel 1997.

Ders. Die Herausforderungen des europäischen Juristen vor den Aufgaben unserer Verfassungszukunft, DÖV 2003, 429 ff.

Ders. Europäische Verfassungslehre, 3. Auflage, Baden-Baden 2005.

Ders. Nationales Verfassungsrecht, regionale Staatenverbünde und das Völkerrecht, S. 80-92, in Festschrift Manfred Zuleeg, Europa und seine Verfassung, Baden-Baden 2005.

Habermas, Jürgen Die post-nationale Konstellation und die Zukunft der Demokratie, S. 91 ff., in ders., Die postnationale Konstellation, Frankfurt a. M. 2003.

Hallstein, Walter Die echten Probleme der europäischen Integration, Kiel 1965.

Hatje, Armin Die institutionelle Reform der Europäischen Union, EuR 2001, 143 ff.

Hebeler, Timo Das Staatsziel Sport – Verfehlte Gesetzgebung?, SpuRt 2003, 221 ff.

Hegel, Georg Friedrich Wilhelm Wissenschaft der Logik, Ausgabe Berlin 2002.

Heintzen, Markus Gemeineuropäisches Verfassungsrecht in der EU, EuR 1997, 1 ff.

Herzog, Roman Allgemeine Staatslehre, Frankfurt am Main 1971.

Ders. Zum Begriff der Europäischen Verfassung, S. 19-23, in Herzog/Hobe, Die EU auf dem Weg zum verfassten Staatenverbund, München 2004.

Hess, Burkhard Die Konstitutionalisierung des europäischen Privat- und Prozessrechts, JZ 2005, 540 ff.

Hilf, Meinhard Die Freizügigkeit des Berufsfußballspielers innerhalb der Europäischen Gemeinschaft, NJW 1984, 517 ff.

Ders. Europäische Union: Gefahr oder Chance für den Föderalismus, S. 8-24, in Veröffentlichungen der Vereinigung der Deutschen Staatsrechtslehrer, Heft 53 (1994), Berlin/New York 1994.

Zitiert: *Hilf* in VVDStRL 53 (1994)

Ders./ Pache, Eckhard Das Bosman-Urteil des EuGH, NJW 1996, 1169 ff.

Hobe, Stephan Der offene Verfassungsstaat zwischen Souveränität und Interdependenz, Berlin 1998.

Ders. Der kooperationsoffene Verfassungsstaat, Der Staat 34 (1998), 521 ff.

Ders. Bedingungen und Chancen europäischer Verfassungsgebung, EuR 2003, 1 ff.

Ders. Einführung in die Diskussion, S. 167-169, in Herzog/Hobe, Die EU auf dem Weg zum verfassten Staatenverbund, München 2004.

Hochbaum, Ingo Der Begriff der Kultur im Maastrichter und Amsterdamer Vertrag, BayVBl. 1997, 681 ff.

Huber, Peter M. Europäisches und nationales Verfassungsrecht, S. 194-242, in Veröffentlichungen der Vereinigung der Deutschen Staatsrechtslehrer, Heft 60 (2000), Berlin/New York 2001.

Zitiert: *Huber* in VVDStRL 60 (2001)

Ders. Recht der europäischen Integration, 2. Auflage, München 2002.

Ders. Das institutionelle Gleichgewicht zwischen Rat und Parlament in der künftigen Verfassung für Europa, Eur 2003, 574 ff.

Iglesias, Gil Carlos Zur Verfassung der EG, EuGRZ 1996, 125 ff.

Immenga, Ulrich, Wettbewerbspolitik contra Industriepolitik nach Maastricht, EuZW 1994, 14 ff.

Ipsen, Hans-Peter Europäisches Gemeinschaftsrecht, Tübingen 1972.

Ders. Europäische Verfassung – Nationale Verfassung, EuR 1987, 195 ff.

Ipsen, Knut Völkerrecht, 5. Auflage, München 2004.

Isensee, Josef Staat und Verfassung, S. 591-662, in ders./Kirchhof, Handbuch des Staatsrechts, Bd. I, 2. Auflage, Heidelberg 1995.

Ders. Das Volk als Grund der Verfassung, Opladen 1995.

Jacqué, Jean-Paul Der Vertrag über eine Verfassung für Europa: Konstitutionalisierung oder Vertragsrevision, EuGRZ 2004, 551 ff.

Jarass, Hans D. Die Grundfreiheiten als Grundgleichheiten, S. 593-610, in Festschrift für Ulrich Everling, Baden-Baden 1995, Due (Hrsg.).

Ders.. Die Kompetenzverteilung zwischen der Europäischen Gemeinschaft und den Mitgliedstaaten, AöR 121 (1996), 173 ff.

Jellinek, Georg Allgemeine Staatslehre, 3. Auflage, Bad Homburg 1960.

Joerges, Christian Markt ohne Staat? Die Wirtschaftsverfassung der Gemeinschaft und die regulative Politik, S. 225-268, in Wildenmann, Staatswerdung Europas? Optionen für eine Europäische Union, Baden-Baden 1991.

Kämmerer, Jörn-Axel Europäisierung des öffentlichen Dienstrechts, EuR 2001, 27 ff.

Karpenstein, Ulrich Der Vertrag von Amsterdam im Lichte der Maastrichtentscheidung des BVerfG, DVBl. 1998, 942 ff.

Kirchhof, Ferdinand Private Rechtssetzung, Berlin 1987.

Kirchhof, Paul Die Identität der Verfassung in ihren unabänderlichen Inhalten, S. 775-814, in Isensee/Kirchhof, Handbuch des Staatsrechts, Bd. 1, 2. Auflage, Heidelberg 1995.

Ders. Sport und Umwelt – Herbstagung des Konstanzer Arbeitskreises für Sportrecht, Heidelberg 1992.

Ders. Die rechtliche Struktur der EU als Staatenverbund, S. 893 ff., in v. Bogdandy, Europäisches Verfassungsrecht, Berlin 2003.

Klein, Eckart — Der Verfassungsstaat als Glied einer europäischen Gemeinschaft, S. 56-94, in Veröffentlichungen der Vereinigung Deutscher Staatsrechtslehrer, Heft 50 (1991), Berlin/New York 1992.

Zitiert: *Klein*, VVDStRL 50 (1991)

Ders. — Der Einfluß des Europäischen Gemeinschaftsrechts auf das Verwaltungsrecht der Mitgliedstaaten, Der Staat 33 (1994), 39 ff.

Klein, Hans H. — Staatsziele im Verfassungsgesetz, DVBl. 1991, 729 ff.

Ders., — Gedanken zur Europäisierung des deutschen Verfassungsrechts, S. 1301-1315, in Festschrift Klaus Stern, München 1997.

Klose, Martin — Die Rolle des Sports bei der Europäischen Einigung, Berlin 1989

Koenig, Christian — Anmerkungen zur Grundordnung der EU und ihrem fehlenden „Verfassungsbedarf", NVwZ 1996, 549 ff.

Ders./ Haratsch, Andreas — Europarecht, 4. Auflage, Tübingen 2003.

Ders./ Lorz, Christian Alexander — Stärkung des Subsidiaritätsprinzips, JZ 2003, 167 ff.

Köhler, Karsten — Sportlärm und Naturschutz, Jura 1985, 225 ff.

Kokott, Juliane — Die Staatslehre und die Veränderung des Gegenstandes, S. 7-37, in Veröffentlichungen der Vereinigung Deutscher Staatsrechtslehrer, Heft 63 (2003), Berlin/New York 2004.

Zitiert: *Kokott*, VVDStRL 63 (2003)

König, Doris — Ist die Europäische Union verfassungsfähig, DÖV 1998, 268 ff.

Korioth, Stephan — Europäische und nationale Identität: Integration durch Verfassungsrecht, S. 117-153, in Veröffentlichungen der Vereinigung der Deutschen Staatsrechtslehrer, Heft 62 (2002), Berlin/New York 2003.

Zitiert: *Korioth*, VVDStRL 62 (2002)

Larenz, Karl/ Canaris, Claus-Wilhelm — Methodenlehre der Rechtswissenschaft, 3. Auflage, Berlin 1995.

Leßmann, Herbert — Die öffentlichen Aufgaben und Funktionen privatrechtlicher Wirtschaftsverbände, Köln 1976.

Link, Heinz Christoph Staatszwecke im Verfassungsstaat, S. 7-50, in Veröffentlichungen der Vereinigung der Deutschen Staatsrechtslehrer, Heft 48 (1989), Berlin/New York 1990.
Zitiert: *Link*, VVDStRL 48 (1989)

Lübbe-Wolff, Gertrude Verfassungsrechtliche Fragen der Normsetzung und Normkonkretisierung im Umweltrecht, ZGB 1998, 219 ff.

Luhmann, Niklas Recht und Automation in der öffentlichen Verwaltung, 2. Auflage, Berlin 1997.

MacCormick, Neil Questioning Sovereignty. Law, State, and the Nation in the European Commonwealth, Oxford 1999.

Martens, Wolfgang Öffentlich als Rechtsbegriff, Bad Homburg 1969.

Maunz, Theodor/ Dürig, Günter/ Herdegen, Matthias/ Herzog, Roman Grundgesetz: Kommentar, Bd. 3, Art. 17-27, Loseblattausgabe, München 1959-heute.
Zitiert: *Bearbeiter* in Maunz/Dürig

Megret, Jacques Le droit de la Communauté, 14. Auflage, Bruxelles 1987.

Merten, Detlef Über Staatsziele, DÖV 1993, 368 ff.

Meyer, Jürgen Innenansichten aus dem Verfassungskonvent, S. 169-175, in Herzog/Hobe, Die EU auf dem Weg zum verfassten Staatenverbund, München 2004.

Mittelstraß, Jürgen Die Möglichkeit von Wissenschaft, Frankfurt 1974.

Möllers, Christoph Verfassungsgebende Gewalt-Verfassung-Konstitutionalisierung, S. 1 ff., in v. Bogdandy, Europäisches Verfassungsrecht, Berlin 2003.

Möschel, Wernhard Kehrtwende des EuGH in der Rechtsprechung zur Warenverkehrsfreiheit, NJW 1994, 429 ff.

Müller-Graff, Peter – Christian Ordnungspolitische Divergenzen und wettbewerbliche Lauterkeit in der Verfassung des gemeinsamen Marktes, S. 209-230, in Festschrift Carl Karstens, Einigkeit und Recht und Freiheit, Köln 1984, Bd. 1.

Ders. Europäische Föderation als Revolutionskonzept im europäischen Verfassungsraum, Integration 2000, 157 ff.

Ders. Strukturmerkmale des Verfassungsvertrages, Integration 2004, 186 ff.

Murswiek, Dietrich Umweltschutz als Staatszweck, Bonn 1995.

Ders. Staatsziel Umweltschutz (Art. 20a GG) – Bedeutung für Rechtssetzung und Rechtsanwendung, NVwZ 1996, 222 ff.

Nettesheim, Martin Die konsoziative Föderation von Mitgliedstaaten und EU, ZEuS 2002, 507 ff.

Ders. Die Kompetenzordnung im Vertrag über eine Verfassung für Europa, EuR 2004, 511 ff.

Nickel, Dietmar Das europäische Parlament als Legislativorgan – zum neuen institutionellen Design des Europäischen Verfassungsvertrags, Integration 2003, 501 ff.

Nicolaysen, Gert Zur Erweiterung der Europäischen Gemeinschaften, EuR 1972, 383 ff.

Ders. Europarecht – Die europäische Integrationsverfassung, 2. Auflage, Baden-Baden 2002.

Nolte, Martin Die Erholungsfunktion des Waldes - Einfachgesetzliche Rechtsansprüche des Erholungsuchenden und ihre Grenzen unter besonderer Berücksichtigung des Straßen- und Wegerechts, des Forst- und Waldrechts und des Naturschutzrechts, 2. Aufl., Kiel 1999.

Ders. Staatliche Verantwortung im Bereich Sport, Kiel 2004.

Ders. Sport und Recht, Schorndorf 2004.

Ders./ Tams, Christian Grundfälle zu Art. 12 GG, JUS 2006, 218 ff.

Oeter, Stefan Europäische Integration als Konstitutionalisierungsprozess, ZaöRV 1999, 901 ff.

Oppermann, Thomas Europarecht, 3. Auflage, München 2005.

Pache, Eckhard Eine Verfassung für Europa, EuR 2002, 767 ff.

Palme, Christoph Das Bosman Urteil des EuGH: Ein Schlag gegen die Sportautonomie, JZ 1996, 238 ff.

Pechstein, Matthias/ Koenig, Christian Die Europäische Union, 3. Auflage, Tübingen 2000.

Pernice, Ingolf Die dritte Gewalt im europäischen Verfassungsverbund, EuR 1996, 1 ff.

Ders. Kompetenzabgrenzung im europäischen Verfassungsverbund, JZ 2000, 866 ff.

Ders. Die Verfassungsfrage aus rechtswissenschaftlicher Sicht, S. 19-39, in Bruha/Hesse/Nowak, Welche Verfassung für Europa, Baden-Baden 2001.

Ders. Europäisches und nationales Verfassungsrecht, S. 148-189, in Veröffentlichungen der Vereinigung der Deutschen Staatsrechtlehrer, Heft 60 (2000), Berlin/New York 2001.

Zitiert: *Pernice*, VVDStRL 60 (2001)

Ders. Die Europäische Verfassung, S. 1319-1345, in Festschrift für Helmut Steinberger, Tradition und Weltoffenheit des Rechts, Berlin 2002.

Ders. A Constitution for the European Union, S. 13-21, in ders./Maduro, Miguel, A Constitution for the European Union, Baden-Baden 2005.

Pernthaler, Peter Allgemeine Staatslehre und Verfassungslehre, 2. Auflage, Wien 1996.

Pescatore, Pierre L'ordre juridique des communautés europénnes, Liege 1975.

Peters, Anne Elemente der Theorie einer Verfassung Europas, Berlin 2001.

Petersmann, Ernst-Ulrich Thesen zur Wirtschaftsverfassung der EG, EuZW 1993, 593 ff.

Pfister, Bernhard Autonomie des Sports, sporttypisches Verhalten und staatliches Recht, S. 171-192, in Festschrift für Werner Lorenz, Tübingen 1991

Plath, Kai-Uwe Individualrechtsbeschränkungen im Berufsfußball, Berlin 1999.

Rabe, Hans-Jürgen Das Verordnungsrecht der Europäischen Wirtschaftsgemeinschaft, Hamburg 1963.

Reher, Tim/ Schöner, Markus Das Werbeverbot für Tabakerzeugnisse – geht das Verbot der begrenzten Einzelermächtigung in Rauch auf?, EWS 1998, 294 ff.

Rengeling, Hans-Werner Deutsches und europäisches Verwaltungsrecht – wechselseitige Einwirkungen, EuR 1993, 331 ff.

Ders./ Szczekalla, Peter Grundrechte in der Europäischen Union, Köln 2004.

Ress, Georg Die EMRK und das europäische Gemeinschaftsrecht, ZeuS 1999, 471 ff.

Ross, Alf Theorie der Rechtsquellen, Leipzig 1929.

Rossi, Matthias Die Kompetenzverteilung zwischen der EG und ihren Mitgliedstaaten, S. 196-207, in Scholz, Europa als Union des Rechts, Köln 1999.

Röthel, Anne Anmerkungen zu EuGH: Freizügigkeit von Basketballspielern, EuZW 2000, S. 379.

Dies./ Vieweg, Klaus Verbandsautonomie und Grundfreiheiten, ZHR 2002, 1 ff.

Ruffert, Matthias Schlüsselfragen der Europäischen Verfassung der Zukunft, EuR 2004, 185 ff.

Saladin, Peter Wozu noch Staaten?, Bern 1995.

Sander, Gerald G. Der EuGH als Förderer und Hüter der Integration, Berlin 1998.

Scheuing, Dieter Deutsches Verfassungsrecht und europäische Integration, EuR 1997, 6 ff.

Scheuner, Ulrich Verantwortung und Kontrolle in der demokratischen Verfassungsordnung, S. 393-402, in Festschrift Gebhard Müller, Zum siebzigsten Geburtstag des Präsidenten des Bundesverfassungsgerichts, Tübingen 1970.

Ders. Staatszielbestimmungen, S. 325-345, in Festschrift Ernst Forsthoff, München 1974.

Schlink, Bernhard Die Enthronung der Verfassungsrechtswissenschaft durch die Verfassungsgerichtsbarkeit, Der Staat 28 (1989), 161 ff.

Schmidt-Aßmann, Eberhard Deutsches und Europäisches Verwaltungsrecht, DVBl. 1993, 924 ff.

Ders. Das allgemeine Verwaltungsrecht als Ordnungsidee, Berlin 2004.

Schmidt-Jortzig, Edzard Die Einrichtungsgarantien der Verfassung. Dogmatischer Gehalt und Sicherung einer dogmatischen Figur, Göttingen 1979.

Ders. Die Zukunftsperspektiven von Europol, ZEuS 1998, 7 ff.

Schneider, Karl Heinz Die Verankerung des Sports im Gemeinschaftsrecht, SpuRt 2002, 138 ff.

Schoch, Friedrich Die Europäisierung des Allgemeinen Verwaltungsrechts, JZ 1995, 109 ff.

Scholz, Rupert/ Aulehner, Josef Die "3+2" Regel und die Transferbestimmungen des Fußballsports im Lichte des europäischen Gemeinschaftsrechts, SpuRt 1996, 44 ff.

Schröder, Meinhard Umweltschutz als Gemeinschaftsziel und Grundsätze des Umweltschutzes, in Rengeling, Handbuch zum europäischen und deutschen Umweltrecht, Bd. 1, 2. Auflage, Köln 2003.

Schulze-Fielitz, Helmut Staatsaufgabenentwicklung und Verfassung, S. 12-47, in Dieter Grimm, Wachsende Staatsaufgaben- sinkende Steuerungsfähigkeit des Rechts, Baden-Baden 1990.

Schuppert, Gunnar Anforderungen an eine europäische Verfassung, S. 237-262, in Klingemann/Neidhardt, Zur Zukunft der Demokratie. Herausforderungen im Zeitalter der Globalisierung, Berlin 2000.

Ders./ Bumke, Christian Die Konstitutionalisierung der Rechtsordnung, Baden-Baden 2000.

Schwarz, Kyrill Alexander Neue Staatsziele in der Niedersächsischen Verfassung, NdsVbl. 1998, 225 ff.

Schwarze, Jürgen Die Entstehung einer europäischen Verfassungsordnung, Baden-Baden 2000.

Ders. Europäische Verfassungsperspektiven nach Nizza, NJW 2002, 993 ff.

Ders. Grundfragen des Verfassungsentwurfes, S. 15-20, in Schwarze, Der Verfassungsentwurf des Europäischen Konvents, Baden-Baden 2004.

Schweitzer, Michael/ Hummer, Waldemar Europarecht, 5. Auflage, Neuwied 1996.

Schwerdtner, Eberhard Sport und Umwelt – ein nicht zu lösendes Problem?, NVwZ 1989, 936 ff.

Seidl-Hohenveldern, Ignaz/ Loibl, Gerhard Das Recht der internationalen Organisationen einschließlich der supranationalen Gemeinschaften, 7. Auflage, Köln 2000.

Simon, Herbert Administrative Behaviour: A study of decision-malking process in administrative organizations, Stuttgart 1955.

Smend, Rudolf Verfassung und Verfassungsrecht, München 1928.

Sommermann, Karl-Peter Staatsziele und Staatszielbestimmungen, Tübingen 1997.

Spielmann, Christoph Die Verstärkungswirkung der Grundrechte, JUS 2004, 371 ff.

Spranger, Tade Matthias Die Figur der Schutzbereichsverstärkung, NJW 2002, 2074 ff.

Starck, Christian Der Gesetzesbegriff des Grundgesetzes, Baden-Baden 1970.

Staudenmayer, Klaus Europäische Bildungspolitik, Bayerisches Verwaltungsblatt 1995, 321 ff.

Steiner, Udo Aktuelle Entwicklungen des Verhältnisses von Sport und Recht, DÖV 1983, 173 ff.

Ders. Kulturauftrag im staatlichen Gemeinwesen, S. 7-42, in Veröffentlichungen der Vereinigung Deutscher Staatslehrer, Heft 42 (1983), Berlin/New York 1984.

Zitiert: *Steiner*, VVDStRL 42 (1983)

Ders. Verfassungsfragen des Sports, NJW 1991, 2729 ff.

Ders. Der Sport auf dem Weg ins Verfassungsrecht, SpuRt 1994, 2 ff.

Ders. Aktuelle Entwicklungen des Verhältnisses von Sport und Recht, BayVbl 1995, 417 ff.

Stern, Klaus Grundrechte der Sportler, S. 143-157, in Schroeder/Kauffmann, Sport und Recht, Berlin 1972

Ders. Menschenwürde als Wurzel der Menschen- und Grundrechte, S. 627-639, in Festschrift Hans Ulrich Scupin, Recht und Staat im sozialen Wandel, Berlin 1983, Achterberg (Hrsg.).

Ders. Verfassungsrechtliche und verfassungspolitische Grundfragen zur Aufnahme des Sports in die Verfassung des Landes Nordrhein-Westfalen, S. 269-289, in Festschrift für Werner Thieme, Köln 1993.

Sterzel, Dieter Staatsziele und soziale Grundrechte, ZRP 1993, 13 ff.

Streinz, Rudolf/ Ohler, Christoph/ Herrmann, Christoph Die neue Verfassung für Europa, München 2005.

Streinz, Rudolf Die Auswirkungen des EG-Rechts auf den Sport, SpuRt 1998, 1 ff.

Ders. Grundfreiheiten des EG-Vertrages für Sportler und Autonomie von Sportverbänden, JUS 2000, 1015 ff.

Ders./ Leible, Christoph Die unmittelbare Drittwirkung der Grundfreiheiten - Überlegungen aus Anlass von EuGH, EuZW 2000, 468 ff.

Ders. Die Rechtsprechung des EuGH nach dem Bosman-Urteil, S. 27-49, in Tettinger, Sport im Schnittfeld von europäischem Gemeinschaftsrecht und nationalem Recht , Bosman – Bilanz und Perspektiven, Konstanzer Arbeitskreis für Sportrecht, Stuttgart 2001.

Ders. Das Verbot des Apothekenversandhandels – Eine Verkaufsmodalität im Sinne der Keck-Rechtsprechung, EuZW 2003, 37 ff.

Ders.	EUV/EGV: Vertrag über die Europäische Union und Vertrag zur Gründung der Europäischen Gemeinschaft, München 2003.
Ders.	Europarecht, 7. Auflage, München 2005.
Sydow, Gernot	Ausnahmegenehmigung für das Schächten, Jura 2002, 615 ff.
Tettinger, Peter J.	Sport als Verfassungsthema, JZ 2000, 1069 ff.
Ders.	Verfassungsrecht im Wandel, S. 525-548, in Festschrift Carl Heymanns Verlag, Recht im Wandel, Köln 1995.
Thöny, Walter	Keine Zukunft für Nationalmannschaften, SpuRt 1999, 177 ff.
Thürer, Daniel	Der Verfassungsstaat als Glied einer europäischen Gemeinschaft, S. 97-137, in Veröffentlichungen der Vereinigung Deutscher Staatslehrer, Heft 50 (1991), Berlin/New York 1992. Zitiert: *Thürer*, VVDStRL 50 (1991)
Thym, Daniel	Ungleichzeitigkeit und europäisches Verfassungsrecht, Baden- Baden 2004.
Tomuschat, Christian	Der Verfassungsstaat im Geflecht der internationalen Beziehungen, S. 7-42, in Veröffentlichungen der Vereinigung Deutscher Staatslehrer, Heft 36 (1977), Berlin/New York 1978. Zitiert: *Tomuschat*, VVDStRL 36 (1977)
Ders.	Solidarität in Europa, S. 729 ff., in Liber Amicorum Pescatore, Du droit internationale au droit de l'intergration, Baden-Baden 1987, Caporti (Hrsg.).
Ders.	Die internationale Gemeinschaft, AVR 1995, 1 ff.
Trüe, Christiane	Das System der Kompetenzverteilung zwischen der Europäischen Gemeinschaft und der EU, Baden-Baden 2002.
Uerpmann, Robert	Das öffentliche Interesse, Tübingen 1999.
Ukrow, Jörg	Richterliche Rechtsfortbildung, Baden-Baden 1995.
V. Bogdandy, Armin	Supranationaler Föderalismus als Wirklichkeit und Idee einer neuen Herrschaftsform, Baden-Baden 1999.
Ders.	Europäische Prinzipienlehre, S. 149-204, in ders., Europäisches Verfassungsrecht, Berlin 2003.

Ders. Konstitutionalisierung des europäischen öffentlichen Rechts, JZ 2005, 529 ff.

V. Mangold, Hermann/ Klein, Friedrich / Starck, Christian Kommentar zum Grundgesetz, 5. Auflage, München 2005.

Vieweg, Klaus Normsetzung und –anwendung deutscher und internationaler Verbände, Berlin 1990.

Volkmann, Uwe Anmerkung zum Urteil des BVerfG, DVBl. 2002, 332 ff.

Wahl, Rainer Konstitutionalisierung – Leitbegriff oder Allerweltsbegriff? S. 191-207, in Festschrift Winfried Brohm, Der Wandel des Staates vor den Herausforderungen der Gegenwart, München 2002, Eberle (Hrsg.).

Ders. Erklären staatstheoretische Begriffe die Europäische Union?, JZ 2005, 916 ff.

Waldhauser, Hermann Die Fernsehrechte des Sportveranstalters, Berlin 1999.

Walter, Christian Die Europäische Menschenrechtskonvention als Konstitutionalisierungsprozeß, ZaöRV 1999, 961 ff.

Ders. Die Folgen der Globalisierung für die Europäische Verfassungsdiskussion, DVBl. 2000, 1 ff.

Wessels, Wolfgang Zur Debatte um einen europäischen Staatenbund, S. 200-223, in Bruha/Hesse/Nowak, Welche Verfassung für Europa?, Baden-Baden 2001.

Ders. Der Verfassungsvertrag im Integrationstrend, Integration 2003, 284 ff.

Wuermeling, Joachim Kalamität Kompetenz, EuR 2004, 216 ff.

Zippelius, Reinhold/ Würtenberger, Thomas Deutsches Staatsrecht, 31. Auflage, München 2005.

Zuleeg, Manfred Vorbehaltene Kompetenzen der Mitgliedstaaten der Europäischen Gemeinschaft auf dem Gebiet des Umweltschutzes, NVwZ 1987, 280 ff.

Ders. Die förderativen Grundsätze der Europäischen Union, NJW 2000, 2846 ff.

Peter Lang · Internationaler Verlag der Wissenschaften

Kristina Fiedler

Verfassungsgerichtsbarkeit im Bundesstaat

Frankfurt am Main, Berlin, Bern, Bruxelles, New York, Oxford, Wien, 2006.
245 S.
Europäische Hochschulschriften: Reihe 2, Rechtswissenschaft. Bd. 4436
ISBN 978-3-631-53183-9 · br. € 42.50*

Die funktionale Bezogenheit der „Verfassungsgerichtsbarkeit" und der „Bundesstaatlichkeit" bildet den Ausgangspunkt der Arbeit. Ein Blick auf die nationale Verfassungsgeschichte gibt Aufschluss darüber, wie das dem bundesstaatlichen Gefüge immanente Spannungsverhältnis in früheren Verfassungsepochen aufgelöst wurde. Anhand der Rechtsprechung des Bundesverfassungsgerichts zu bundesstaatlichen Themen wird analysiert, welche Auswirkungen Verfassungsrechtsprechung auf die Entwicklung der Verfassung und die Ausgestaltung der Bundesstaatlichkeit hat. Dabei ist auch die Rechtsprechung des Bundesverfassungsgerichts zum Konkurrenzverhältnis innerhalb der Verfassungsgerichtsbarkeit Gegenstand der Untersuchung. Einen weiteren Schwerpunkt der Arbeit bildet die Bestimmung der Prüfungskompetenz der Landesverfassungsgerichte, insbesondere bei der Individualverfassungsbeschwerde.

Aus dem Inhalt: Die historische Verknüpfung der „Verfassungsgerichtsbarkeit" mit der „Bundesstaatlichkeit · Das Bundesverfassungsgericht – Hüter der "Bundesstaatlichkeit" · Landesverfassungsgerichte – Hüter der Landesverfassung